"十四五"职业教育国家规划教材

职业教育"产教融合项目"创新成果教材

跨境电子商务专业"互联网+"新形态教材

U0872700

跨境电子商务实务
（工作页式教材）

主　编　冷玉芳

副主编　李　翔　莫丽梅

参　编　段　建　苗　春　秦清梅　陈娜那

　　　　班　欣　苏杨媚　黄坤忠

机械工业出版社

本书系统地讲解了跨境电子商务的理论和实操内容，充分遵循在典型工作任务引导下，严格培养专业从业人员的要求。本书包含走进跨境电商、跨境电商市场调研、跨境电商平台基本操作、跨境电商视觉设计、跨境电商营销、跨境电商物流、数据分析、跨境电商客户服务八个项目。

本书按照跨境电商行业知识层次安排内容，符合学生认知规律，将知识目标和能力目标充分结合，深入到跨境电商各个领域的知识学习和技能培养。取材速卖通、阿里巴巴国际站、eBay、Amazon 等大型平台的案例内容和具体操作；倚靠 Alex、Similarweb、Globalsource 等权威网站的行业信息；数据来源可靠，内容新颖，环节安排生动有趣，突出系统化知识的提炼与总结，强调实践能力的培养。

本书可作为职业院校电子商务、市场营销、国际贸易和商务英语等相关专业的教材，也可供电子商务相关从业人员作为参考学习书目。

图书在版编目（CIP）数据

跨境电子商务实务：工作页式教材 / 冷玉芳主编. —北京：机械工业出版社，2021.8（2025.2重印）
职业教育“产教融合项目”创新成果教材. 跨境电子商务专业“互联网+”新形态教材
ISBN 978-7-111-68878-5

Ⅰ.①跨… Ⅱ.①冷… Ⅲ.①电子商务-职业教育-教材 Ⅳ.①F713.36

中国版本图书馆CIP数据核字（2021）第158651号

机械工业出版社（北京市百万庄大街22号 邮政编码100037）
策划编辑：宋 华 责任编辑：宋 华 刘益汛
责任校对：孙莉萍 封面设计：鞠 杨
责任印制：郜 敏
中煤（北京）印务有限公司印刷
2025年2月第1版第8次印刷
184mm×260mm · 18印张 · 410千字
标准书号：ISBN 978-7-111-68878-5
定价：54.00元

电话服务 网络服务
客服电话：010-88361066 机 工 官 网：www.cmpbook.com
010-88379833 机 工 官 博：weibo.com/cmp1952
010-68326294 金 书 网：www.golden-book.com
封底无防伪标均为盗版 机工教育服务网：www.cmpedu.com

关于“十四五”职业教育
国家规划教材的出版说明

为贯彻落实《中共中央关于认真学习宣传贯彻党的二十大精神的决定》《习近平新时代中国特色社会主义思想进课程教材指南》《职业院校教材管理办法》等文件精神，机械工业出版社与教材编写团队一道，认真执行思政内容进教材、进课堂、进头脑要求，尊重教育规律，遵循学科特点，对教材内容进行了更新，着力落实以下要求：

1. 提升教材铸魂育人功能，培育、践行社会主义核心价值观，教育引导学生树立共产主义远大理想和中国特色社会主义共同理想，坚定“四个自信”，厚植爱国主义情怀，把爱国情、强国志、报国行自觉融入建设社会主义现代化强国、实现中华民族伟大复兴的奋斗之中。同时，弘扬中华优秀传统文化，深入开展宪法法治教育。

2. 注重科学思维方法训练和科学伦理教育，培养学生探索未知、追求真理、勇攀科学高峰的责任感和使命感；强化学生工程伦理教育，培养学生精益求精的大国工匠精神，激发学生科技报国的家国情怀和使命担当。加快构建中国特色哲学社会科学学科体系、学术体系、话语体系。帮助学生了解相关专业和行业领域的国家战略、法律法规和相关政策，引导学生深入社会实践、关注现实问题，培育学生经世济民、诚信服务、德法兼修的职业素养。

3. 教育引导学生深刻理解并自觉实践各行业的职业精神、职业规范，增强职业责任感，培养遵纪守法、爱岗敬业、无私奉献、诚实守信、公道办事、开拓创新的职业品格和行为习惯。

在此基础上，及时更新教材知识内容，体现产业发展的新技术、新工艺、新规范、新标准。加强教材数字化建设，丰富配套资源，形成可听、可视、可练、可互动的融媒体教材。

教材建设需要各方的共同努力，也欢迎相关教材使用院校的师生及时反馈意见和建议，我们将认真组织力量进行研究，在后续重印及再版时吸纳改进，不断推动高质量教材出版。

机械工业出版社

前言

当前，国内越来越多的企业需要开展跨境电商业务，但国内跨境电商人才的缺乏，在一定程度上妨碍了行业发展。本书是面向跨境电商人才培养而设计编写、以工作任务为导向的教材。党的二十大报告指出："育人的根本在于立德。全面贯彻党的教育方针，落实立德树人根本任务，培养德智体美劳全面发展的社会主义建设者和接班人。"本书基于职业院校电子商务专业教学标准，紧扣《国家职业教育改革实施方案》的基本要求，适应"1+X"证书制度，课程内容与"跨境电子商务"等级证书高度融通，并将课程思政纳入教材，落实职业教育立德树人的根本任务。

本书在编写过程中特别注重跨境电商理论与实践的结合。全书编写思路明确，内容广度和深度把握合理，理论知识体系完整，基本覆盖目前跨境电商实操的各个环节。我们力求以实操指导的方式，由浅入深地引导学生了解跨境电商的方方面面，为个人能力发展打好基础。每一项目以适合教学的速卖通平台为示例，讲解跨境电商中的共性部分，并结合 eBay、Amazon、Wish 等平台各自特点的内容。

本书以工作页形式开发，学生可以边学边做边记录。本书坚持以工作任务导向的课程开发方法论为指导，将一个完整且真实的项目全过程进行了分解，系统地呈现了走进跨境电商、跨境电商市场调研、跨境电商平台基本操作、跨境电商视觉设计、跨境电商营销、跨境电商物流、数据分析、跨境电商客户服务八个子项目。同时，本书还为读者提供了丰富的教学资源包，包括教学课件、微课视频、教学案例等，任课教师可登录机械工业出版社教育服务网（www.cmpedu.com）注册后免费下载使用。

本书由冷玉芳担任主编，李翔、莫丽梅担任副主编，参编人员有段建、苗春、秦清梅、陈娜那、班欣、苏杨媚和黄坤忠。编写过程中得到北京博导前程科技股份有限公司、厦门优优汇联科技股份有限公司的大力支持，在此表示感谢。

由于跨境电子商务发展日新月异，加之编者水平有限，书中难免存在疏漏和错误，恳请广大读者和专家批评指正并提供宝贵的修改建议。

编　者

二维码清单

序号	二维码	名称	页码	序号	二维码	名称	页码
1		跨境电商的模式	10	2		跨境电子商务岗位认知	33
3		速卖通平台	38	4		处理售后纠纷的技巧	278

目 录

项目一

01

走进跨境电商

知识目标

1. 了解跨境电商的发展历程和发展趋势。
2. 明确跨境电商企业不同岗位的职责。
3. 能够区别进口跨境电商和出口跨境电商。
4. 了解跨境电商的不同模式。
5. 了解知识产权的规则和分类。

技能目标

1. 能够分析跨境电商与传统国际贸易的不同。
2. 掌握外贸企业的电子商务应对策略。
3. 掌握预防知识产权侵权的对策。

素养目标

1. 培养学生观察思考、精研业务、认真工作的习惯。
2. 培养学生法律意识、创新意识。

任务分解

本项目包含了四个任务，具体为：
任务一 跨境电商的发展；
任务二 跨境电商的模式；
任务三 跨境电商与传统国际贸易；
任务四 跨境电商法律法规。

本项目旨在引导学生了解跨境电商的发展历程及发展趋势，能区分跨境电商的不同模式，明确跨境电商与传统国际贸易的不同之处，并深度了解跨境电商法律法规的要求。

任务情境

近几年，随着跨境电商的热度持续上升，许多经营网店的企业及个人纷纷想要涉足其中，经营淘宝网店的小刘也不例外，但小刘对跨境电商的发展历程、跨境电商的模式、跨境电商法律法规等一无所知，于是他计划首先从这些基础性知识着手，对跨境电商展开系统的学习与了解。

任务一　跨境电商的发展

工作准备

是否正常培训：（部门经理填）　□ 到席　□ 请假　□ 旷工　原因：
是否遵守纪律：（部门经理填）　□ 严格遵守　□ 迟到　□ 早退　□ 出位　□ 其他
检查计算机的完好性：　□ 完好　□ 故障：报告值班经理并换机

工作过程

任务分析

跨境电商是指分属不同关境的交易主体，通过电子商务平台达成交易，进行支付结算，并通过跨境物流送达商品、完成交易的一种国际商业活动。现今随着移动互联网的快速发展，跨境电商也迎来了井喷式发展。

任务实施

工作内容	工作记录

一、跨境电商的发展历程

1999 年，阿里巴巴实现用互联网连接中国供应商与海外买家后，中国对外出口贸易就实现了互联网化。在此之后，跨境电商的发展历程共经历了以下三个阶段，实现了从信息服务，到在线交易、全产业链服务的跨境电商产业转型。

（一）跨境电商 1.0 阶段（1999 年—2003 年）

跨境电商 1.0 阶段的主要商业模式是网上展示、线下交易的外贸信息服务模式。在跨境电商 1.0 阶段，第三方平台主要的功能是为企业以及企业产品提供网络展示平台，并不在网络上涉及任何交易环节。

此时的盈利模式主要是向进行信息展示的企业收取会员费（如年服务费）。在跨境电商 1.0 阶段的发展过程中，逐渐衍生出竞价推广、咨询服务等为供应商提供的信息流增值服务。

1. 跨境电商产业转型经历了信息服务、______、______三个阶段。

跨境电商 1.0 阶段以阿里巴巴国际站、环球资源网为典型的代表平台。在此期间，还出现了中国制造网、韩国 EC21 网等大量以供需信息交易为主的跨境电商平台。跨境电商 1.0 阶段虽然通过互联网解决了中国贸易信息面向世界买家的难题，但是依然无法完成在线交易，对于外贸电商产业链仅完成信息流整合环节。

（二）跨境电商 2.0 阶段（2004 年—2012 年）

2004 年，随着敦煌网的上线，跨境电商进入了 2.0 阶段。这个阶段，跨境电商平台开始摆脱纯信息网页的展示行为，将线下交易、支付、物流等流程实现电子化，逐步实现在线交易。敦煌网如图 1–1 所示。

图 1–1 敦煌网

相比 1.0 阶段，跨境电商 2.0 阶段更能体现电子商务的本质，借助于电子商务平台，通过服务、资源整合有效打通上下游供应链，包括 B2B（平台对企业小额交易）以及 B2C（平台对用户）两种平台模式。跨境电商 2.0 阶段，B2B 平台模式是跨境电商主流模式，通过直接对接中小企业商户实现产业链的进一步缩短，提升商品销售利润空间。

在跨境电商 2.0 阶段，第三方平台实现了营收的多元化，将收取会员费改为收取交易佣金为主，即按成交效果来收取佣金。同时还通过平台的营销推广、支付服务、物流服务等获得增值收益。

（三）跨境电商 3.0 阶段（2013 年至今）

2013 年是跨境电商重要的转型年，跨境电商全产业链出现了商业模式的变化。随着跨境电商的转型，跨境电商 3.0 阶段随之到来，跨境电商企业蓬勃发展，如图 1–2 所示。

首先，跨境电商 3.0 阶段具有大型工厂上线、B 类买家成规模、中大额订单比例提升、大型服务商加入和移动用户量爆发五方面特征。与此同时，服务全面升级，平台承载能力更强，全产业链服务在线化是跨境电商 3.0 阶段的另一重要特征。

2. 跨境电商 1.0 阶段的主要商业模式是：

□网上展示、线下交易的外贸信息服务。

□收取企业交易佣金。

□网上直接交易。

□收取顾客点击费用。

3. 在跨境电商 1.0 阶段，典型代表平台有______、______。

4. 进入跨境电商 2.0 阶段的标志是：

□电商飞速发展

□阿里国际站的上线

□敦煌网的上线

□环球网的加入

5. 跨境电商 2.0 阶段的主流模式是：

□ B2B 平台模式

□ B2C 平台模式

□ C2C 平台模式

图 1–2　跨境电商企业蓬勃发展

其次，在跨境电商 3.0 阶段，用户群体由个人向工厂、外贸公司转变，且具有极强的生产设计管理能力。平台销售产品由网商、二手货源向一手货源转变。

最后，跨境电商 3.0 阶段的主要卖家群体正处于从传统外贸业务向跨境电商业务的艰难转型期，生产模式由大生产线向柔性制造转变，对代运营和产业链配套服务需求较高。

跨境电商发展历程如图 1–3 所示。

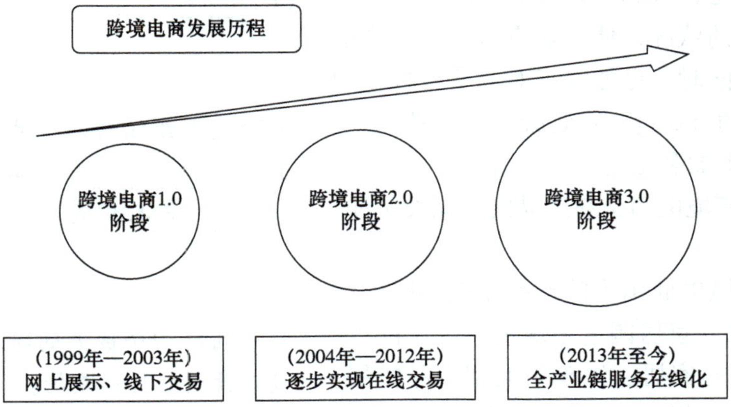

图 1–3　跨境电商发展历程

二、跨境电商的发展趋势

小刘通过艾媒咨询发布的《2020 中国跨境电商市场发展报告》了解到，2020 年中国跨境电商交易规模达到 9.1 万亿元，用户规模超 1.7 亿人。

2014 年—2020 年中国进出口交易规模，如图 1–4 所示。

6. 跨境电商 3.0 阶段的五大特征是：

（1）________

（2）________

（3）________

（4）________

（5）________

7. 跨境电商发展经历了哪三个阶段？

（1）________

（2）________

（3）________

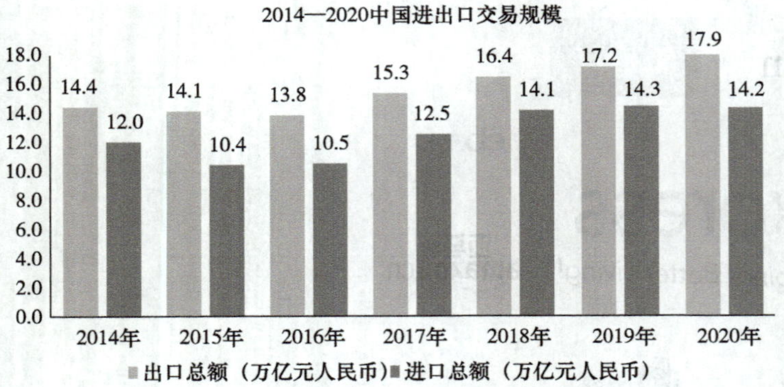

图 1-4　中国进出口交易规模

数据来源：中华人民共和国海关总署，艾媒咨询

与此同时，我国跨境电商交易规模也持续上涨。此外，《中华人民共和国电子商务法》和跨境电商系列新政的出台将进一步规范跨境电商市场，促进跨境电商行业的健康发展。同时，随着全球化趋势进一步扩大，消费升级，跨境电商的发展呈现出以下趋势。

1. 跨境电商行业规范化发展

随着跨境电商行业的快速发展，假货、维权困难、捆绑搭售、大数据杀熟等乱象不断滋生。《中华人民共和国电子商务法》及跨境电商系列新政的出台对商品安全、税收、物流、售后等方面均做出了明确规定，有利于改变原有跨境电商平台良莠不齐、行业野蛮生长的状况，使企业有章可循、规范发展，推动市场有序竞争。同时，也加强了对消费者权益的保护，有利于促进购买，推动行业进一步健康有序发展。

2. 产品品类和销售市场更加多元化

随着跨境电商的发展，跨境电商交易产品向多品类延伸、交易对象向多区域拓展。

从销售产品品类看，跨境电商销售的产品品类从服装服饰、3C 电子、计算机及配件、家居园艺、珠宝、汽车配件、食品、药品等便捷运输产品向家居、汽车等大型产品扩展。从销售目标市场看，以美国、英国、德国、澳大利亚为代表的成熟市场，由于跨境网购观念普及、消费习惯成熟、整体商业文明规范程度较高、物流配套设施完善等优势，在未来仍是跨境电商零售出口产业的主要目标市场，且将持续保持快速增长。与此同时，不断崛起的新兴市场正成为跨境电商零售出口产业的新动力：俄罗斯、巴西、印度等国家的本土电商企业并不发达，但消费需求旺盛，我国制造的产品在这

1. ________规范了跨境电商市场，促进了跨境电商行业的健康发展。

2. 跨境电商的发展呈现出哪些趋势？

（1）________

（2）________

（3）________

（4）________

（5）________

（6）________

3. 跨境电商销售的产品品类从________产品向________产品扩展。

4. 请列举四个成熟的跨境电商销售目标市场。

（1）________

（2）________

（3）________

（4）________

些国家的市场上优势巨大。

3. 跨境电商平台开启全渠道模式

网易考拉、天猫国际等跨境电商平台纷纷开设线下体验店，将渠道从线上发展到线下，开启“线上 + 线下”的全渠道模式。这种模式能够将线上产品信息与线下用户体验相结合，拉近产品与用户之间的距离，提高用户互动频率，促进用户购买，并提升品牌知名度。

4. 上下游供应链逐步完善

2018 年以来，多个跨境电商平台加强与国外品牌的合作，并在进博会签订大额采购订单，加强对其上游供应链的整合与管理。与此同时，跨境电商企业不断强化物流仓储等配套服务，降低物流运输成本与仓储成本。跨境电商平台之间的竞争逐渐由原来的销售竞争向供应链竞争转变。

5. 交易渠道上，移动端成为跨境电商发展的重要推动力

移动技术的进步使线上与线下商务之间的界限逐渐模糊，以互联、无缝、多屏为核心的“全渠道”购物方式快速发展。从 B2C 方面看，移动端购物使消费者能够随时、随地、随心购物，极大地拉动市场需求，增加跨境零售出口电商企业的机会。从 B2B 方面看，全球贸易小额、碎片化发展的趋势明显，移动端购物可以让跨国交易无缝完成，卖家随时随地做生意，白天卖家可以在仓库或工厂用手机上传产品图片，实现销售，晚上卖家可以回复询盘、接收订单。基于移动端作媒介，买卖双方的沟通变得非常便捷。

6. 人工智能和大数据助力跨境电商发展

跨境电商企业不断加强在人工智能和大数据方面的研发与应用，智能机器人分拣中心、自动化智能物流仓库、人工智能客服、基于大数据的精准消费者洞察等先进技术将会降低企业的人工服务成本，持续助力跨境电商行业的发展。

> 5.“线上 + 线下”的全渠道模式的优势是__________________________。
>
> 6. 跨境电商平台开始加强与国外品牌合作的时间是____________。
>
> 7. 跨境电商平台之间的竞争更倾向于______。
>
> 8. 跨境电商发展的不可缺少的媒介是______。
>
> 9. 跨境电商企业想降低人工服务成本，需要加大对________的研发和应用。

三、跨境电商的岗位群及职责

小刘了解到，目前跨境电商岗位群以及对应的具体工作职责如下。

（一）初级岗位

初级岗位的特点是掌握跨境电子商务技能，目前岗位主要分为：

1）客户服务。能应用邮件、电话等沟通渠道，熟练运用英语、法语、德语等小语种和客户进行交流。售后客服还需了解不同国家的法律，能够处理知识产权纠纷。

> 1. 小刘要从事跨境电商初级岗位，必须掌握__________，他能选择的岗位有________。

2）视觉设计。精通设计美学和视觉营销，能拍出合适的产品图片，能设计美观的页面。

3）网络推广。熟练运用信息技术编辑、上传、发布产品，能利用搜索引擎优化、链接交换、网站检测等技术和基本的数据分析方法进行产品推广。

（二）中级岗位

中级岗位的特点是熟悉现代商务活动，掌握跨境电子商务技术知识。目前岗位主要分为：

1）市场运营管理。既精通互联网，又精通营销推广，了解当地消费者的思维方式和生活方式，能够运用网络营销手段进行产品推广。包括活动策划、商品编辑、商业大数据分析、用户体验分析等。

2）采购与供应链管理。所有电商平台的成功都是供应链管理的成功。跨境电商从产品方案制订、采购、生产、运输、库存、物流配送等一系列环节都需要专业的供应链管理人才。

3）国际结算管理。灵活掌握和应用国际结算中的各项规则，能有效控制企业的国际结算风险，切实提升贸易、出口、商品及金融等领域的综合管理能力和应用法律法规的水准。

（三）高级岗位

高级岗位的特点是熟悉跨境电商前沿理论，能够从战略上洞察和把握跨境电商的特点和发展规律，具有前瞻性思维，引领跨境电商产业发展。主要包括熟悉跨境电子商务业务的高级职业经理人以及促进跨境电商产业发展的领军人物。

目前众多跨境电商企业处于初创阶段，客服人员、网络推广人员、视觉设计人员等是迫切需要的初级人才。随着企业向纵深发展，竞争不断加剧，负责跨境业务运营的商务型中级人才需求会越来越迫切。而有3~5年大型跨境电商企业管理经验，能引领企业国际化发展的战略管理型高级综合人才更是一将难求。

> 2. 从事跨境电商中级岗位，需要掌握的内容有________，中级岗位具体分为________。
>
> 3. 从事跨境电商高级岗位的人才必备的能力是________________。
>
> 4. 目前众多跨境电商企业迫切需要的是______________岗位的人才。最难求的是________岗位的人才。

知识链接

跨境电商的特点

（1）全球性

网络是一个没有边界的媒介体，具有全球性和非中心化的特征。依附于网络的跨境电子商务也因此具有了全球性和非中心化的特性。

（2）无形性

网络的发展使数字化产品和服务的传输盛行。而数字化产品和服务的传输通过不同类型的媒介来进行。例如数据、声音和图像在全球化网络环境中集中进行传输，这些媒介在网络中是以计算机数据代码的形式出现的，因而是无形的。

（3）匿名性

由于跨境电子商务的全球性和非中心化的特性，因此很难识别电子商务用户的身份和其所处的地理位置。在线交易的消费者往往不显示自己的真实身份和地理位置，重要的是这丝毫不影响交易的进行，而网络的匿名性也允许消费者这样做。

（4）即时性

对于网络而言，传输的速度和地理距离无关。传统交易模式中，信息交流方式如信函、电报、传真等，在信息的发送与接收间，存在着长短不同的时间差。而跨境电子商务中，信息交流不受实际时空距离的影响，一方发送信息与另一方接收信息几乎是同时的，就如同生活中面对面交谈。

（5）无纸化

电子商务主要采取无纸化操作的方式，这是以电子商务形式进行交易的主要特征。在跨境电子商务中，电子计算机通信记录取代了一系列的纸面交易文件。用户发送或接收电子信息。由于电子信息以比特的形式存在和传送，整个信息发送和接收过程实现了无纸化。

1. 跨境电商在发展过程中形成了自己的特点，具体可以概括为：
（1）________
（2）________
（3）________
（4）________
（5）________

2. 在跨境电子商务活动中，我们不能识别的信息是________。

3. 跨境电商的信息交流不受时空距离的限制，买卖双方几乎是同时发送和接收信息的，这是跨境电商的______特点。

4. 电子商务活动区别于其他活动的主要特点是________。

工作结束

数据整理及备份：☐ 完成 ☐ 未完成

关机检查：☐ 正常 ☐ 强行关机 ☐ 未关机

整理桌面：☐ 完成 ☐ 未完成

地面卫生检查：☐ 完成 ☐ 未完成

整理椅子：☐ 完成 ☐ 未完成

工作评价 >>>

类别	序号	考核项目	考核内容及要求	分值	学生自评	学生互评	教师测评	分数
技术考评（80分）	1	质量	了解跨境电商发展各阶段的特点	15				
	2		了解跨境电商的发展历程	20				
	3		了解跨境电商的发展趋势	15				
	4		熟悉跨境电商企业的岗位群及职责	15				
	5		了解跨境电商的特点	15				
非技术考评（20分）	6	态度	学习态度端正	5				
	7	纪律	遵守纪律	5				
	8	协作	有交流、团队合作	5				
	9	文明	保持安静，清理场所	5				
总分：								

任务二　跨境电商的模式

微课：跨境电商的模式

工作准备 >>>

是否正常培训：（部门经理填）　□ 到席　□ 请假　□ 旷工　原因：

是否遵守纪律：（部门经理填）　□ 严格遵守　□ 迟到　□ 早退　□ 出位　□ 其他

检查计算机的完好性：　□ 完好　□ 故障：报告值班经理并换机

工作过程 >>>

任务分析

跨境电商最初的商业模式是网上展示、线下交易，并不在网络上涉及任何交易环节，现今随着移动互联网的快速发展，跨境电商的模式也逐步发展完善。

任务实施

工作内容	工作记录

跨境电商包括进口跨境电商和出口跨境电商。进口跨境电商，是海外卖家将商品直销给国内的买家，一般是国内消费者访问境外卖家的购物网站选择商品，然后下单购买，由境外卖家发国际快递给国内消费者。出口跨境电商，是国内卖家将商品直销给境外的买家，一般是境外买家访问国内卖家的购物网站选择商品，然后下单购买，由国内的卖家发国际物流至国外买家。

目前我国跨境电商贸易以出口为主，但随着国内市场对海外商品需求的增长，跨境电商进口占比将不断提升。2019年4月9日，第一财经商业数据中心（CBNData）发布《2019中国跨境电商出口趋势与机遇白皮书》。报告显示，近五年来中国跨境电商出口占外贸出口比重从2.2%上升至7.7%，2018年已超过万亿规模。

在本书中，我们所讨论的跨境电商多指出口跨境电商，对进口跨境电商的介绍较少。

1. 跨境电商分为＿＿＿＿＿＿＿＿＿＿＿＿＿＿。

2. 从2014年起，近五年来中国跨境电商出口占外贸出口比重上升了＿＿＿＿%。

一、进口跨境电商的模式

首先，2015年跨境电商初步洗牌，随之分别建立了合理的商业模式、规范的商品流转和商品品类结构，跨境电商进口业务基本确立了三大类别的商业模式：

第一类是买手制，比如洋码头、海蜜。

第二类是平台入驻型，比如天猫国际、京东国际。

第三类是B2C自营，比如蜜芽。

其次，进口跨境电商的商品流转已经从2014年的直邮+转运为主、保税区为辅，逐步发展为保税区为主、直邮为辅的模式。转运模式因为不受国家的监管，消费者群众基础也非常不扎实，所以发展日渐趋弱。

最后，进口跨境电商的商品品类结构，已经从2014年到2015年年初的单一品类爆款为主，逐步向多品类、多爆款，甚至无爆款的阶段过渡，消费者的消费结构趋向于合理。

整个行业格局也逐渐清晰：

唯品会、考拉属于体量和资金量相对巨大的平台。

蜜芽、小红书、贝贝网属于较有自身特色的平台。

3. 跨境电商进口业务的商业模式包含：

（1）＿＿＿＿＿＿＿＿

（2）＿＿＿＿＿＿＿＿

（3）＿＿＿＿＿＿＿＿

4. 2014年以后，跨境电商的商品流转模式更倾向于＿＿＿＿＿＿＿＿。

5. 2015年以来，跨境电商的商品品类结构逐步向＿＿＿＿＿＿过渡。

天猫国际，目前仍然在第三方入驻型跨境电商中独树一帜。

洋码头，在买手型的跨境电商中已经一骑领先。

云猴是国内的行货、普货与跨境电商的商品混卖的大卖场电商。

二、出口跨境电商的模式

（一）以交易主体类型分类

1. B2B 跨境电商

B2B 跨境电商所面对的最终客户为企业或集团，提供企业、产品、服务等相关信息。目前，中国跨境电商市场交易规模中，B2B 跨境电商市场交易规模占总交易规模的 90% 以上。在跨境电商市场中，企业级市场始终处于主导地位。代表企业有敦煌网、中国制造、阿里巴巴国际站、环球资源网等。

2. B2C 跨境电商

B2C 跨境电商所面对的最终客户为个人买家，通过网上零售的方式，将产品售卖给个人买家。

3C 类跨境电商平台在不同垂直类目的商品销售上也有所不同，如 FocalPrice 主营 3C 数码电子产品，兰亭集势则在婚纱销售上占有绝对优势。3C 类跨境电商市场正在逐渐发展，且在中国整体跨境电商市场交易规模中的占比不断提高。未来，3C 类跨境电商市场将会迎来大规模增长。代表企业有速卖通、亚马逊（Amazon）、DX、兰亭集势、米兰网、大龙网等。

3. C2C 跨境电商

C2C 跨境电商所面对的最终客户为个人买家，商家也是个人卖家。由个人卖家发布售卖的产品和服务的信息、价格等内容，个人买家进行筛选，最终通过电商平台达成交易，进行支付结算，并通过跨境物流送达商品，完成交易。代表企业有 eBay、速卖通等。

（二）以服务类型分类

1. 信息服务平台

信息服务平台主要是为境内外会员商户提供网络营销平台，传递供应商或采购商等商家的商品或服务信息，促成双方完成交易。代表企业有阿里巴巴国际站、环球资源网、中国制造网等。

6. 小刘想在网上淘点国内的行货跟国外的货品，他应该去________平台找。

1. 以交易主体类型分类，跨境电商包括：

（1）________

（2）________

（3）________

2. 在跨境电商平台中，为企业或集团客户提供服务的是______。为个人买家提供服务的是________。

3. 中国跨境电商市场交易规模中，B2B 跨境电商市场交易规模占总交易规模的________以上。

4.B2C 跨境电商的三个代表企业有________________。

5. 以服务类型分类，跨境电商模式有：

（1）________

（2）________

2. 在线交易平台

在线交易平台不仅提供企业、产品、服务等多方面信息展示，还可以通过平台线上完成搜索、咨询、对比下单、支付、物流、评价等全购物链环节。在线交易平台模式正逐渐成为跨境电商的主流模式。代表企业有敦煌网、速卖通、DX、FocalPrice、米兰网、大龙网等。

（三）以运营方分类

1. 平台型

电商平台有开放型集市模式和管理型集市模式两种形式。亚马逊、京东是典型的管理型集市模式。速卖通、eBay、敦煌网等都是典型的开放型集市模式。开放型集市模式只做平台服务，而不参与物流、配送和质量管控等环节。从发展情况来看，开放型集市模式最早在英美爆发，并且发展迅速。但是，以亚马逊为代表的管理型集市模式却表现出色。所谓管理型集市模式，即电商平台虽然不持有任何商品，但是会参与货物配送、质量控制和退换货等环节的管理，以为买家提供更加良好的服务。

2. 垂直模式

垂直电商一般指不依托第三方平台，自己构造电商体系，自建网站，自己引流的电商模式，目前流行的独立站即这种模式。例如兰亭、DX 等，以及 2022 年 9 月字节跳动公司推出的 ifyooou，都是独立站。独立站脱离第三方平台，享有客户所有的资料，可以通过这些资料进行精准营销，还可以通过 seo 的积累提高站点在 google 等搜索引擎的排名，获取免费的自然流量。其缺点是建站初期没有流量，需要通过广告推广等形式来获取流量，引流成本较高，引流技术较复杂。

3. 移动模式

近几年移动电子商务快速发展，并成为主流，跨境移动端购物也随之兴起，比如 Wish、allbuy、Chic me 等。其中表现突出的是 Wish。和亚马逊、eBay 相比，Wish 无疑是一种差异化很强的销售渠道。首先，它基于移动端购物，其次拥有独特推荐算法，虽然目前在规模上还不能和亚马逊等相比，但发展市场也是极为辽阔的。

6. 信息服务平台的主要作用是__________。

7. 敦煌网、速卖通、DX、FocalPrice、米兰网、大龙网等属于______平台。

8. 电商平台分为平台型、垂直模式、移动模式，这是以__________为依据分类的。

9. 电商平台的两种模式是：

（1）__________

（2）__________

10. 垂直模式电商一般指__________。

知识链接

跨境电商的优势

跨境电商的快速发展，与这种贸易方式所具有的独特优势相关。

首先，它适应国际贸易的新发展趋势。美国金融危机后，消费者的收入增长趋缓，开始直接通过网络购买全球价低质优产品。而部分海外进口商出于缓解资金链压力和控制资金风险的考虑，也倾向于将大额采购转变为中小额采购、长期采购变为短期采购，单笔订单的金额明显减小，大部分不超过3万美金，传统“集装箱”式的大额交易正逐渐被小批量、多批次的“碎片化”进出口贸易取代。

其次，能有效降低产品价格。跨境电商产品仅需经过工厂、在线平台、海外商人即可到达消费者手中，外贸净利润可能达到传统贸易的数倍。未来外贸链条还可以更简化，产品从工厂经过在线平台可以直接到国外消费者手中。原来的中间成本一部分变成生产商的利润，一部分成为电子商务平台的佣金，剩下的则成为消费者获得的价格优惠。如果跨境电商企业能采用集中采购备货模式，那比起单笔邮寄，还能大大降低商品采购和物流成本。

第三，上下游多属现代服务业。与跨境电商相关联的物流配送、电子支付、电子认证、IT服务、网络营销等，都属于现代服务业内容。即使是传统的快递、物流配送，也建立在信息技术业务系统之上，不仅商品本身已经基于二维码、条形码进行了物品编码，而且可以在电商平台实时查询、跟踪商品流通过程，并通过网银或第三方电子支付平台进行支付。

最后，以消费者为主导。跨境电商主要解决的是消费者在国内买不到的产品，是贸易增量。跨境电商平台让全球同类产品同台亮相，性价比成为消费者购买决策的重要因素。这是一种以消费者为导向，强调个性化的交易方式，消费者拥有更大选择自由，不受地域限制。以“订单投票”，已成为跨境电商发展趋势。

1. 跨境电商的四大优势是：

（1）________

（2）________

（3）________

（4）________

工作结束

数据整理及备份：	□ 完成	□ 未完成	
关机检查：	□ 正常	□ 强行关机	□ 未关机
整理桌面：	□ 完成	□ 未完成	
地面卫生检查：	□ 完成	□ 未完成	
整理椅子：	□ 完成	□ 未完成	

工作评价

类别	序号	考核项目	考核内容及要求	分值	学生自评	学生互评	教师测评	分数
技术考评（80分）	1	质量	了解跨境电商的类型	15				
	2		掌握跨境电商进口业务的基本商业模式	20				
	3		掌握跨境电商模式的分类	15				
	4		掌握跨境电商模式各类型的特点	15				
	5		掌握跨境电商的优势	15				
非技术考评（20分）	6	态度	学习态度端正	5				
	7	纪律	遵守纪律	5				
	8	协作	有交流、团队合作	5				
	9	文明	保持安静，清理场所	5				
总分：								

任务三　跨境电商与传统国际贸易

工作准备

是否正常培训：（部门经理填）　☐ 到席　☐ 请假　☐ 旷工　原因：

是否遵守纪律：（部门经理填）　☐ 严格遵守　☐ 迟到　☐ 早退　☐ 出位　☐ 其他

检查计算机的完好性：　☐ 完好　☐ 故障：报告值班经理并换机

工作过程

任务分析

在社会经济不断变革的背景下，传统的国际贸易模式已经无法满足人们的需求，而且，在整个外贸业务流程中涉及海关、商检、银行、物流、税务等多个部门，每个环节都不能出错，否则将影响交易的过程，甚至造成重大损失。

因此，了解跨境电子商务与传统国际贸易的相关内容能更好地进行国际贸易。

任务实施

工作内容	工作记录

一、跨境电子商务与传统国际贸易的对比

跨境电子商务与传统国际贸易模式相比，受到地理范围的限制较少，受各国贸易保护措施影响较小，交易环节涉及中间商少，因而价格低廉，利润率高。但同时也存在明显的通关、结汇和退税障碍，贸易争端处理不完善等劣势。

对两者进行对比，可以看出其中的差异，如表 1–1 所示。

表 1–1　传统国际贸易与跨境电子商务模式对比

类型	传统国际贸易	跨境电子商务
主体交流方式	面对面，直接接触	通过互联网平台，直接接触
运作模式	基于商务合同的运作模式	需要借助互联网电子商务平台
订单类型	大批量、少批次、订单集中、周期长	小批量、多批次、订单分散、周期相对较短
价格、利润率	价格高、利润率相对较低	价格实惠、利润率高
产品类目	产品类目少、更新速度慢	产品类目多、更新速度快
规模、速度	市场规模大但受地域限制，增长速度相对缓慢	面向全球市场，规模大，增长速度快
交易环节	复杂（生产商—贸易商—进口商—批发商—零售商—消费者），涉及中间商众多	简单（生产商—零售商—消费者或生产商—消费者），涉及中间商较少
支付	正常贸易支付	需要借助第三方支付
运输	多通过空运、集装箱海运完成，物流因素对交易主体影响不明显	通常借助第三方物流企业，一般以航空小包形式完成，物流因素对交易主体影响明显
通关、结汇	按传统国际贸易程序，可以享受正常通关、结汇和退税政策	通关或有一定限制，存在无法享受退税和结汇政策的可能性
争端处理	健全的争端处理机制	争端处理不畅，效率低

1. 受到地理范围的限制较少，价格低廉，利润率高的商务活动是：

□ 传统国际贸易

□ 跨境电子商务

2. 通过面对面，直接接触，基于商务合同，大批量交易的商务活动是________________。

3. 在通关、结汇、贸易争端处理等方面还需要完善的商务活动是__________。

二、“互联网 +”对传统外贸的影响

“互联网 + 外贸”是外贸稳增长、促转型的新动力。跨境电子商务作为“互联网 + 外贸”的新型业态，近年来以 30% 以上的增长速度迅猛发展，相较于传统外贸的下行可谓是一枝独秀，并为外贸行业带来以下机会。

1. 跨境电子商务缩短了对外贸易的中间环节，提高了进出口贸易的效率，为小微企业提供了新的机会

跨境电子商务基于互联网的运营模式，正在重塑中小企业国际贸易链条。跨境电子商务打破了传统外贸模式下国外渠道如进口商、批发商、分销商甚至零售商的垄断，使得企业可以直接面对个体批发商、零售商，甚至是直接的消费者，有效地减少了贸易中间环节和商品流转成本，节省的中间环节成本为企业获利能力提升及消费者获得实惠提供了可能。

2. 跨境电子商务有利于实现外贸客户资源的管理

外贸企业原有的经营方式多是业务员包揽从客户选择、签订合同、组织货源、验货报关到货款支付的全过程。这使得业务员掌握着客户资源，而企业无法掌握客户的状况，业务员在很大程度上影响着企业的生存和发展，一旦人才流失，企业的竞争力会急剧下降。而在跨境电子商务模式下，外贸企业的信息化建设使每人每天的工作日程与行动记录都有据可查，所有细节一目了然，使信息主动权更多地掌握在外贸企业手中。

3. 跨境电子商务降低了交易成本和采购成本，交易透明度高

外贸企业在传统的国际贸易采购中，需要耗费大量的人力物力，买卖双方需要经过多次的询盘、还盘，以及大量的来往传真、电函才能成交，并且在这些询盘、还盘过程中还非常容易出现人为操作失误。

而企业在互联网上进行采购，可以更广泛地选择供货商、压低进货成本、保证进货质量。此外，企业可随时在网上查找信息，营销和采购部门对市场的反应大大加快，可明显地缩短贸易双方的订货周期，从而减少库存天数，显著降低存货，甚至做到无存货，存储费用也会相应减少。另外，跨境电子商务还可缩短交单结汇时间，加快资金周转，节省利息支出等。

4. 跨境电子商务有利于外贸企业越过贸易壁垒，扩大贸易机会

跨境电子商务的发展进一步推动了生产和服务的全球化，

1. 能促进外贸稳增长，顺利转型的是______。

2. 之所以说跨境电子商务为小微企业提供了新机会的原因是__________。

3. 外贸企业业务员原有的业务全过程包含______________。

4. 传统的国际贸易采购中，买卖双方成交前需要____________。

5. 企业在互联网上进行采购，可以______________________。

加速了全球市场一体化和生产国际化的进程，促进供应商和客户建立更紧密的联系。外贸企业可以向用户提供全天候的产品信息和服务，从而大大增加贸易机会，客户也可以在全球范围内选择最佳供应商。这有利于打破国际和地区之间有形和无形的壁垒，对世界经济产生巨大的影响。

5. 跨境电子商务有利于减轻外贸企业对实物基础设施的依赖

传统企业开展国内贸易业务都必须拥有相应的基础设施，与开展国内贸易相比，进行国际贸易对实物基础设施的依赖程度要高很多。如果企业利用跨境电子商务开展国际贸易业务，则在这方面的投入要小很多。例如对信息产品而言，电子版的图书、计算机软件及网络信息咨询等对实物基础设施的投入要比实物产品少很多。因为信息产品本身可以在线成交和在线支付，而销售柜台、仓储设施等完全是多余的，整个销售环节，从研制开发、订货、付款到信息产品交付都可以在网上实现。由于跨境电子商务减轻或消除了对实物基础设施的依赖，外贸企业可以将节省的开支大部分让利给客户。

6. 跨境电子商务对实物基础设施依赖更________。

三、外贸企业的跨境电子商务应对之策

跨境电子商务为我国外贸企业带来了巨大的商机，这使得越来越多的外贸企业开始探索跨境电子商务之路。

1. 外贸企业要做好跨境电子商务必须做到：
（1）________
（2）________
（3）________
（4）________

1. 选择优质跨境电子商务综合平台

相比自建网上商城的形式，第三方平台对于大多数外贸企业来说更加合适。第三方平台模式的优势在于可以突破网站后端供货的瓶颈，便于将电商平台打造成运营中心，形成规模效应。目前，速卖通、兰亭集势、敦煌网等外贸出口电商平台，在海内外具有较大的影响力。中小外贸企业在选择跨境电商平台时，要分品牌、分平台、差别化定价。根据国外客户的需求和偏好，在不同平台展示不同特征的产品，不同的区域选择不同的平台，积极开拓国际市场。

2. 选择合适的外贸产品，提升出口产品质量

外贸企业在开展跨境电子商务业务时，选择符合国外客户需求的产品非常重要。要做好产品品种、出口市场以及销售价格三大选择。考虑到国际物流成本等因素，在选择产品品种时，尽量选择“小、便、轻”的产品；产品的价格在50美元到500美元之间较为合适；在选择出口市场时，要考虑到目标客户人群的消费习惯、产品特性以及文化差异。在发展出口贸易的同时，也可以开展进口贸易。要保证产品的质

2. 小刘在外贸企业上班，他想开展跨境电子商务，他需要做好________三大选择。

量，遵循产品的国际标准，争取国际性的产品质量认证，如美国的 UL、FCC 检验认证，欧盟的 EMC、CE 认证等。

3. 加快外贸产品创新，打造差异化竞争优势

在大数据时代，跨境电子商务可以帮助外贸企业转型，利用互联网等信息技术与客户进行多渠道沟通，了解客户的消费偏好和消费趋势，调研客户对于同类产品质量、性能方面的需求信息，研发出符合市场需求的自主创新产品，做到精准的产品定位，降低产品同质率，增加产品附加值。根据客户需求打造差异化竞争优势，可实现外贸企业的可持续发展。长远来看，外贸企业通过跨境电子商务平台数据分析进行精准营销，有利于实现效益的最大化。

4. 组建跨境人才团队与外包服务并举

外贸企业要调整人才结构，选派骨干参加跨境电子商务培训，培养业务人才。在目前跨境电子商务专业人才较为稀缺的背景下，企业也可以根据自己的实际情况，以运营人员为中心，将店铺装修、产品图片设计、广告设计、营销宣传和跨境物流等环节外包给国内外专业服务商，甚至可以雇佣海外人员从事网店客服，既减少单独组建团队的成本，又避免对目标市场商业环境的认知偏差，从而可以更贴近目标市场的购物习惯和需求。

3. 跨境电子商务利用互联网大数据等信息技术可以发掘客户的______________。

4. 外贸企业根据自身实际情况，为了更贴近目标市场的购物习惯和需求，通常会采取________和________的经营措施。

知识链接

传统外贸业务在跨境电子商务中面临的挑战

跨境电子商务为我国的外贸企业带来了巨大的商机，但同时也使其面临很大的挑战。

1. 外贸企业信息化程度低

电子商务的实施，要以信息化为基础。与西方发达国家相比，我国企业信息化起步晚，信息化基础薄弱。中小外贸企业因为资金、人才缺陷，信息化水平仍然很低，具体表现为网站功能单一，管理不到位，营销推广效果不明显。许多外贸企业的网站停留在提供信息和查询的初级阶段。少数企业的网站能实现在线洽谈、签订购货合同等功能。

2. 信息网络安全体系有缺陷

电子商务的运作涉及多方面的安全问题，如资金安全、信息安全、货物安全、商业机密等，特别是有关网上支付结算的信息安全性和可靠性将一直是电子商务的核心研究领域。因为电子商务必须依靠互联网，所以作为开展电子商务基础

1. 传统外贸业务在跨境电子商务中面临的挑战是：

（1）______________

（2）______________

（3）______________

（4）______________

2. 电子商务的运作涉及的安全问题包括________________________。

的网络必须要安全可靠，网络传输的误码以及网络连接的故障率都应尽可能低。而目前我国一些电子商务网站在安全体系上没有设防，很容易受到计算机病毒和网络黑客的攻击，为电子商务的发展带来很多安全隐患。

此外，跨境电子商务还面临交易安全的挑战。在跨境电子商务活动中，合约、价格等信息，事关商业机密，而网络病毒和黑客侵袭会导致商务诈骗、单据伪造等行为。许多外贸公司不敢上网签约或交易结算，将严重影响跨境电子商务的发展。

3. 电子商务网站在安全体系上缺乏安全系统容易受到________攻击。

3. 跨境电子商务法律制度不完善

跨境电子商务不仅涉及参加贸易的双方，而且涉及不同地区、不同国家的工商管理、海关、保险、税收、银行等部门。跨境物流存在运费高、关税高且安全性低等问题，支付环节则涉及外汇兑换和资金风险，如何公平仲裁、保障贸易纠纷双方利益，需要有统一的法律和政策框架以及强有力的跨地区、跨部门的综合协调机制。但是，目前我国有关跨境电子商务的法律并不健全，如知识产权保护问题、信息资源与网络安全问题、电子合同的效力和执行问题等都需要法律方面的进一步完善。此外，在跨国家、跨地区、跨部门协调方面也存在一些问题，需要不断完善。

4. 目前我国有关跨境电子商务的法律有待健全的内容是____________________。

4. 缺乏高级复合型人才

电子商务涉及的领域众多，包括技术、经济、管理、法律等。对外贸企业而言，既懂得计算机网络知识，又熟悉外贸业务的操作流程，同时还具备一定外贸和电子商务法律知识的复合型人才是企业最宝贵的资源。但是目前一些高等院校开设的电子商务专业过于侧重技术层面的培养，没有考虑电子商务的整体性，这与外贸企业的实际需求存在着很大的差距，电子商务人才的短缺与不足将直接影响外贸企业电子商务的竞争能力。

工作结束

数据整理及备份：☐ 完成　☐ 未完成

关机检查：☐ 正常　☐ 强行关机　☐ 未关机

整理桌面：☐ 完成　☐ 未完成

地面卫生检查：☐ 完成　☐ 未完成

整理椅子：☐ 完成　☐ 未完成

工作评价

类别	序号	考核项目	考核内容及要求	分值	学生自评	学生互评	教师测评	分数
技术考评（80分）	1	质量	了解跨境电子商务与传统国际贸易模式的不同之处	15				
	2		清楚“互联网+”对传统外贸的影响	20				
	3		熟悉外贸企业的电子商务应对之策	15				
	4		了解传统外贸业务在跨境电子商务中面临的挑战	15				
	5		了解跨境电商的模式	15				
非技术考评（20分）	6	态度	学习态度端正	5				
	7	纪律	遵守纪律	5				
	8	协作	有交流、团队合作	5				
	9	文明	保持安静，清理场所	5				
总分：								

任务四　跨境电商法律法规

工作准备

是否正常培训:（部门经理填）　□ 到席　□ 请假　□ 旷工　原因:

是否遵守纪律:（部门经理填）　□ 严格遵守　□ 迟到　□ 早退　□ 出位　□ 其他

检查计算机的完好性:　□ 完好　□ 故障：报告值班经理并换机

工作过程

任务分析

无规矩不成方圆，跨境电商也需要相应法律法规的约束，保障消费者权益的同时，保护卖家的利益不受损害，推进跨境电商行业的规范发展。

任务实施

工作内容	工作记录
一、知识产权规则 知识产权，也称“知识所属权”，是指“权利人对其所创作的智力劳动成果所享有的专有权利”，一般只在有限时期内有效。各种智力创造如发明、文学和艺术作品，以及在商业中使用的标志、名称、图像以及外观设计，都可被认为是某一个人或组织所拥有的知识产权。 不同的跨境电商平台有不同的知识产权规则，小刘就速卖通、阿里巴巴国际站展开了解。	1. 知识产权是________________________。
（一）速卖通知识产权规则 速卖通的具体规则如表 1–2 所示，分别包括侵权类型和处罚规则，速卖通会按照侵权商品投诉被受理或速卖通平台抽样检查时的状态，根据相关规定对相关卖家实施适用处罚。并且，每项违规行为由处罚之日起有效期为 365 天。	2. 某商家在速卖通平台违规受到处罚，该处罚需要经过______天才会失效。
（表 1–2 见下）	3. 速卖通知识产权侵权行为包括________________________。 4. 某速卖通卖家由于三次侵权违规被平台关闭了账号，该商家的侵权行为有可能是________________________。

表 1–2　速卖通知识产权规则

侵权类型	定义	处罚规则
商标侵权	严重违规：未经注册商标权人许可，在同一种商品上使用与其注册商标相同或相似的商标	三次违规者关闭账号
	一般违规：其他未经权利人许可使用他人商标的情况	1. 首次违规扣 0 分 2. 其后每次重复违规扣 6 分 3. 累计达 48 分者关闭账号
著作权侵权	严重违规：未经著作权人许可复制其作品并进行发布或者销售，包括图书、电子书、音像作品或软件等	三次违规者关闭账号
	一般违规：其他未经权利人许可使用他人著作权的情况	1. 首次违规扣 0 分 2. 其后每次重复违规扣 6 分 3. 累计达 48 分者关闭账号
专利侵权	外观专利、实用新型专利、发明专利的侵权情况（一般违规或严重违规的判定视个案而定）	1. 首次违规扣 0 分 2. 其后每次重复违规扣 6 分 3. 累计达 48 分者关闭账号 （严重违规情况，三次违规者关闭账号）

（二）阿里巴巴国际站知识产权规则

阿里巴巴国际站的用户不得利用网站服务从事侵犯他人知识产权的行为，包括一般侵权行为和严重侵权行为。

1. 一般侵权行为

1）在所发布的商品信息、店铺或者域名中不当使用他人商标权、著作权等权利。

2）发布、销售商品时不当使用他人商标权、著作权等权利。

3）所发布的商品信息或者所使用的其他信息造成用户混淆或者误认等情形。

对于一般侵权行为的处理如表 1–3 所示。

5. 阿里巴巴国际站处理侵犯知识产权侵权行为时按________________处理。

6. 一般侵权行为的触发方式有__________。

表 1–3　一般侵权行为的处理

	触发原因	扣分计算方式
侵权行为	权利人投诉	首次被投诉不扣分，基于同一知识产权且发生在首次被投诉后 5 天内的投诉算一次。第 6 天开始，每次被投诉扣 6 分，一天内若被同一知识产权多次投诉扣一次分。所有时间以投诉受理时间为准
	抽样检查	每次扣 2 分，一天内扣分不超过 6 分；如一般侵权行为情节严重的（包括但不仅限于交易假货纠纷），每次扣 4 分，一天内扣分不超过 12 分

2. 严重侵权行为

1）未经著作权人许可复制其作品并进行发布或者销售，包括图书、音像制品、计算机软件等。

2）发布或者销售未经商品来源国注册商标权利人或者其被许可人许可生产的商品。

对于严重侵权行为的处理如表 1–4 所示。

表 1–4　严重侵权行为的处理

	累积被投诉次数	处理方式
侵权行为	1 次	限权 7 天 + 考试（若考试未在 7 天内通过最长限权 30 天）
	2 次	限权 14 天 + 考试（若考试未在 14 天内通过最长限权 60 天）
	3 次	关闭账号

7. 某商家严重侵权 1 次，该商家会接收到平台对他的处罚是__________，更严重的后果会是________。

二、知识产权的分类及形态

知识产权主要分为专利权、著作权（版权）和商标权。

1. 专利权

专利权是指政府有关部门向发明人授予的在一定期限内生产、销售或以其他方式使用发明的排他权利。

专利权人对其发明创造享有独占性的制造、使用、销售和进口的权利。也就是说，其他任何单位或个人未经专利权人许可不得进行制造、使用、销售和进口其专利产品，使用其专利方法，或者未经专利权人许可，为生产经营目的制造、使用、销售和进口依照其方法直接获得的产品。否则，就是侵犯专利权。

专利权人对其发明创造所拥有的专有权只在法律规定的时间内有效，期限届满后，专利权人对其发明创造就不再享有制造、使用、销售和进口的专有权。这样，原来受法律保护的发明创造就成了社会的公共财富，任何单位或个人都可以无偿使用。

对于专利权的期限，各国专利法都有明确的规定，对发明专利权的保护期限自申请日起计算，一般在10年—20年不等；对于实用新型和外观设计专利权的期限，大部分国家规定为5年—10年，我国现行专利法规定的发明专利、实用新型专利以及外观设计专利的保护期限自申请日起分别为20年、10年和10年以下。其他部分国家专利法的规定，如表1–5所示。

1. 专利权、著作权（版权）、商标权都属于______。

2. 小刘申请了一项发明专利，小刘能对此专利行使________权利。

3. 我国现行专利法规定的发明专利保护期限为自申请日起_______。

表1–5 其他部分国家专利法的规定

国家	专利法内容
日本	提倡技术共享，专利申请公开，专利申请人以“注册者”界定，专利4年—6年内正式批准，专利有效期20年
美国	保护个体发明者，专利申请人以“发明者”界定，专利申请秘密，专利申请最长24个月批准，实用专利有效期17年，设计专利有效期14年
德国	专利申请人以“注册者”界定，专利有效期10年
沙特阿拉伯	只有本国公民才被接受专利注册，专利所有人以“注册者”界定，专利有效期10年
印度	专利有效期14年，禁止申请食品和药品专利，专利申请人以“注册者”界定
澳大利亚	专利所有人以“发明者”界定
巴西	专利所有人以“注册者”界定，发明专利有效期15年，工业设计专利有效期10年

2. 著作权

著作权，又称为版权。我国《中华人民共和国著作权法》第十条规定，“著作权包括人身权和财产权”。人身权包括：发表权，即决定作品是否公之于众的权利；署名权，即表明作者身份，在作品上署名的权利；修改权，即修改或者授权他人修改作品的权利；保护作品完整权，即保护作品不受歪曲、篡改的权利。财产权是作者对其作品的自行使用和被他人使用而享有的以物质利益为内容的权利。通过以下方式获得经济效益：复制、翻译、改编、表演、广播、展览，以及拍制电影、电视或录音等。

著作权的取得，是指著作权人取得了著作权法的保护。各国法律对著作权的取得条件有不同要求，主要分为自动取得和注册取得两大类。

自动取得是指著作权自作品创作完成时自动产生，不需要履行任何批准或登记手续。世界上大多数国家采取这种自动取得制度，我国也是采取这种制度。

注册取得是指以登记注册为取得著作权的条件，作品只有登记注册或批准后才能产生著作权，而不是自动产生。少数国家采取这种制度。

3. 商标权

商标可能是一个单词、字母、图形或是它们的组合，包括图画、符号等。商标权是指商标使用人依法对所使用的商标享有的专用权利，包括商标注册人对其注册商标的排他使用权、收益权、处分权、续展权和禁止他人侵害的权利。

商标权是一种无形资产，具有经济价值，可以用于抵债，即依法转让。商标可以转让，转让注册商标时转让人和受让人应当签订转让协议，并共同向商标局提出申请。

商标权具有专有性、地域性和时效性等特点。

商标权的专有性是指一个商标一般只能归一家企业、事业单位或个人所有，并在指定商品上注册，而不能同时为多个单位或个人所享有。商标权的专有性意味着其他任何人未经注册商标所有人许可，不得在与核定商品相同或类似范围内使用与该注册商标相同或近似的商标，否则构成商标侵权。

商标权的地域性是指经一国（或地区）商标注册机关核准注册的商标，其所有人的专有权被限定在该国（或地区）领域内，其他国家对该商标权没有保护义务。换言之，一个国家的商标所有人如果希望其商标权在其他国家也能获得保护，就应该到希望获得保护的国家去注册。

4. 名词解释

著作权：__________。

著作人身权：________。

5. 小刘获得了某作品的著作权，该权利的取得方式一般是________。

6. 商标可以依法转让，小刘想把自己的商标转让给小李，他们需要完成的手续有__________________。

7. 商标持有人对商标享有唯一的占有和使用的权利，这是商标权的__________决定的。

商标权的时效性是指商标经商标注册机关核准之后，在正常使用的情况下，可以在某一法定时间内受到法律保护，这一时间称为注册商标的有效期。有效期届满后，商标权人如果希望继续使用注册商标并使之得到法律的保护，则需要按照法定程序，进行注册续展。如果不发生导致商标撤销的诉讼，商标注册人只要按时履行续展手续，就可以无限期地保护商标。在这一点上，商标权既不同于有形财产权，也不同于知识产权的专利权和著作权。

企业在发展到一定阶段时应当尽量对其使用的商标进行注册。有更大抱负的企业更应该注意这个问题，不仅要在国内注册商标，还要根据自己产品的销售情况以及潜在市场，选择不同的国家进行商标的国际注册，不要出现类似海信公司“Hisense”商标被西门子公司抢注的案例。在有些国家，虽然没有要求商标必须注册，但是在保护商标时是以注册商标为主的。国际化企业要根据所在地国家的法律规定，进行商标注册。

三、预防知识产权侵权

目前跨境电子商务侵权主要表现在以下几个方面。首先是现行网络假货横行，侵犯商标权的现象大量发生；其次是在网络产品的传播方面，擅自使用其他网站的LOGO、图片、视频、原创内容等，或者模仿其他网站模板，采用相似域名等行为，这对消费者造成了严重误导，同时也对侵权的品牌带来了负面的影响；最后是网络诈骗，主要表现在恶意“钓鱼”，通过技术手段来制作“钓鱼”网站，通过低价、广告等形式来诱导消费者进行消费。

那么，怎样预防知识产权侵权呢？

1. 了解平台对知识产权侵权行为的认定

以阿里巴巴国际站为例，预防知识产权侵权，首先要了解哪些行为属于知识产权侵权行为。阿里巴巴国际站严禁用户未经授权发布、销售涉及第三方知识产权的商品。知识产权侵权行为包括但不限于以下三类。

1）著作权侵权：未经著作权人同意，又无法律上的依据，使用他人作品或行使著作权人专有权的行为，以及其他法律规定的损害著作权人合法权益的行为。

2）商标侵权：未经商标权人的许可，在商标权核定的同一或类似的商品上使用与核准注册的商标相同或相近的商标的行为，以及其他法律规定的损害商标权人合法权益的行为。

1. 为了预防知识产权侵权，我们应该______。

2. 请列举三类知识产权侵权行为。

（1）______

（2）______

（3）______

3）专利侵权：未经专利权人许可，以生产经营为目的，实施了依法受保护的有效专利的违法行为。

2. 避免侵权行为的发生

侵犯知识产权的行为，包括但不限于以下行为：

1）产品标题、描述或店铺名称使用知名品牌名称或衍生词，或明示模仿某知名品牌。

2）产品图片中含有知名品牌名称或衍生词、LOGO 或相似 LOGO，使用图片处理工具遮掩全部或部分 LOGO。

3）模仿知名品牌代表性图案、底纹或款式的疑似产品。

4）卖家产品链接被知识产权所有人或拥有合法权利人授权的第三方代理机构投诉，未能提供有效、合理证明。

5）音像制品，需提供相关政府部门颁发的音像制品经营许可证，而未能提供的。

6）原设备厂商软件、学术软件等，需提供相关政府部门颁发的有效销售许可证明，而未能提供的。

7）其他侵犯第三方知识产权的行为。

3. 某商家借用了知名品牌代表性图案、底纹或款式的疑似产品，这将会侵犯别人的______。

四、禁售、限售规则

禁售产品：指因涉嫌违法、违背社会道德或违背平台发展原则等原因，而禁止发布和交易的产品。

限售产品：指信息发布前需要取得商品销售的前置审批、凭证经营或授权经营等许可证明，否则不允许发布的产品。

需要重视的是以下这些禁售、限售产品：毒品、枪支、军警用品、各类药品、超长刀具、汽车安全气囊、音像制品、钱币、香烟、邮票、间谍用品、酒类、赌博用品、机票及航空制服、卫星接收设备、医学美容仪器、管制刀具等。

除了解禁售产品外，小刘还需要了解限售产品，如电子烟等。有的限售产品无论是否涉及品牌，都需要经过前置审批才能发布；否则一旦发布，积分和店铺会面临处罚。

速卖通具体的禁售、限售产品列表请参见《全球速卖通禁限售商品目录》。

1. 小刘店铺出售军警用品，最终受到平台的处罚，原因是该店违反规定，出售______产品。

2. 当我们需要获取速卖通具体的禁售、限售产品名单时，我们可以______________。

五、跨境电商法律法规

国家推出系列政策，从信息、支付、清算、物流、保税等多方面支持、监督跨境电商行业，推动跨境电商行业的规范发展。政策的直接干预不仅对整个跨境电商市场的发展起到了极大推动力，也让跨境电商企业从企业运营成本、企业业务流程等多方面获得了有力保障。

当前，我国跨境电子商务可能涉及的法律类条文、规范、文件可以分为三类。第一类是跨境电商涉及的贸易、商务、运输相关法律；第二类是跨境电商监管的相关法律法规；第三类是电子商务活动的相关法律法规。

（一）跨境电商涉及的贸易、商务、运输相关法律

此类现行法律经过梳理，可以分为五个子类：

1）规范对外贸易主体、贸易监管的一般性法律。跨境电子商务的参与者很多具有贸易主体的地位，对跨境B2B电子商务而言，仍然适用于货物贸易的情形。在这方面，我国出台的重要的法律基础是《中华人民共和国对外贸易法》。在修订后的《中华人民共和国对外贸易法》中，规范了贸易参与者、货物进出口、贸易秩序、知识产权、法律责任等。从根本上确立了贸易参与者的备案登记，对货物进出口的许可管理和监管，保护知识产权等措施。与此同时，针对贸易参与者的登记问题、又出台了《对外贸易经营者备案登记办法》，规范了登记需要递交的材料和审核细节。针对货物进出口环节，我国还制定了《中华人民共和国货物进出口管理条例》，具体规定了对禁止进出口、限制进出口、自由进出口等货物的管理措施。

2）贸易合同方面的法律。跨境电子商务的合约除了电子合同的属性外，还具有贸易合同的性质。当前国际上比较重要的公约是《联合国国际货物销售合同公约》，该公约实际规范的是一般贸易形态的，商业主体之间的，非个人使用、非消费行为的货物销售合同订立。该公约具体规范了合同订立行为，货物销售，卖方义务，货物相符（含货物检验行为等），买方义务，卖方补救措施，风险转移，救济措施，宣布合同无效的效果等。同时，也需要参照《中华人民共和国合同法》进行规范。《中华人民共和国合同法》不仅仅规范了销售合同，而且也对商事代理方面的合同行为提出了专门的条款，对运输过程中的一些问题也作了规定。

3）知识产权方面的法律和规范。跨境电子商务活动中交易的商品需要遵守知识产权的有关规范。主要涉及商品的专利、商标、著作权等问题的规范。我国相继出台了《中华人民共和国专利法》《中华人民共和国商标法》和《中华人民共和国著作权法》。我国已经加入或批准了《保护工业产权巴黎公约》以及《商标国际注册马德里协定》，在加入WTO之后同时也受到了《与贸易有关的知识产权协定》（TRIPS）的约束。这些法律以及国际公约详细规定了知识产权的性质、实

1. 当前，我国跨境电子商务可能涉及的法律类条文、规范、文件有：
（1）________
（2）________
（3）________

2. 在我国规范了贸易参与者、货物进出口、贸易秩序、知识产权、法律责任等事项的最重要的法律基础是________。

3. 贸易合同方面的法律，当前国际上比较重要的公约是________。

4. 知识产权方面的法律和规范，主要涉及商品的________。

施程序和争议解决机制。

4）跨境运输方面的法律法规。跨境电子商务交易活动后期会涉及较多的跨境物流、运输问题，涉及海洋运输、航空运输方面的法律。主要应参照《中华人民共和国海商法》《中华人民共和国民用航空法》和《中华人民共和国国际货物运输代理业管理规定》。这些法律法规对承运人的责任、交货提货、保险等事项作了具体规定，同时也对国际贸易中的货物运输代理行为作了规范、界定了代理人作为承运人的责任。这部分的法律规范同时还需要与我国的《中华人民共和国合同法》进行参照，解决代理合同当中委托人、代理人、第三人之间的责任划分问题。货运代理的代理人身份和独立经营人身份/合同当事人的双重身份也需要参照《中华人民共和国合同法》进行规范。

5）产品质量和消费者权益方面的法律和其他规定。在法律实践中，跨境电子商务常常面临产品质量的责任和纠纷。在贸易过程中，产品质量问题和责任需要通过法律来规范，消费者权益需要通过法律进行保护。这些法律对生产者、销售者的责任进行了梳理，以及欺诈、侵权的行为进行了规制。

跨境电商涉及的贸易、商务、运输相关法律如表1–6所示。

5. 在跨境电子商务活动中遇到产品质量的责任和纠纷时应参照________________处理。

6 涉及对外贸易业务的法律条文有________________。

表1–6　跨境电商涉及的贸易、商务、运输相关法律

相关业务	名称	类型
对外贸易	中华人民共和国对外贸易法	法律
	对外贸易经营者备案登记办法	规章
	中华人民共和国货物进出口管理条例	规章
	联合国国际货物销售合同公约	国际公约
商事合同	中华人民共和国合同法	法律
商事运输	中华人民共和国国际货物运输代理业管理规定	规章
	中华人民共和国海商法	法律
	中华人民共和国民用航空法	法律
知识产权	中华人民共和国专利法	法律
	中华人民共和国商标法	法律
质量责任	中华人民共和国产品质量法	法律
消费者保护	中华人民共和国消费者权益保护法	法律

这部分法律主要是作为跨境电商可参照的行为基础。对于跨境电子商务来说，相当多的活动实质上还是跨境贸易活动，相当部分参与者仍是传统贸易活动中的主体，很多贸易环节对跨境电子商务仍然适用。

（二）跨境电商监管（通关、商检、外汇、税收等）的相关法律法规

1）通关方面的法律法规。跨境电子商务所涉及的货物/物品需要经过海关的查验。我国出台了《中华人民共和国海关法》，并通过《中华人民共和国海关企业分类管理办法》《中华人民共和国海关行政处罚实施条例》进一步细化。《中华人民共和国海关法》涉及海关的监管职责，对进出境运输工具、货物、物品的查验，关税等内容。同时，在通关环节，为了加强“知识产权的海关保护”，我国出台了《中华人民共和国知识产权海关保护条例》。针对目前空运快件、个人物品邮件增多的情况，我国也出台了一些专门的管理办法，如海关总署公告《关于调整进出境个人邮递物品管理措施有关事宜》等。

2）商检方面的法律法规。跨境电子商务所交易的货物大多需要通过商品检验环节。目前，商检的依据主要是《中华人民共和国进出口商品检验法》，涉及商品出口、进口的检疫以及监督管理职责。同时依据《中华人民共和国进出口商品检验法》出台了《中华人民共和国进出口商品检验法实施条例》，对《中华人民共和国进出口商品检验法》各个部分拟定了细则。我国还出台了一些针对邮寄物和快件的检验检疫细则，如《进出境邮寄物检疫管理办法》和《出入境快件检验检疫管理办法》等。

7. 对跨境电子商务的商品进行检验的主要依据是____________。

3）外汇方面的有关规定。跨境电子商务主要涉及向外汇管理部门、金融机构的结汇问题。当前的规范主要有《中华人民共和国外汇管理条例》。《中华人民共和国外汇管理条例》涉及的经常项目售汇、结汇条文会直接影响到跨境电子商务的支付。

8. 解决跨境电子商务进出口征税问题主要依据________________。

4）税收方面的法律法规。跨境电子商务进出口环节可能会面临征税问题。该类法律法规主要有《中华人民共和国进出口关税条例》，以及涉及退税阶段的各类的规章制度。《中华人民共和国进出口关税条例》在《中华人民共和国海关法》和国务院制定的《中华人民共和国进出口关税税则》的基础上来具体规定关税征收的规定和细则，包括货物关税税率的设置和适用、完税价格的确定、进出口货物关税的征收、进境

货物的进口税征收等。针对新出现的跨境电子商务企业的征税和退税问题。

跨境电商监管的相关法律如表 1–7 所示。

9. 关于出口退税的规章有________________。

表 1–7　跨境电商监管的相关法律

相关业务	名称	类型	实施日期	颁布机构
出口退税	关于进一步规范外贸出口经营秩序切实加强出口货物退（免）税管理的通知（国税发〔2006〕24 号）	规章	2006/3/1	国家税务总局、商务部
	关于出口货物劳务增值税和消费税政策的通知（财税〔2012〕39 号）	规章	2012/7/1	财政部、国家税务总局
外汇管理	中华人民共和国外汇管理条例	法规	2008/8/5	国务院
	关于印发货物贸易外汇管理法规有关问题的通知（汇发〔2012〕38 号）	规章	2012/8/1	国家外汇管理局
	关于货物贸易外汇管理制度改革的公告（国家外汇管理局公告 2012 年第 1 号）	规章	2012/8/1	国家外汇管理局、海关总署、国家税务总局
通关	中华人民共和国海关法	法律	1987/7/1	全国人民代表大会常务委员会
	中华人民共和国海关行政处罚实施条例	法规	2004/11/1	国务院
	中华人民共和国知识产权海关保护条例	规章	2004/3/1	国务院
通关税务	中华人民共和国进出口关税条例	法规	2004/1/1	国务院
商检	中华人民共和国进出口商品检验法	法律	1989/8/1	全国人民代表大会常务委员会
	中华人民共和国进出口商品检验法实施条例	法规	2005/12/1	国务院

10. 关于外汇管理问题，可以参照的法规有________________。

在跨境电子商务活动中，货物都需要通过海关、商检，参与者需要进行收汇和结汇，在通关过程中还会遇到税收问题。因此，跨境电子商务的法律需要考虑和参照已有的法律内容。

（三）电子商务活动的相关法律法规

《中华人民共和国电子商务法》经第十三届全国人民代表大会常务委员会第五次会议审议并通过，于 2019 年 1 月 1 日起施行，成为我国电商领域首部综合性法律。

其中，涉及跨境电商的法规如下所示：

第二十六条　电子商务经营者从事跨境电子商务，应当遵守进出口监督管理的法律、行政法规和国家有关规定。

第七十一条　国家促进跨境电子商务发展，建立健全适应跨境电子商务特点的海关、税收、进出境检验检疫、支付结算等管理制度，提高跨境电子商务各环节便利化水平，支持跨境电子商务平台经营者等为跨境电子商务提供仓储物流、报关、报检等服务。国家支持小型微型企业从事跨境电子商务。

第七十二条　国家进出口管理部门应当推进跨境电子商务海关申报、纳税、检验检疫等环节的综合服务和监管体系建设，优化监管流程，推动实现信息共享、监管互认、执法互助，提高跨境电子商务服务和监管效率。跨境电子商务经营者可以凭电子单证向国家进出口管理部门办理有关手续。

第七十三条　国家推动建立与不同国家、地区之间跨境电子商务的交流合作，参与电子商务国际规则的制定，促进电子签名、电子身份等国际互认。

11.______开始实施《中华人民共和国电子商务法》。

12.《中华人民共和国电子商务法》中涉及跨境电商的法规有____条。

知识链接

知识产权的特点

知识产权具有专有性、地域性、时间性的特点。

（1）专有性

专有性即独占性或垄断性。除权利人同意或法律规定外，权利人以外的任何人不得享有或使用该项权利。这表明权利人独占或垄断的专有权利受严格保护，不受他人侵犯。只有通过“强制许可”“征用”等法律程序，才能变更权利人的专有权。

（2）地域性

地域性即只在所确认和保护的地域内有效。除签有国际公约或双边互惠协定外，经一国法律所保护的某项权利只在该国范围内发生法律效力。所以知识产权既具有地域性，又

1. 知识产权的特点包括______________。

在一定条件下具有国际性。

（3）时间性

时间性即知识产权只在规定期限内受到保护。法律对各项权利的保护，都规定有一定的有效期，各国法律对保护期限的长短可能一致，也可能不完全相同，只有参加国际协定或进行国际申请时，才对某项权利有统一的保护期限。

工作结束

数据整理及备份：□ 完成　□ 未完成

关机检查：□ 正常　□ 强行关机　□ 未关机

整理桌面：□ 完成　□ 未完成

地面卫生检查：□ 完成　□ 未完成

整理椅子：□ 完成　□ 未完成

工作评价

类别	序号	考核项目	考核内容及要求	分值	学生自评	学生互评	教师测评	分数
技术考评（80分）	1	质量	了解知识产权的定义	15				
	2		明确典型平台知识产权的规则	20				
	3		清楚知识产权的分类及形态	15				
	4		学会预防知识产权的侵权	15				
	5		了解禁售、限售规则	15				
非技术考评（20分）	6	态度	学习态度端正	5				
	7	纪律	遵守纪律	5				
	8	协作	有交流、团队合作	5				
	9	文明	保持安静，清理场所	5				
总分：								

微课：跨境电子商务岗位认知

项目二

02

跨境电商市场调研

知识目标

1. 了解并区分不同的跨境电商平台。
2. 明确跨境电商的发展趋势。
3. 了解蓝海产品与红海产品的区别。
4. 明确货源采购的主要渠道。

技能目标

1. 能够结合市场分析选择合适的跨境电商平台。
2. 掌握选品的策略与方法。
3. 能够分析货源采购中存在的问题。

素养目标

1. 培养学生获取信息并利用信息的能力。
2. 提高学生对数据的敏感度，形成客观求实的习惯。
3. 培养学生勇于创新、吃苦耐劳的精神。

任务分解

本项目包含了三个任务，具体为：

任务一 跨境电商平台的选择；

任务二 数据化选品；

任务三 货源渠道的确认。

本项目旨在引导学生了解不同跨境电商平台的特色和优势，并选择合适的经营平台，此外，掌握数据化选品的方法，并进一步明确如何寻找货源。

任务情境

小刘经营一家售卖广西水果的网店，为了拓展业务量，小刘计划开展跨境电商业务，但对于跨境电商各个平台的特点和优势小刘并不了解，他计划从平台选择、选品、货源渠道确认等基础知识展开了解。

任务一　跨境电商平台的选择

工作准备 >>>

是否正常培训：（部门经理填）　□ 到席　□ 请假　□ 旷工　原因：

是否遵守纪律：（部门经理填）　□ 严格遵守　□ 迟到　□ 早退　□ 出位　□ 其他

检查计算机的完好性：　□ 完好　□ 故障：报告值班经理并换机

工作过程 >>>

任务分析

想要迈进跨境电商行业，小刘首先需要了解各个跨境电商平台的销售市场、盈利方式、平台特点等，并结合自身需求选择合适的跨境电商平台。那么，跨境电商平台都有哪些特点？不同的跨境电商平台都有哪些优势？让我们带着这些疑问开始本任务的学习。

任务实施

工作内容	工作记录
一、跨境电商平台的介绍 小刘想要开展跨境电商业务，首先需要了解不同跨境电商平台的特色和优势，择优选取。 1. 阿里巴巴国际站 阿里巴巴国际站是目前全球领先的跨境 B2B 电子商务平台，专注服务于全球中小微企业。在这个平台上，买卖双方可以在线更高效地找到适合的彼此，并更快更安心地达成交易。此外，阿里巴巴外贸综合服务平台提供的一站式通关、退税、物流等服务，让外贸企业在出口流通环节也变得更加便利和顺畅。 企业通过阿里巴巴国际站贸易平台，可以向海外买家展示、推广企业产品，进而获得贸易商机和订单，是出口企业拓展国际贸易的首选网络平台，阿里巴巴国际站如图	1. 阿里巴巴国际站是跨境____电子商务平台。 A. B2B B. B2C C. C2C D. O2O 2. 阿里巴巴外贸综合服务平台提供一站式________________________等服务。

2–1 所示。

图 2–1　阿里巴巴国际站

此外，阿里巴巴国际站提供一站式的店铺装修、产品展示、营销推广、生意洽谈及店铺管理等全系列线上服务和工具，帮助企业降低成本、高效率地开拓外贸市场。

企业通过阿里巴巴国际站参与电子商务交易，必须注册为会员，每年要缴纳一定的会员费，才能享受网站提供的各种服务。

2. 速卖通

速卖通于 2010 年 4 月上线，是阿里巴巴帮助中小企业接触终端批发零售商，小批量多批次快速销售，拓展利润空间而全力打造的融合订单、支付、物流于一体的外贸在线交易平台。此平台适合体积较小、附加值较高的产品，比如首饰、数码产品、计算机硬件、手机及配件、服饰、化妆品、工艺品等相关产品，如图 2–2 所示。

图 2–2　速卖通

速卖通有三类物流服务，分别是邮政大小包、速卖通合作物流以及商业快递。其中 90% 的交易使用的是邮政大小包。

3. 请思考，阿里巴巴国际站提供以下哪些服务和工具：

□ 店铺装修
□ 产品展示
□ 营销推广
□ 生意洽谈
□ 店铺管理
□ 拍卖工具

4. 速卖通适合提交体积较小、附加值较高的产品。请列举五项符合上述条件的商品类型：____。

微课：速卖通平台

5. 速卖通有三类物流服务，分别是________、速卖通合作物流以及________。

6. 速卖通会员费是每年________元人民币。

7. 速卖通平台会向每笔成功的交易收取交易总额________的不等交易佣金。某店铺有一笔交易目前要加入速卖通平台需要首先缴纳人民币 19800 元 / 年的会员费。此外，阿里巴巴会向平台上每笔成功的交易根据不同支付方式收取交易总额 3%~9.15% 的不等交易佣金。此平台目前支持电汇、支付宝以及其他跨国在线支付方式。其中，若卖家采用支付宝进行交易，在优惠期内，阿里巴巴只收取 3% 的佣金，即收取产品总价加上运费总额的 3%。

总额为 230 元，平台收取 3% 佣金，则店铺需给平台缴费______元，列式计算：______________________。

3. 敦煌网

敦煌网是全球领先的在线外贸交易平台，如图 2–3 所示。敦煌网致力于帮助我国中小企业通过跨境电子商务平台走向全球市场，开辟一条全新的国际贸易通道，让在线交易变得更加简单，更加安全，更加高效。

图 2–3　敦煌网

敦煌网采取佣金制，免注册费，只在买卖双方交易成功后收取费用。敦煌网"为成功付费"的商业模式打破了以往的传统电子商务"会员收费"的经营模式，既减小企业风险，又节省了企业不必要的开支。同时避开了与阿里巴巴国际站、中国制造网、环球资源网等的竞争。

8. 敦煌网采用__________，免__________，只在__________后收取费用。

4. eBay

eBay（中文简称易贝）是一个可让全球民众上网买卖物品的线上拍卖及购物网站，如图 2–4 所示。

eBay 创立之初是一个拍卖网站，时至今日 eBay 在销售方式上依然延续了拍卖的模式，这是 eBay 区别于其他平台的一大特色。eBay 有两种售卖方式：拍卖和一口价。拍卖是指卖家通过设定物品的起拍价及在线时间，开始拍卖物品，并以下线时的最高竞拍金额卖出，出价最高的买家即为物品的中标者。而以"一口价"方式销售的物品在线最长时间是 30 天，可以让产品有充分的展示时间。

9. eBay 最初是__________网站。它有两种售卖方式：拍卖和__________。

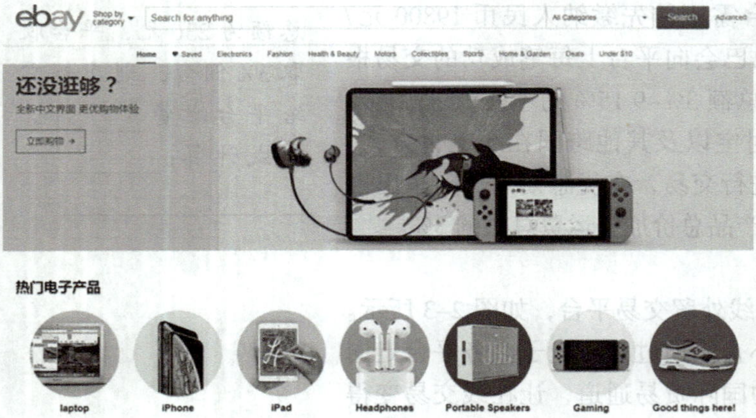

图 2–4　eBay

10. eBay 上以“一口价”方式销售的物品最长在线时间是____天。

5. Amazon

Amazon 成立于 1995 年，一开始只经营网络的书籍销售业务，现在扩展销售范围，已成为全球商品品种最多的网上零售商，如图 2–5 所示。

11. Amazon 初始经营的是________，现在已成为全球商品品种最多的网上零售商。

图 2–5　Amazon

12. Listing 机制是____平台上独有的。请解释 Listing 机制：____

____

____

____

Amazon 平台的运营、推广策略和国内电商平台大有不同，如果想参加 Amazon 平台组织的促销活动，要根据商品以往的销售记录和综合评分来判断是否可以入选。此外，Amazon 独有 Listing 机制，即跟卖政策。如果 A 卖家创建了一个产品页，其他同款卖家看见后可以在上面增加一个按钮链接到自己的产品。

6. Wish

Wish 于 2011 年成立于美国旧金山，是一款基于移动端 APP 的商业平台。起初，Wish 只是向用户推送信息，并不涉及商品交易。2013 年开始升级成为购物平台。Wish 的系统通过买家行为等数据的计算，判断买家的喜好、感兴趣的产品

13. 请把关于 Wish 正确的说法勾选出来：

☐ 是基于 PC 端的应用

☐ 起初只向用户推送信息，不涉及商品交易

信息，并且选择相应的产品推送给买家，如图 2-6 所示。

□ 会判断买家喜好推送相应产品
□ 注重店铺概念

图 2-6　Wish

Wish 平台淡化店铺概念，注重商品本身的区别和用户体验的质量。在商品相同的情况下，以往服务记录好的卖家会得到更多的推广机会。此外，Wish 平台目前没有付费推广，在发展中 Wish 会根据买家的体验来优化计算方法和推送产品。

14. 请思考：在商品相同的情况下，以下哪种情况在 Wish 平台会得到更多的推广机会？
□ 服务记录好
□ 商品价格低

二、跨境电商平台的选择

了解了不同的跨境电商平台后，小刘还需要分析不同平台的销售市场、物流特点等，结合自身条件和需求，选取合适的跨境电商平台。

1. 跨境电商平台销售市场分析

利用跨境电商平台销售商品，从中获取收益，前期销售市场调研必不可少。跨境电商平台面向国家不同，销售市场和物流特点也有所不同，如表 2-1 所示。

1. 通过表 2-1 可知：
（1）销售市场覆盖面最广的平台是________。
（2）物流成本较低且发货速度较快的是____。
（3）占据俄罗斯市场的平台主要是________。
（4）占据南美市场的平台有______、______。
（5）自营物流中心的平台是________。

表 2-1　跨境电商平台销售市场和物流特点

平台	主要销售市场	物流特点
阿里巴巴国际站	亚太、中东、欧洲、南美和北美	阿里巴巴国际站分别与新加坡邮政、巴西邮政、PS 快递、FedEx 快递和德迅合作推出物流方式
速卖通	美国、英国、澳大利亚、巴西、俄罗斯	速卖通分别与浙江邮政、中国邮政合作推出物流方式

（续）

平台	主要销售市场	物流特点
敦煌网	美国、中国、德国、日本、英国	敦煌网在线发货系统同时推出了“仓库发货”和美国线“国际e邮宝”两项服务，这两个行动使敦煌网平台上的物流成本大幅度降低，而且大大提高了发货速度
eBay	欧美	eBay联合第三方合作伙伴，为中国卖家提供连接中美贸易的ePacket货运服务，推出澳大利亚、美国、英国、德国等地的海外仓储服务
Amazon	美国、中国、德国、日本、英国	自营物流中心
Wish	欧美和南美	卖方选择配送方式

2. 跨境电商平台的分析与选择

选择跨境电商平台，首先要了解各个平台的优劣势，如表2-2所示。其次要了解各个平台的特点，如表2-3所示，最后要了解具体平台的相关政策法规，避免不必要的违规处罚。

表2-2　跨境电商平台优劣势

平台	优势	劣势
阿里巴巴国际站	1. 知名度高 2. 功能较完善 3. 优质的客户服务和销售服务系统 4. 综合资源能力强	1. 竞争激烈 2. 排名没有保证 3. 英文站价格高，实际效用与宣传有一定差距 4. 价格战比较激烈
速卖通	1. 全球市场覆盖率广 2. 买家流量高 3. 平台交易手续费率低 4. 丰富的淘宝产品资源	1. 支付能力弱 2. 国际信誉度较低 3. 客户服务专业水平有待提高
敦煌网	1. 通过敦煌网在线交易 2. 支付方式整合 3. 可拼单砍价 4. 具有推荐位竞价投放系统 5. 具有在线客服系统	1. 接受程度低，推广压力大 2. 竞争压力大 3. 用户范围广，满足需求困难
eBay	1. 具有品牌的国际影响力 2. 具有领先的全球市场覆盖率 3. 具有丰富的产品品类 4. 具有优质的商家服务和保护体系，与PayPal支付紧密结合	1. 收费较高 2. 物流与供应链服务水平有待提高

2. 对表2-2进行分析，将正确的平台编号填入以下内容中：

A. 阿里巴巴国际站

B. 速卖通

C. 敦煌网

D. eBay

E. Amazon

F. Wish

（1）可以拼单砍价且拥有在线客服系统的平台是＿＿＿＿＿＿。

（2）知名度高且综合资源能力强的平台是＿＿＿＿＿＿。

（3）国际信誉度和客服专业水平较低的平台是＿＿＿＿＿＿。

（4）具有优质商家服务和保护体系，但收费相对较高、物流服务水平有待提高的平台是＿＿＿＿＿＿。

（5）具备优质商家服务

（续）

平台	优势	劣势
Amazon	1. 具有品牌的国际影响力 2. 具有优质的商家服务体系 3. 具有领先的国际物流仓储服务	1. 中国市场启动较晚 2. 宣传力度不足 3. 支付能力较弱
Wish	1. 卖家入驻门槛低 2. 平台流量大，成单率高 3. 利润率高于传统电商平台 4. 利用移动平台的特点与 PC 端展开差异化竞争	1. 进入市场晚 2. 品牌影响力不大 3. 客户服务体系有待健全

表 2-3　跨境电商平台特点

平台	特点
阿里巴巴国际站	1. 互动：社区 Community 频道 2. 可信：第三方的认证 3. 专业：人性化的网站设计、丰富类目、出色的搜索和网页浏览，简便的沟通工具、账号管理工具 4. 全球化：客户遍布全球
速卖通	1. 适合产品符合新兴市场的卖家（俄罗斯，巴西等） 2. 产品有供应链优势，价格优势明显
敦煌网	1. 多扶持：在线翻译、物流、培训等多种卖家扶持计划 2. 零风险：专业风控、纠纷小组帮助卖家把控交易风险 3. 多服务：资深外贸专家全程指导 4. 在线下单：多订单，少询盘，缩短成单周期
eBay	1. 有产品的地区优势 2. 操作简单，投入小，适合有一定外贸资源的经营者
Amazon	1. 有较好的外贸基础和资源，包括稳定可靠的供应商资源和美国本土的人脉资源 2. 卖家要有一定的资金实力，并且有长期投入的心态
Wish	1. 具备智能推送技术 2. 客户下单率高，而且满意度高 3. 每次推送显示的产品数量比较少，这样对于客户体验来说较好 4. 通过平台的精准营销，国内的卖家短期内销售额暴增

比对过 6 个主流跨境电商平台的运营特点、物流方式和优劣势之后，小刘最终选择了阿里巴巴旗下的速卖通（AliExpress）。速卖通已经覆盖 220 多个国家和地区的买家，覆盖服装服饰、3C、家居、饰品等 30 个一级行业类目，海外买家流量超过 5000 万 / 日，交易额年增长速度持续超过

体系和领先的国际物流仓储服务的平台是________。

（6）入驻门槛低、利用移动平台进行差异化竞争的平台是________。

3. 通过表 2-3 可分析：

（1）阿里巴巴国际站和速卖通相比，更适合产品符合新兴市场的卖家的平台是________。

（2）在服务卖家方面，敦煌网区别于其他跨境电商平台的最大特点是________________________。

（3）Wish 平台客户下单率和满意度较高，其中一点可能的原因是每次推送显示的________，这样对于客户体验来说较好；通过智能推送技术进行________，国内卖家短期内销售额暴增。

4. 小张曾在巴西、阿根廷等国工作过几年，回国后他想兼职开一个小成本网店，初始投入资金有限，主要销售 T 恤、配饰等商品，主要销往巴西。请你为小张

400%，速卖通居 Alexa 排名第 37 位，并在快速提升中，速卖通店铺运营操作方式和后台程序与淘宝一样，对于小刘来说，进入跨境电商有着绝对的优势。

选择一个开店平台并说明理由。

知识链接

跨境电商的相关名词

1）PayPal：是美国 eBay 公司的全资子公司，允许在使用电子邮件来标识身份的用户之间转移资金，避免了传统的邮寄支票或者汇款的方法。PayPal 能通过中国的本地银行轻松提现，解决外贸支付难题，注册 PayPal 后就可立即开始接受信用卡付款。作为在线付款服务平台，注册完全免费，PayPal 向全世界超过 2.2 亿的用户提供服务。

2）ASIN：ASIN 码是 Amazon 自家产品的唯一编号，如果是书籍类的 ASIN 码就等同于全世界通用的 ISBN 号，其他产品的 ASIN 码在产品上传、提交、发布的时候，Amazon 会生成一串数字，即 ASIN 码。

3）Listing：产品详细说明，类比淘宝产品的详情页。创建自己的 Listing 需要涵盖很多因素，如产品信息、细节描述、图片处理等。一个好的 Listing 才会有好的销量，因此做优质的产品 Listing 是不可避免的。

4）FBA：全称为 Fulfillment by Amazon，即 Amazon 提供的代发货业务。

5）Buy Box：即 Amazon 的购物车，对于 Amazon 卖家来说是很有吸引力的，可以很大程度帮助卖家促进成单。

6）SKU：Stock Keeping Unit（库存量单位），即库存进出计量的单位，以件、盒、托盘等为单位。SKU 也可引申为产品统一编号的简称，每种产品均对应有唯一的 SKU 号。

7）UPC：UPC 码是美国统一代码委员会制定的一种商品用条码，主要用于美国和加拿大地区，我们在美国进口的商品上可以看到。

名词解释。

（1）PayPal：____。

（2）SKU：____。

工作结束

数据整理及备份：☐ 完成 ☐ 未完成

关机检查：☐ 正常 ☐ 强行关机 ☐ 未关机

整理桌面：☐ 完成 ☐ 未完成

地面卫生检查：　□ 完成　□ 未完成
整理椅子：　□ 完成　□ 未完成

工作评价

类别	序号	考核项目	考核内容及要求	分值	学生自评	学生互评	教师测评	分数
技术考评（80分）	1	质量	了解跨境电商平台的基本信息	10				
	2		了解跨境电商平台的销售市场和物流特点	15				
	3		了解跨境电商平台的优势和劣势	15				
	4		了解跨境电商平台的特点	15				
	5		能够根据实际需求，围绕平台特点、销售市场、物流情况及优劣势合理选择平台	25				
非技术考评（20分）	6	态度	学习态度端正	5				
	7	纪律	遵守纪律	5				
	8	协作	有交流、团队合作	5				
	9	文明	保持安静，清理场所	5				
总分：								

任务二　数据化选品

工作准备

是否正常培训：（部门经理填）　□ 到席　□ 请假　□ 旷工　原因：
是否遵守纪律：（部门经理填）　□ 严格遵守　□ 迟到　□ 早退
□ 出位　□ 其他
检查计算机的完好性：　□ 完好　□ 故障：报告值班经理并换机

工作过程 >>>

任务分析

小刘入驻速卖通平台后，还需要进一步分析跨境电商趋势，并结合跨境电商趋势，寻找有较大市场空间的蓝海产品，为网店后期的成长和发展提供动力。

任务实施

工作内容	工作记录

一、数据化分析跨境电商趋势

1. 跨境电商行业迎来利好

据艾媒咨询分析，2018 年以来，跨境电商行业迎来利好，进博会及相关政策的出台促进行业发展。艾媒咨询《2018—2019 中国跨境电商市场研究报告》显示，2018 年中国跨境电商交易规模达到 9.1 万亿元，用户规模超过 1 亿。此外，2018 年全球 B2C 跨境电商交易额同比去年增长 27.5%，如图 2-7 所示。2019 年跨境电子商务的交易规模突破 10 万亿元，全国新增跨境电子商务企业超 6000 家，全球跨境网购普及率达 51.2%。根据海关总署发布的数据，2020 年我国外贸逆势上扬，进出口总额同比增长 1.9%。作为外贸新业态，跨境电商飞速发展，2020 年跨境电商进出口 1.69 万亿元，同比增长了 31.1%；其中跨境电商出口 1.12 万亿元，同比增长 40.1%。

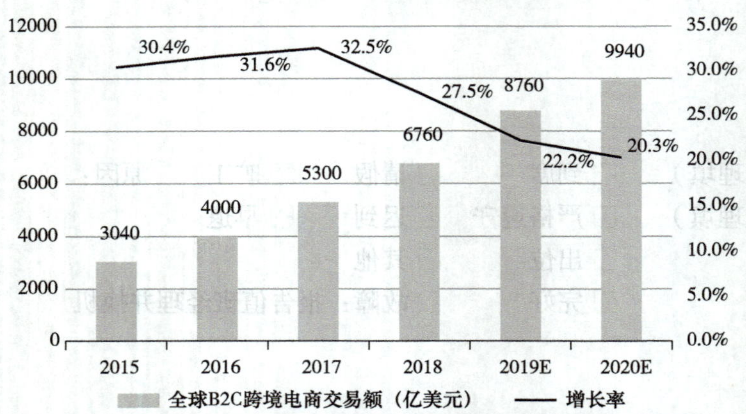

图 2-7　2015—2018 年全球 B2C 跨境电商交易额及增长率

数据来源：Statista，iiMedia Research（艾媒咨询）

工作记录：

1. 根据数据显示，2020 年跨境电商进出口____万亿元，同比增长了____；其中跨境电商出口____万亿元，同比增长____。

其中，服饰鞋帽为用户通过跨境电商购买最多的品类，如图 2–8 所示。

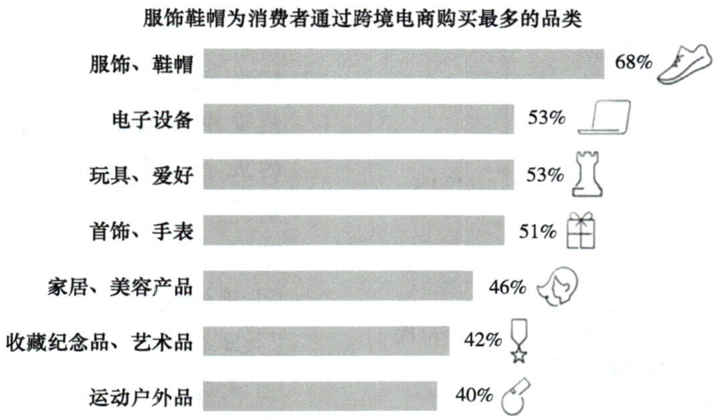

图 2–8　跨境电商购买最多的品类

数据来源：2018 年 PayPal 跨境消费者报告

2. 商品质量是用户关注的首要因素

2018 年，30.7% 海淘用户因海外商品质量好而选择海淘，比 2018 上半年增长了 7.8%，超五成用户每月购物一次，如图 2–9、图 2–10 所示。数据显示，产品质量越来越受到海淘用户重视，用户对高品质的跨境电商需求逐渐增加。此外，随着中国对部分国家或地区的商品降低关税，以及物流效率的提升，许多海外商品对用户的吸引力将逐渐提高。

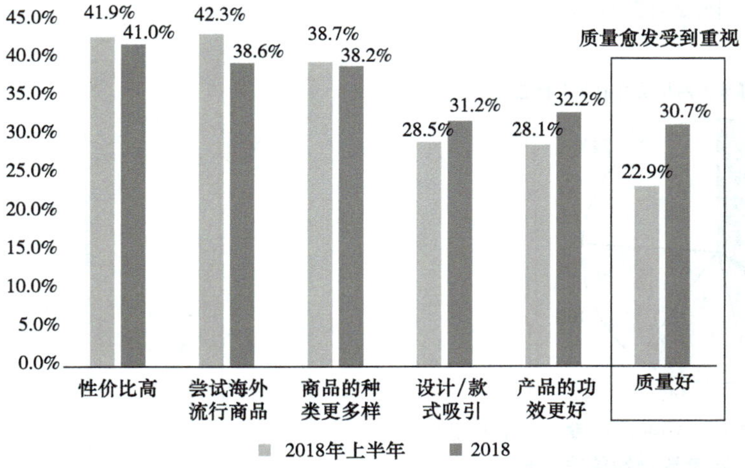

图 2–9　海淘用户使用海淘选购海外商品的主要原因

数据来源：iiMedia Research（艾媒咨询）

样本来源：草莓派数据调查与计算系统（Strawberry Pie）

样本量：N=1966；调研时间：2019 年 1 月

2. 用户通过跨境电商购买最多的品类是____________________。

3. 跨境电商交易中，用户关注的首要因素是__________________。

4. 跨境购物的两大首选平台是__________和__________。

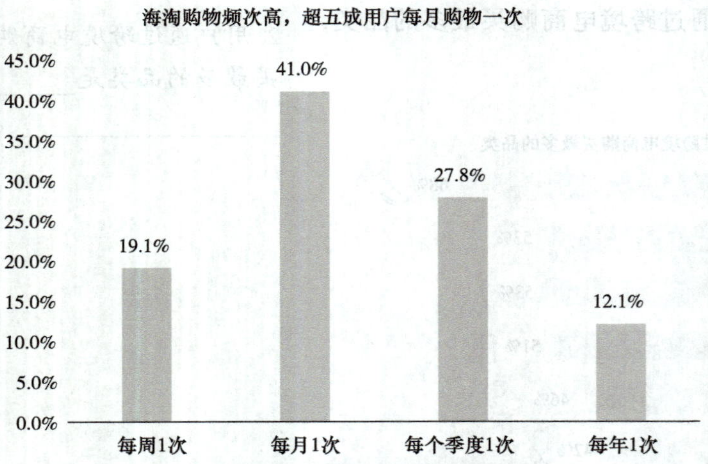

图 2–10　海淘用户的购物频次

数据来源：iiMedia Research（艾媒咨询）
样本来源：草莓派数据调查与计算系统（Strawberry Pie）
样本量：N=1966；调研时间：2019 年 1 月

3. Amazon 和速卖通成为跨境购物的两大首选

艾媒咨询数据显示，2018 年最受中国海淘用户青睐的五个海外商品产地分别是日本、美国、韩国、法国和澳大利亚，日美韩商品持续受到用户欢迎。

截至 2018 年，调查显示全球用户最近一次使用跨境电商平台进行跨境购物，24% 的消费者选择了 Amazon，16% 的消费者选择了阿里巴巴旗下的速卖通（AliExpress），14% 的消费者选择了 eBay，10% 的消费者选择了 Lazada。速卖通海外用户达 1.5 亿人，如图 2–11、图 2–12 所示。

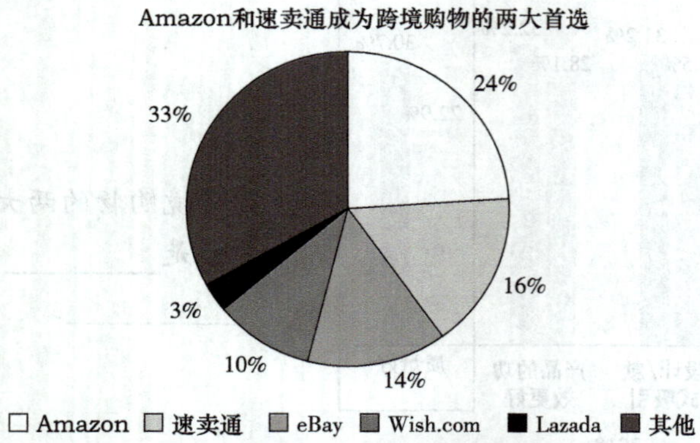

图 2–11　消费者跨境购物的首选平台

数据来源：Statista，iiMedia Research（艾媒咨询）

5. 数据显示，2018 年最受中国海淘用户青睐的五个海外商品产地分别是：

☐ 泰国
☐ 新加坡
☐ 日本
☐ 美国
☐ 加拿大
☐ 韩国
☐ 法国
☐ 澳大利亚
☐ 巴西

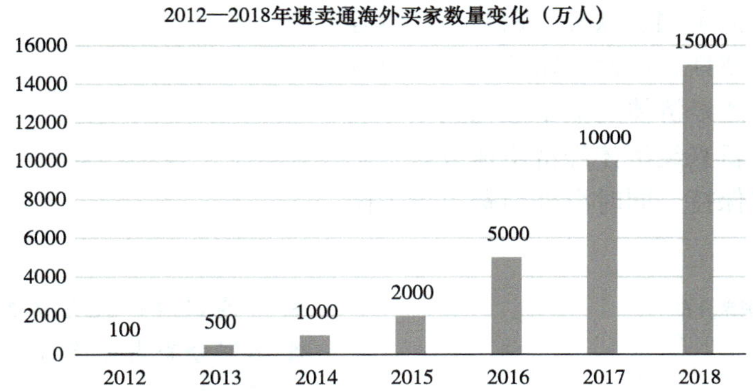

图 2-12　速卖通海外买家数量变化

数据来源：全球速卖通官网，iiMedia Research（艾媒咨询）

4. 中国跨境电商出口趋势

第一财经商业数据中心与 1688 跨境专供于 2018 年联合发布了《中国跨境电商出口趋势与机遇白皮书》（以下简称白皮书）。白皮书显示，中国跨境电商有着“全球货源基地”的制造基础、高度市场化和完备化的电商服务生态，在政策的助力下跨境电商顶层设计领先全球。2018 年 Amazon 新增卖家中，超过 40% 来自中国，未来发展潜力巨大。

白皮书指出，采购在线化是大趋势，企业对于现货采购、浅备货采购需求逐渐增加，低客单价采购成为主流。而采购的品类多以女装、配饰为主，商品组合结构优化成为共识。除了日用百货、箱包皮具等主流品类，以“安全、防护”“五金、工具”为代表的满足企业长尾非标类采购需求的工业品迎来窗口期，如图 2-13 所示。

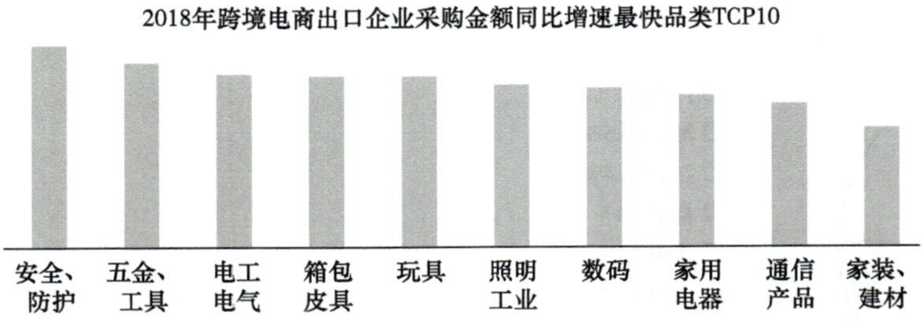

图 2-13　跨境电商出口品类

数据来源：1688 跨境专供

5. 中国出口跨境电商卖家地域分布

中国出口跨境电商主要国家分布：美国 16.5%、欧盟 15.8%、东盟 11.4%、日本 6.6%、俄罗斯 4.2%、韩国 3.5%、巴西 2.2%、印度 1.4%，其他 38.4%，如图 2-14 所示。

6. 2018 年 Amazon 新增卖家中，超过________来自中国。

7. 采购________是大趋势，企业对于现货采购、浅备货采购需求逐渐增加，________成为主流。采购的品类多以________、________为主。

目前出口跨境电商主要面向美国、欧美、东盟、日本等市场的中低端客户群，同时俄罗斯、巴西、印度等新兴市场呈高速增长趋势。欧美日等发达经济体受益于量化宽松等刺激政策，经济增速企稳回升，新兴经济体经济增速放缓。中国制造性价比优势在未来仍将保持，同时海外消费市场为国内过剩产能提供输出通道。

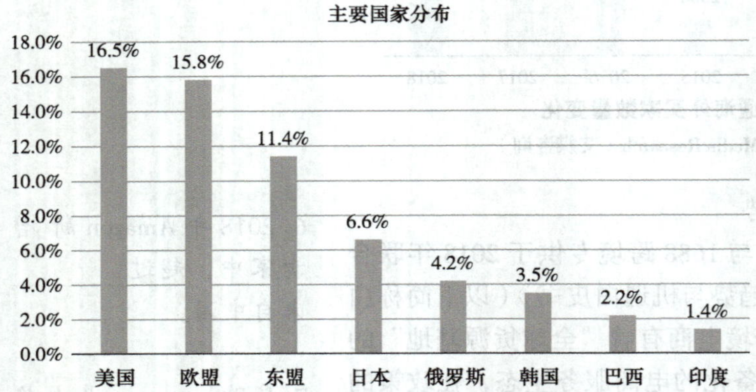

图 2-14　中国出口跨境电商的主要国家分布

中国出口跨境电商卖家主要集中在：广东 24.7%、浙江 16.5%、江苏 12.4%、福建 9.4%、上海 7.1%、北京 5.2%、湖北 4.1%、山东 3.3%、其他 17.3%，如图 2-15 所示。

广东庞大的经济基础、高度集中的生产制造基地、丰富的外贸人才储备成为出口跨境电商卖家集聚地，品类丰富及完善的产业链是显著特征。长三角拥有发达的轻工业基础，从而在服饰、鞋帽和家居类销售方面占有领先地位，同时产业集群效应在长三角表现突出。

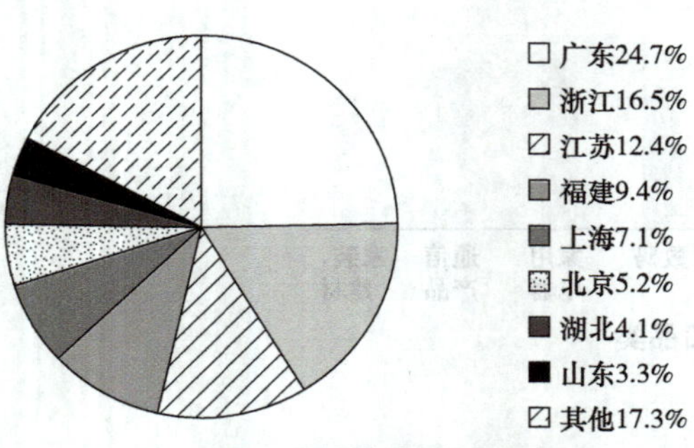

图 2-15　跨境卖家地域分布

二、蓝海产品

小刘了解到，“红海”代表现今存在的所有产业，也就

8. 中国出口跨境电商主要国家分布占比连线。

美国	1.4%
欧盟	38.4%
东盟	16.5%
日本	3.5%
俄罗斯	6.6%
韩国	15.8%
巴西	2.2%
印度	4.2%
其他	11.4%

是我们已知的市场空间；“蓝海”代表未知的有待开拓的市场空间。此外，蓝海产品具备一个显著的特征，即属于无市场竞争产品或行业尚处于非激烈竞争阶段，但又充满买家需求。

由于以上特征，卖家进行蓝海产品定价时，基本缺乏竞争品牌各系列产品价格参照。同样，蓝海产品的蓝海阶段都是短暂的，随着跟随者的进入，蓝海产品将渐渐驶出“蓝海”，进入激烈的行业竞争当中。因此，蓝海产品的定价就应该具备战略性和前瞻性。

价值创新是蓝海战略的基础。蓝海战略要求拓展新的竞争性的市场空间，考虑如何创造需求、突破竞争，蓝海战略与红海战略的对比与区别如表 2-4、表 2-5 所示。

表 2-4 蓝海战略和红海战略对比

红海战略	蓝海战略
竞争于已有的市场空间	开创无人争抢的市场空间
打败竞争对手	规避竞争
开发现有需求	创造和获取新的需求
在价值与成本之间权衡取舍	打破价值与成本之间的权衡取舍

表 2-5 蓝海战略和红海战略区别

红海战略—竞争—随需应变	蓝海战略—价值创新—创造需求
在红海中，产业边界是明晰和确定的，竞争规则是已知的。竞争是红海战略永恒的主题	在蓝海中，竞争并不激烈。因为行业的竞争规则还没有形成。价值创新是蓝海战略的基础
公司提升市场份额的典型方式，就是努力维持和扩大现有客户群	蓝海战略认为市场的边界并不存在，所以思维方式不会受到既存市场结构的限制
通过对客户的需求变化的追踪来提升自己的应变能力，这可以被称为“随需应变”	着眼点是从供给转向需求，从竞争转向发现新需求的价值创造

速卖通平台可以为卖家推荐蓝海行业。具体操作如下。首先登录店铺，然后在“数据纵横”界面，单击“行业情报”，就能看到“行业情报”和“蓝海行业”，如图 2-16 所示。小刘可以根据店铺的具体情况，寻找合适的蓝海行业和蓝海产品。

1. 什么是“红海”？

____

____

2. 什么是“蓝海”？

____

____

3. 蓝海的显著特征是____

____

____________________。

4. 请思考：蓝海产品定价为什么更应具备战略性和前瞻性？

____

____

5. 分析表 2-5，思考红海战略和蓝海战略。

红海战略：________是永恒的主题，通过对客户的________来提升自己的应变能力，这可以被称为“________”。

蓝海战略：________是蓝海战略的基础，着眼点是从________转向________，从竞争转向________的价值创造。

6. 在速卖通平台查看为卖家推荐的蓝海行业。

操作步骤（完成打√）：

□ 登录店铺

□ 进入“数据纵横”界面

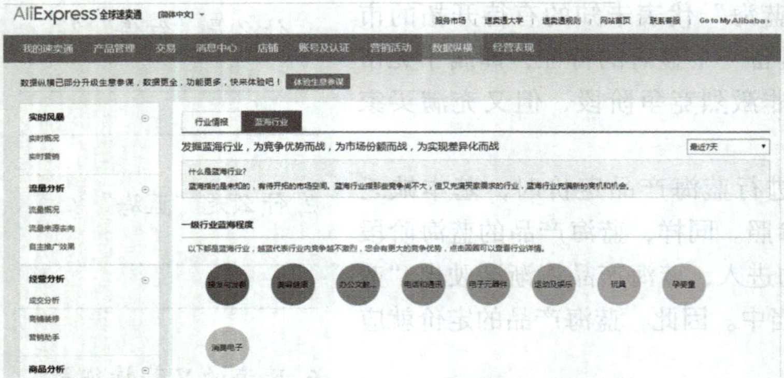

图 2–16　速卖通后台“蓝海行业”界面显示

对于小刘这种初级卖家来说，寻找蓝海行业和产品为时过早。初级卖家先选择质量可靠的产品打入国际市场才是目前的重点任务。

三、选品策略

1. 选品的重要性

选品对于小刘来说非常重要，而选品策略作为店铺运营策略的一部分，也被视为整个运营策略的基石。选对产品对本身的销售和店铺后期的成长至关重要，如图 2–17 所示。

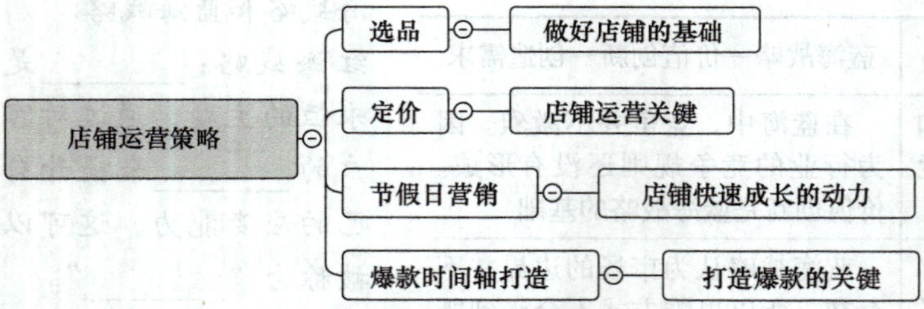

图 2–17　选品的重要性

店铺整体运营分为三个时期，依次为运营前期、运营中期、运营后期。每个时期做好选品给店铺整体运营带来的好处各有不同。

店铺运营前期，产品快速获得买家的青睐；获得速卖通平台的推荐；提高买家下单的概率。店铺运营中期，产品可以快速积累销量；获得买家的好评；从平台获得更多的自然流量；降低推广和采购成本。店铺运营后期，定期上传优质产品为店铺增加新的销量入口；为后期店铺营销打好基础；提高店铺产品的竞争力，如图 2–18 所示。

□ 单击“行业情报”请将查看到的蓝海行业记录如下（记录 5 个即可）：

（1）________________。

（2）________________。

（3）________________。

（4）________________。

（5）________________。

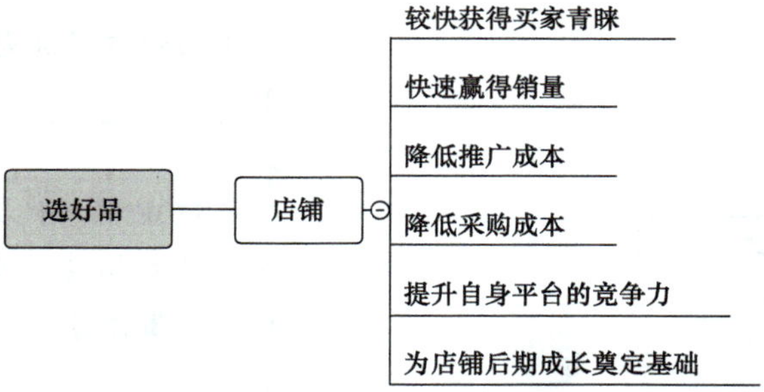

图 2-18　选品的好处

2. 数据化选品

小刘可以通过速卖通后台“选品专家”模块进行选品。具体操作如下，在“数据纵横”界面，单击“选品专家”，可以看到“热卖”和“热搜”的数据情报，如图 2-19 所示。卖家可以通过行业、国家、时间三个维度来筛选数据，并可以导出最近 30 天的原始数据自行处理分析，这里以服装 / 服饰配件类选品为例。

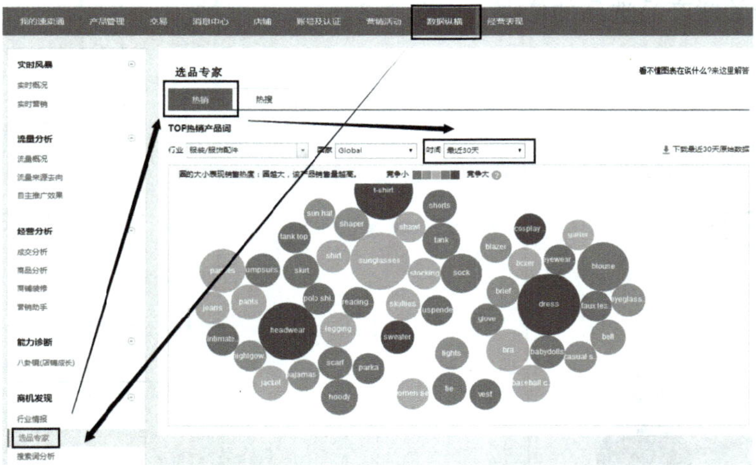

图 2-19　速卖通后台“选品专家”界面显示

在“选品专家”的“热卖”选项界面的主区域中用一个圆来代表一种产品，圆的大小代表销售热度，圆的颜色深浅代表竞争程度。圆越大，产品越热销；颜色越蓝，产品的竞争程度越低，如图 2-20 所示。

单击“headwear”的圆，进入“热销”选项的次级页面——“headwear 销量详细分析”页面。此页面有“TOP 关联产品”“TOP 热销属性”两个区域。

1. 通过速卖通后台“选品专家”模块进行一次服装 / 服饰配件类选品操作：

（1）进入“数据纵横”界面，单击“选品专家”，查看“热卖”数据情报，请列出三个销售热度最高的产品：

①＿＿＿＿＿＿＿＿＿＿。

②＿＿＿＿＿＿＿＿＿＿。

③＿＿＿＿＿＿＿＿＿＿。

（2）请列出三个竞争程度最高的产品：

①＿＿＿＿＿＿＿＿＿＿。

②＿＿＿＿＿＿＿＿＿＿。

③＿＿＿＿＿＿＿＿＿＿。

（3）挑选一个热销产品进入销量详细分析页面，你挑选的产品是：＿＿＿＿＿＿＿＿＿＿。

此页面有“TOP 关联产品”“TOP 热销属性”两个区域。

在“TOP 关联产品”中，买家的同时关注度

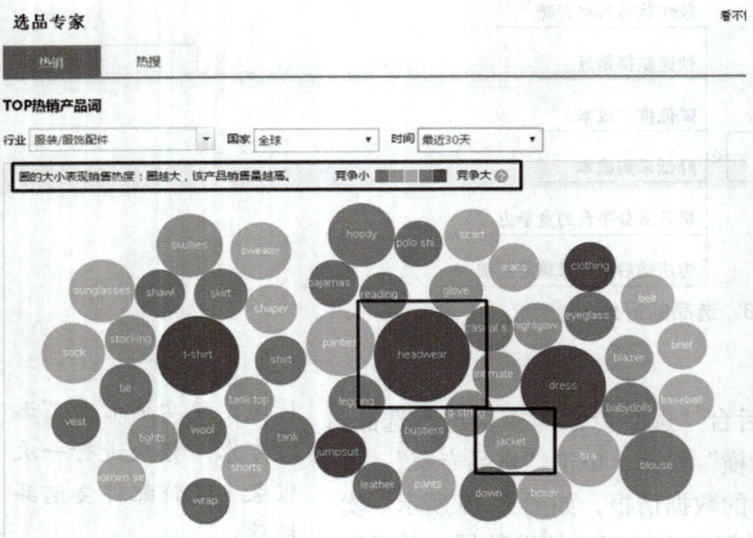

图 2-20 “热销”数据界面显示

在“TOP 关联产品”中，圆的大小和颜色所代表的意思和“热销”选项界面相同，圆之间连线的粗细代表了买家的同时关注度，所以其可作为关联产品选品的依据，如图 2-21 所示。

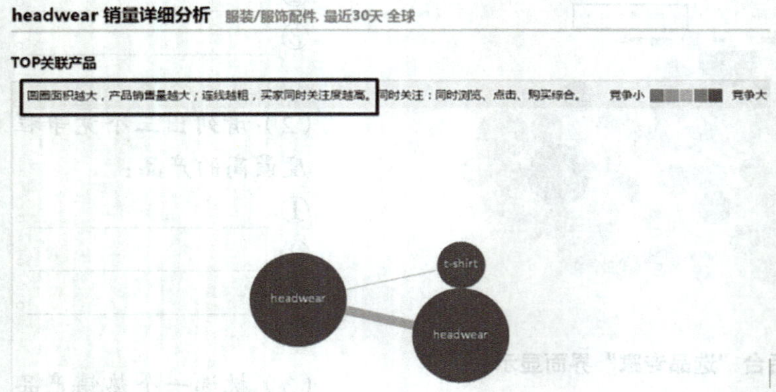

图 2-21 “TOP 关联产品”界面

在“TOP 热销属性”中，圆的大小颜色所代表的意思和“热销”选项界面相同，可以观察各属性的销售热度，导出最近 30 天原始数据做进一步分析，如图 2-22 所示。

在“选品专家”的“热搜”选项界面，在其中可以通过行业、国家、时间三个维度来筛选数据，并可以导出最近 30 天原始数据自行处理分析。“TOP 热搜产品词”界面的主区域用一个圆来代表产品，圆的大小代表销售热度，如图

最高的两件产品是：

①________________。

②________________。

在“TOP 热销属性”中，产品销售热度最高的三个属性是：

①________________。

②________________。

③________________。

2–23 所示。

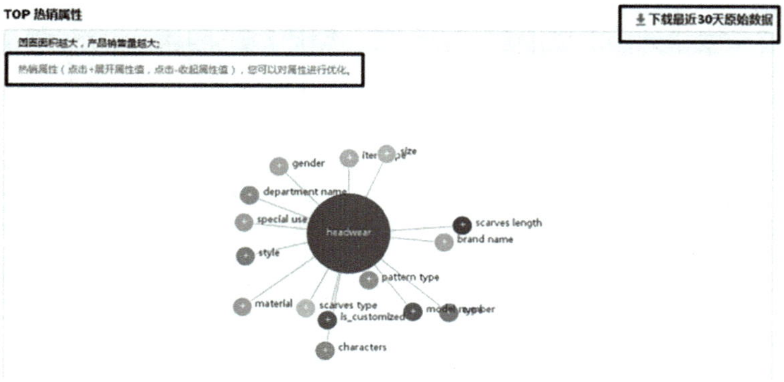

图 2–22 “TOP 热销属性”界面

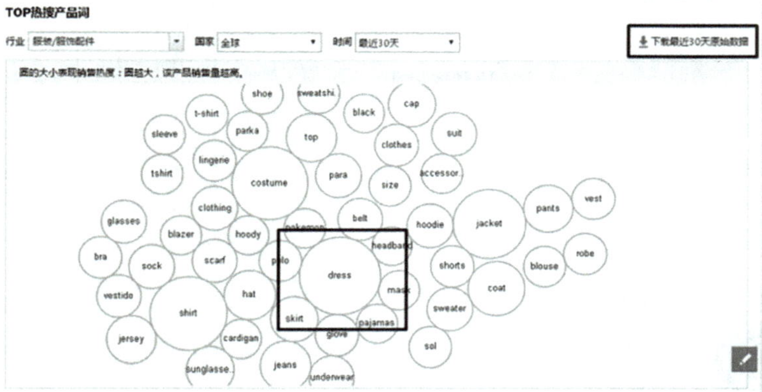

图 2–23 “TOP 热搜产品词”界面

单击“dress”的圆，进入“热搜”选项的次级页面“dress 搜索详细分析”页面。此页面有“TOP 关联产品”和“TOP 热搜属性”两个区域。

在“TOP 关联产品”中，圆的大小代表的意思和“热搜”选项界面相同，圆之间的连线的粗细代表了买家的同时搜索度，所以可以作为关联产品选品的依据，如图 2–24 所示。

在“TOP 热搜属性”中，圆的大小代表的意思和“热搜”选项界面相同，在这里可以观察各属性的搜索度，可导出最近 30 天的原始数据做进一步分析，如图 2–25 所示。

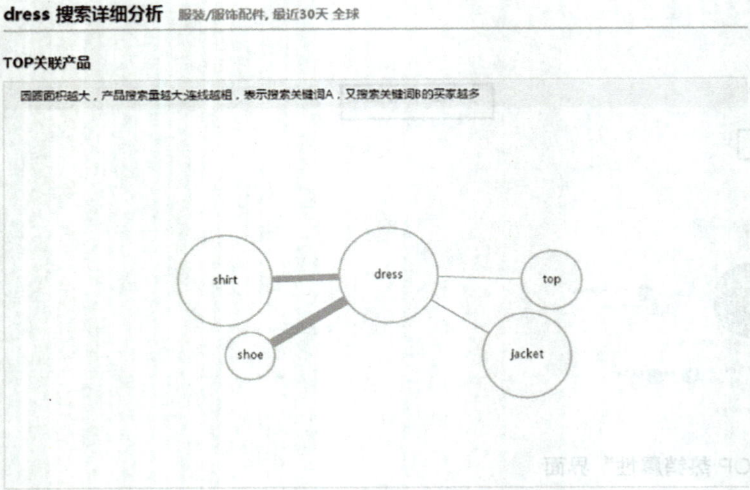

图 2–24 “TOP 关联产品”界面

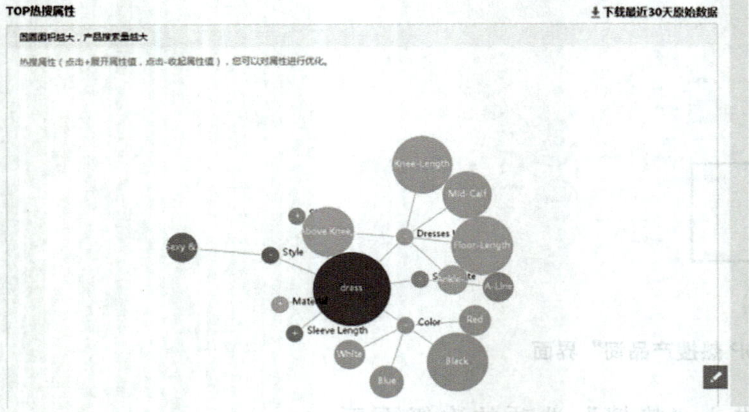

图 2–25 “TOP 热搜属性”界面

知识链接

站外工具——了解站外市场行情

分析站外数据，可以了解整体的海外市场需求，辅助日常的产品开发。

（一）看海外买家都在搜什么产品

1. Google insight for search

作用：可以查询产品关键字的海外搜索量排序，产品在不同地区、季节的热度分布及趋势。

以下三个工具均可用于了解海外买家的搜索情况，请分别写出这些工具的作用。

（1）Google insight for search：__________________________________。

2. Google adwords

作用：可以查询关键字和相关关键词的海外搜索量，找到热卖的品类。

3. eBay Pluse

作用：方便查看美国 eBay 35 个大类目下被买家搜索次数最多的前 10 关键字，进入某个大类目下可以查看二级、三级、四级等类目下被买家搜索次数最多的前 10 关键字。

（二）看海外市场的热卖商品

1. Watcheditem

作用：方便查看美国 eBay 各级类目下热卖的商品。

2. Watchcount

作用：查看 eBay 各国站点关注度最高的商品。

（2）Google adwords：____。

（3）eBay Pluse：____。

工作结束

数据整理及备份：□ 完成 □ 未完成

关机检查：□ 正常 □ 强行关机 □ 未关机

整理桌面：□ 完成 □ 未完成

地面卫生检查：□ 完成 □ 未完成

整理椅子：□ 完成 □ 未完成

工作评价

类别	序号	考核项目	考核内容及要求	分值	学生自评	学生互评	教师测评	分数
技术考评（80分）	1	质量	了解跨境电商发展现状与趋势	15				
	2		理解红海战略、蓝海战略及区别	15				
	3		利用“选品专家”合理选品	35				
	4		利用站外工具获悉站外市场行情	15				
非技术考评（20分）	5	态度	学习态度端正	5				
	6	纪律	遵守纪律	5				
	7	协作	有交流、团队合作	5				
	8	文明	保持安静，清理场所	5				
总分：								

任务三　货源渠道的确认

工作准备

是否正常培训:（部门经理填）　□ 到席　□ 请假　□ 旷工　原因:
是否遵守纪律:（部门经理填）　□ 严格遵守　□ 迟到　□ 早退
□ 出位　□ 其他
检查计算机的完好性:　□ 完好　□ 故障：报告值班经理并换机

工作过程

任务分析

小刘通过数据分析完成选品后，还要进一步根据产品寻找合适的货源，不仅需要确定货源的质量，还需要注意货源的可靠性。

任务实施

工作内容	工作记录

一、货源常见问题分析

对于小刘来说，确定了产品后，选择何种进货渠道非常重要。如果是新手，在没有看到利润之前不敢贸然大量进货，而只有出单后再进行采购，或是只考虑投入少量资金进行一次尝试；如果是兼职卖家，则没有太多时间到市场挑货。下面我们分析新手卖家寻找货源渠道的常见问题，如表 2-6 所示。

表 2-6　新手卖家寻找货源渠道的常见问题

常见问题	解决方式	风险
因是新手，在没有看到利润之前，不敢贸然大量投资囤货，选择产生订单后再进行采购，零库存	零售的订单，到国内其他网店进货	有可能遇到网站断货的情况，造成成交不卖的问题

1. 以下卖家常见问题如何解决？存在哪些风险？

（1）新手不敢大量囤货。

解决方式：____。

风险：____。

（续）

常见问题	解决方式	风险
因有全职工作，兼职做网店，没有时间去市场挑货	批发的订单，到国内有批发性质的网站进货，也可以加入一些比较靠谱的行业信息群，了解最新信息的同时掌握一手货源	金额稍大的订单在网上进货不放心
只考虑投入少量资金，尝试一下售卖过程	不囤货、零库存，避免预算无效使用	有订单再采购，可能遇到物流等不可抗原因导致超过发货周期

（2）兼职卖家。

解决方式：________________________________。

风险：________________________________。

2. 小李看到某店铺的一款T恤销量特别好，也打算进一批一样的货在自己的网店里销售，这种做法正确吗？为什么？

____

____

____

____

关于货源最重要的注意事项是切忌跟风，不要看见别的卖家产品卖得火，自己店铺也跟着售卖，要将自身的具体情况和外部各种条件综合起来，比较之后再做出决定。

二、货源采购的主要渠道

优质货源是卖家获得更多订单、赚取更多利润的基础。卖家在考虑进货渠道时，可以从质量、议价空间、是否便捷等因素综合考虑。下面介绍几种寻找货源的渠道。

货源采购的主要渠道有：

（1）________________。

（2）________________。

（3）________________。

（4）________________。

1. 在B2B网站寻找

阿里巴巴上聚集了各类厂家，很多都提供批发业务，产品也配有图片。不过，这类厂家很多都需要大量进货，如果前期资金和经验不足，建议可以在阿里巴巴的小额批发区进货，虽然进价会稍微高一点，但是刚开始经营店铺不建议过度追求高利润。

2. 做网店代理或代销

现在很多电子商务网站不仅提供批发货源，还提供代理、代销服务的渠道。网店代理比较适合网店新手，几乎不需要成本就能将店铺开起来。但是在找这类代理的时候，一定要多对比。

3. 直接在淘宝上寻找

淘宝有很多有实力的大卖家，其中就有提供批发或代销的。可以找他们多了解一下，看看他们的客户对产品的评价如何，如果质量和货源都比较稳定的话可以考虑。

4. 去当地的批发市场寻找

如果资金比较充裕，去批发市场看货、进货是最直接的。

这种方式有两个好处，一是我们可以看到商品的质量，二是自己有库存就不会出现断货的情况。

知识链接

货源优缺点对比

卖家寻找货源的同时，既要考虑到产品质量，同时也需要注重库存及货源供应商的信誉。货源优缺点对比，如表 2-7 所示。

表 2-7　货源优缺点对比

	优点	缺点	适合人群
网上找货源			
淘宝网上找代理	1. 产品细节描述清楚，有模特照、实物照、数据包等 2. 发货服务和售后服务良好；不需要备货，资金占用少，容易操作	价格没有竞争力	刚创业的小卖家
专业批发网站	1. 产品多，细节描述详细，服务好，有模特照、实物照、数据包等 2. 可一件代发，不需要备货 3. 比代理淘宝卖家价格便宜	服装品种较少	刚创业的卖家
专业的货源工厂	1. 价格便宜 2. 可以一件代发，无须备货 3. 细节描述清楚，有模特照、实物照、数据包	服装品种较少	淘宝大卖家和小卖家
批发市场拿货			
	优点	缺点	适合人群
非专业淘宝货源批发市场	1. 货源足 2. 款式多 3. 价格便宜	1. 没有现成模特照片和细节描述等 2. 一般不可以退换货 3. 需要备货	淘宝大卖家或者专业的小卖家
专业淘宝货源批发市场	1. 货源足、价格相对低 2. 款式多、不需要拍照、量尺寸等细节 3. 可以一件拿货 4. 可以退换货	1. 服装质量相对较差 2. 价格相对非专业批发市场较高	所有淘宝卖家

1. 利用网络查阅相关资料并回答下列问题。

（1）非专业淘宝货源批发市场是指：________________________________。

（2）专业淘宝货源批发市场是指：________________________________。

2. 进货价格相对较高的货源渠道有：________________________________。

3. 可一件代发的货源渠道有：________________________________。

（续）

其他渠道			
	优点	缺点	适合人群
品牌代理的各个渠道	产品质量可靠	价格竞争激烈	刚创业的淘宝卖家
直接找工厂加工定做	1. 可自定义款式、质量 2. 价格是最低的	资金占用较大	淘宝大卖家或者专业的小卖家

工作结束

数据整理及备份：□ 完成 □ 未完成

关机检查：□ 正常 □ 强行关机 □ 未关机

整理桌面：□ 完成 □ 未完成

地面卫生检查：□ 完成 □ 未完成

整理椅子：□ 完成 □ 未完成

工作评价

类别	序号	考核项目	考核内容及要求	分值	学生自评	学生互评	教师测评	分数
技术考评（80分）	1	质量	分析不同卖家选择货源的常见问题，提出解决方式并了解存在的风险	10				
	2		熟悉货源采购的主要渠道	15				
	3		了解不同货源渠道的优缺点	15				
	4		根据卖家实际情况进行分析并合理选择货源渠道	40				
非技术考评（20分）	5	态度	学习态度端正	5				
	6	纪律	遵守纪律	5				
	7	协作	有交流、团队合作	5				
	8	文明	保持安静，清理场所	5				
总分：								

项目三

03

跨境电商平台基本操作

知识目标

1. 了解 Amazon 平台运营特点。
2. 理解 eBay 销售方式、平台规则。
3. 了解 Lazada 平台交易特点、东南亚国家禁限售品类。
4. 认识阿里巴巴国际站的特点、优劣势。

技能目标

1. 掌握速卖通账号注册、产品信息编辑、模块管理、订单管理等相关技巧。
2. 能够独立完成 Amazon 平台店铺注册、产品刊登等操作。
3. 熟练完成 eBay 平台注册、店铺开设、产品刊登等。
4. 掌握 Lazada 平台店铺申请、产品命名、后台操作等相关技巧。
5. 能够独立完成 Wish 平台店铺申请开通、后台操作等。

素养目标

1. 培养学生运用所学知识解决实际问题的能力，激发学习的兴趣。
2. 提高学生理论指导实践的能力，培养学生的服务意识。

任务分解

本项目包含了六个任务，具体为：

任务一 速卖通；

任务二 Amazon；

任务三 eBay；

任务四 Lazada；

任务五 Wish；

任务六 阿里巴巴国际站。

本项目旨在引导学生学习并掌握多个跨境电商平台的基本操作，包括店铺注册、产品刊登、订单管理、后台操作等内容。通过本项目学习，学生能够熟练掌握速卖通、Amazon、eBay、Lazada、Wish 等跨境电商平台的操作。

任务情境

芒果属于热带水果，具有很高的营养价值和药用价值，被称为热带果王。小刘所在的地区，一直将芒果作为特色农产品进行栽培、包装，提倡“无公害纯天然”种植理念，这与国际上众多群体对食品安全的高度重视不谋而合。小刘在国内电商平台上运营“小鲜范”芒果也初有成效，决定拓展一下国际市场，通过跨境电商平台，实现推销家乡特产——广西百色贵妃芒果的目的。

任务一 速卖通

工作准备

是否正常培训：（部门经理填） □ 到席 □ 请假 □ 旷工 原因：

是否遵守纪律：（部门经理填） □ 严格遵守 □ 迟到 □ 早退 □ 出位 □ 其他

检查计算机的完好性： □ 完好 □ 故障：报告值班经理并换机

工作过程

任务分析

速卖通平台，是阿里巴巴帮助中小企业接触终端批发零售商，进行小批量多批次快速销售，拓展利润空间而全力打造的融合订单、支付、物流于一体的外贸在线交易平台。要在速卖通上销售商品，需要完成账号注册、产品信息完善、模块管理、订单管理四大操作。

任务实施

工作内容	工作记录
一、账号注册 步骤 1：打开速卖通首页，https://www.aliexpress.com/，如图 3-1 所示。选择“中文（简体）”，单击“翻译”按钮，将页面上的英文翻译成中文。	□ 1. 打开速卖通首页，https：//www.aliexpress.com/，将页面上的显示文字翻译成中文。

图 3-1 速卖通首页

步骤 2：创建速卖通账号。单击“加入”后，进入卖家账号创建页面，选择“寄存器”，并单击“点此注册卖家账号”。选择公司注册地所在国家为“中国大陆”，并输入电子邮箱、登录密码、手机号码等，拖动验证滑块进行滑动验证，同意遵守 AliExpress.com 会员协议等相关协议，最后单击“下一步”按钮，通过邮箱验证完成账号创建，如图 3-2、图 3-3、图 3-4、图 3-5 所示。

□ 2. 按下列顺序创建速卖通账号：“加入”→“寄存器”→“点此注册卖家账号”→注册所在地国家“中国大陆”→填写电子邮箱、登录密码、手机号码等→手机验证→邮箱验证。

图 3-2　创建卖家账号

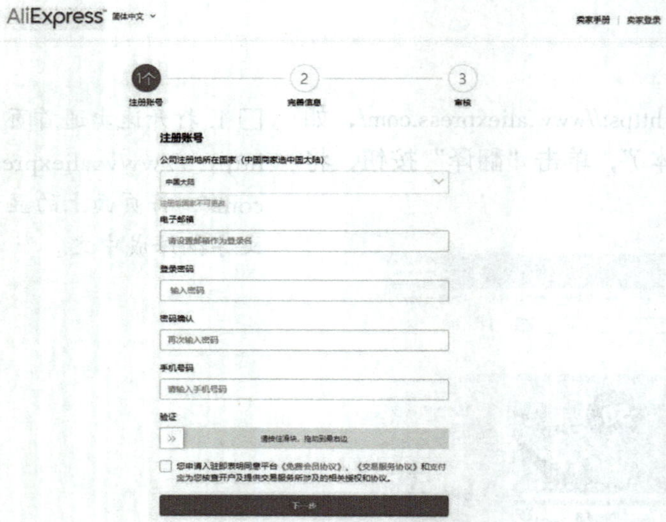

图 3-3　填写注册信息

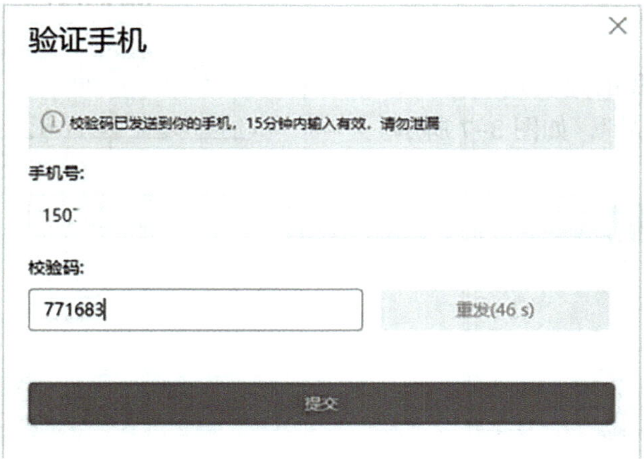

图 3-4　手机验证

图 3-5　邮箱验证

步骤 3：账号实名认证。速卖通平台优化升级后，接受企业资质和拥有企业资质的个人店铺，卖家需要提交企业资质，在支付宝里进行授权，便可完成认证，认证后的账号如图 3-6 所示。

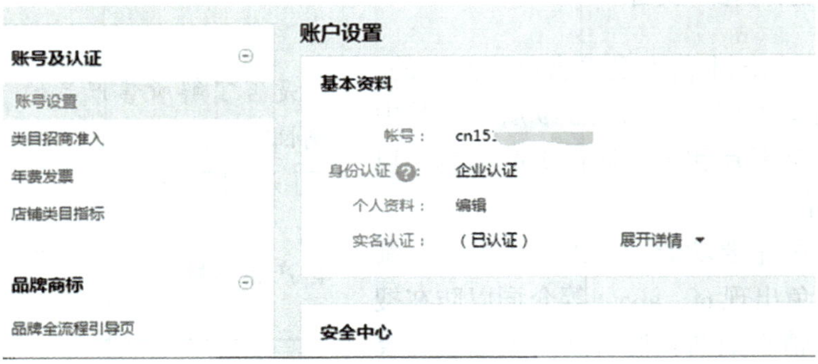

图 3-6　实名认证

3. 绑定的手机号码：

________________。

邮箱账号：

________________。

4. 是否完成卖家账号创建？

□ 是　□ 否

遇到的问题：

____

____

____

________________。

二、产品信息完善

步骤 1：发布产品。进入“我的速卖通”后台，单击右侧的“快速入口”，选择“发布产品”，如图 3–7 所示。

1. 发布的产品：________________。

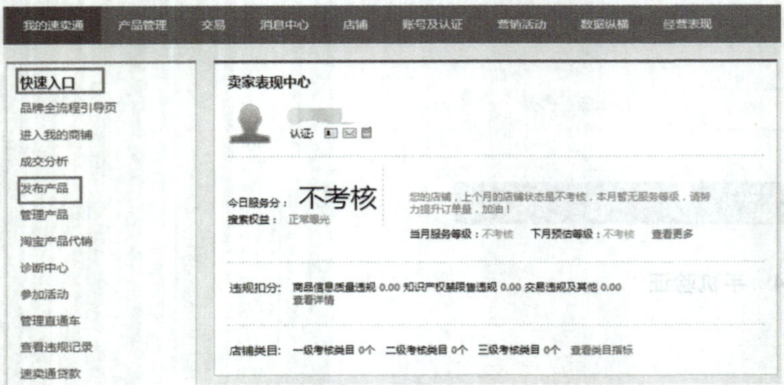

图 3–7　发布产品

步骤 2：选择类目。单击“发布产品”后，首先进入的是“选择类目”页面，在选择类目时需要注意，可经营类目（黑色字体）是已经向平台申请开通过的。初始类目是账户申请开通时勾选的类目，如图 3–8 所示。

2. 所属类目：________________。

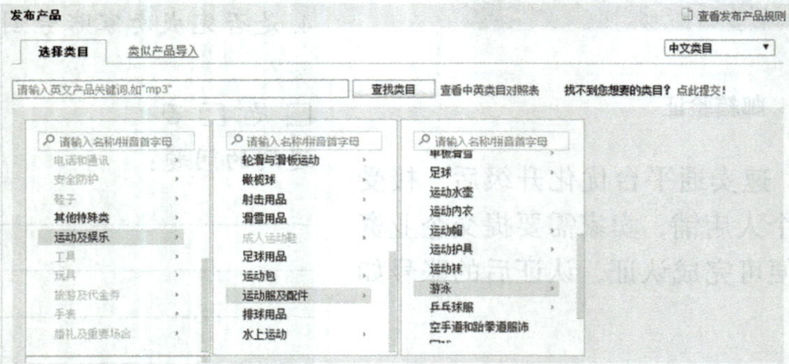

图 3–8　“选择类目”页面

步骤 3：编辑产品。产品的基本信息是平台已经给定的，只需要根据产品的详情进行勾选即可，如图 3–9 所示。其中需要注意的是产品标题、产品图片和产品详情页的编辑。填写产品信息界面如图 3–10 所示。

3. 是否了解所售产品的属性？

□ 是　□ 否

产品标题可以加入产品的主要功能、亮点等形容词，撰写时首字母须大写，尽量避免出现 of、about 等介词以防在搜索时平台抓取不到；产品详情页如同我们看到的天猫或淘宝的详情页，是由很多图文结合的图片构成的。

4. 产品标题：________________。

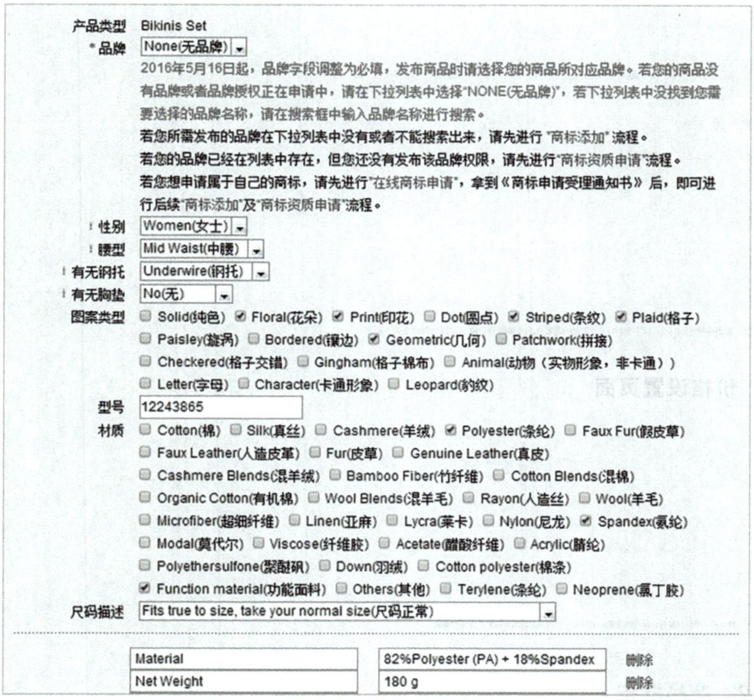

图 3–9 产品编辑页面

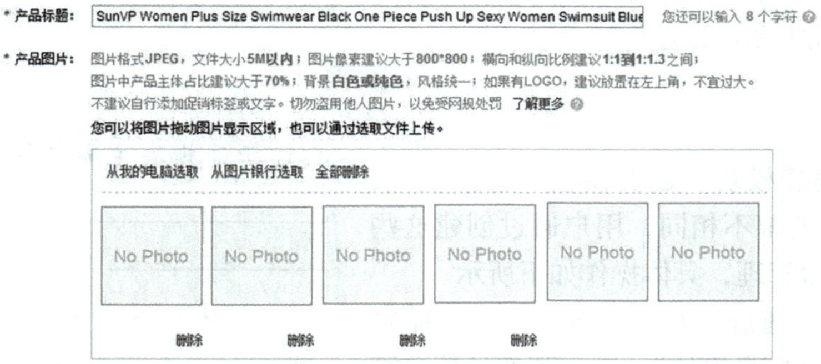

图 3–10 填写产品信息界面

步骤 4：产品定价。完成产品描述后，选择产品定价，填写信息包括最小计量单位、销售方式、颜色、尺寸、零售价、批发价、库存、商品编码、发货期等，如图 3–11 所示。

速卖通卖家的定价思路需要条理清晰、卡位精准；根据不同的策略，利润把控到位。

步骤 5：预览和发布。商品信息填写完成后，设置商品有效期、是否支持支付宝付款等信息，完成后便进行预览，核对信息无误后单击“提交”按钮进行发布，如图 3–12 所示。

5. 产品价格设置：

________________。

6. 能否成功发布产品？

□ 能 □ 不能

遇到的问题：

____

________________。

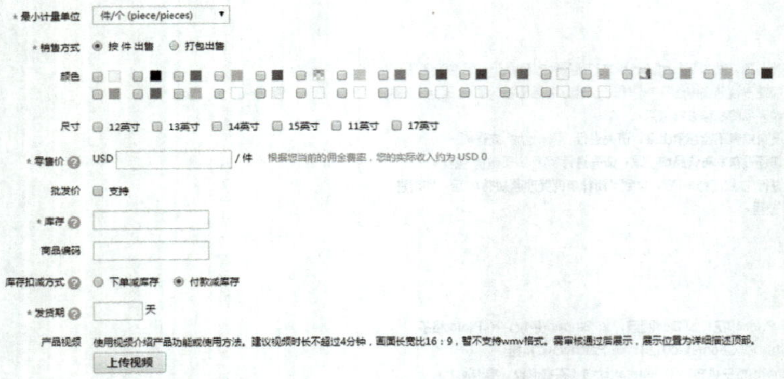

图 3–11 价格设置页面

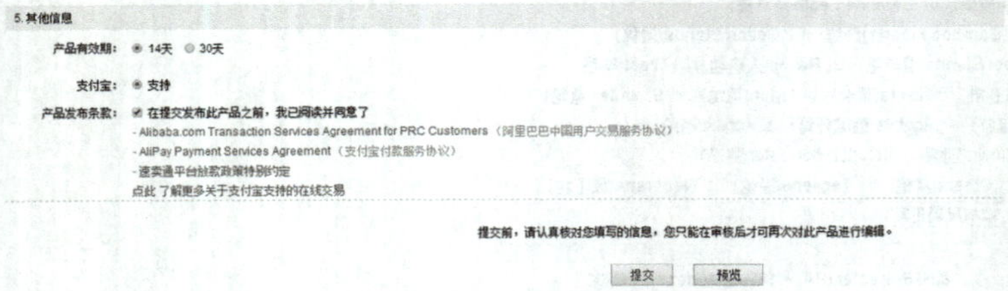

图 3–12 产品发布

产品有效期可以配合当月的营销活动设定，如果活动时间短则选择 14 天，如果是同月活动则选择 30 天。

三、模块管理

速卖通模块主要包括信息模块、运费模板、服务模板、尺码模板四种，每部分的功能都不相同，用户通过创建这些模块，对速卖通店铺进行高效管理，具体操作如下所示。

步骤 1：创建信息模块。通过“卖家后台”→“产品管理”→“模块管理”→“产品信息模块”，进入到产品信息管理操作页面，选择模块类型，如图 3–13 所示。

1. 速卖通模块主要包括____________、____________、____________和____________。

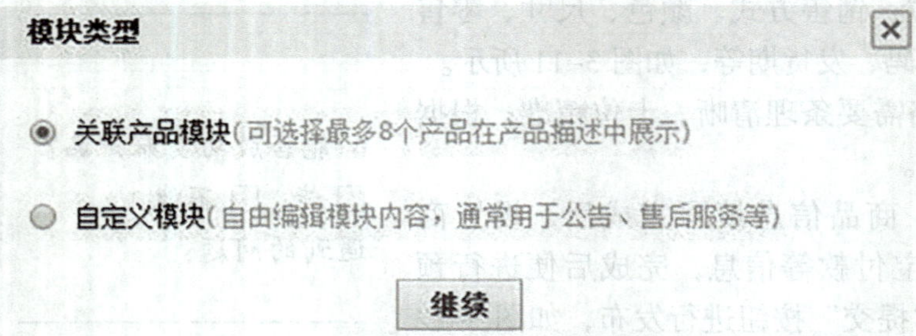

图 3–13 选择模块类型

1）创建关联产品信息模块。进入“新建模块”页面，填写“模块名称”（只能输入英文，用于区分模块），选择至少一个产品，如图 3–14 所示。

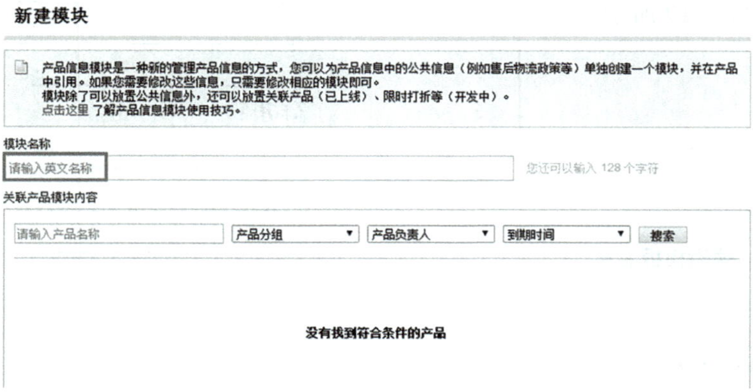

图 3–14　新建产品信息模块

2）创建自定义信息模块，填写“模块名称”以及需要的内容。需要注意的是，“自定义模块内容”需要通过审核才能够被使用，如图 3–15 所示。

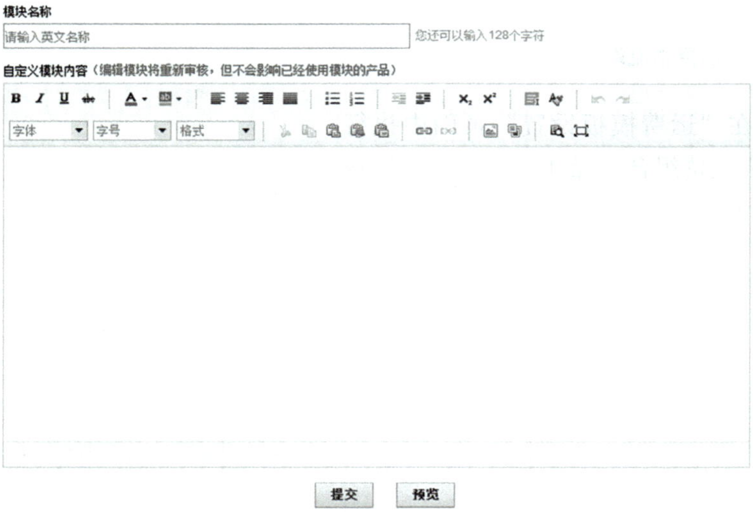

图 3–15　自定义信息模块

信息模块最大的好处在于如果需要修改模块内容，则只需要在产品的信息模块管理页面中修改一次即可，之后所有的产品信息都会同步更新。

2. 信息模块可进行的操作：____。

作用：____。

步骤 2：创建运费模板。

1）新增运费模板。执行“产品管理”→“运费模板”→“新增运费模板”的操作，进入到新增运费模板页面，填写运费模板名称，设置发货地区，如图 3–16 所示。在该页面，还可以添加新的物流方式，如图 3–17 所示。

图 3–16　编辑模板名称

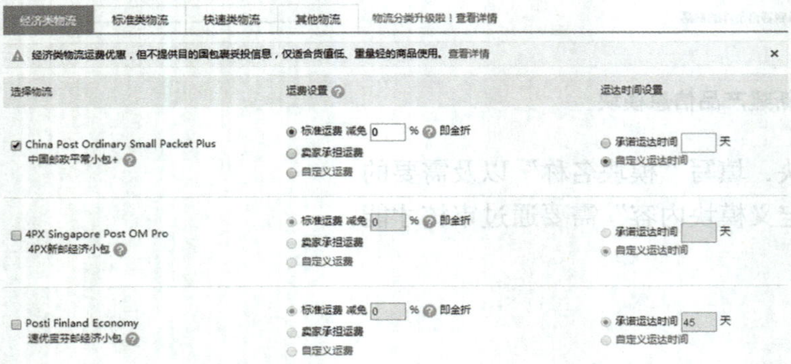

图 3–17　选择物流端

2）自定义运费设置。在“运费模板设置”页面中执行“自定义运费”→“添加一个运费组合”操作，进入到“运费组合 1”页面，如图 3–18 所示。

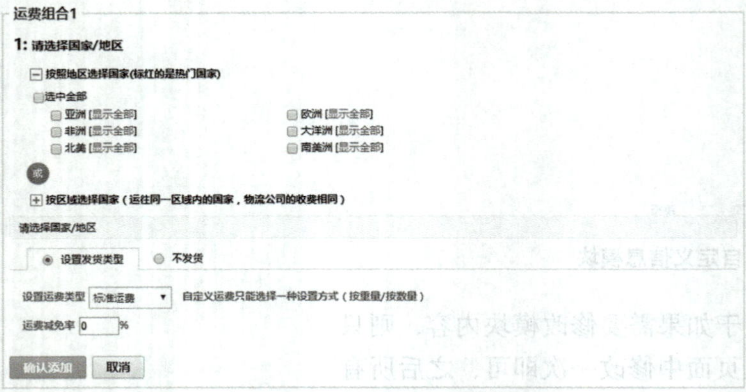

图 3–18　设置自定义运费组合

3. 运费模板可进行的操作：____。

作用：____。

选择国家 / 地区时，可以将某些热门国家选为一个组合，也可以按照区域选择，完成后进行发货类型设置，如标准运费减免折扣、卖家承担运费、自定义运费等，完成设置后，单击“确认添加”按钮，完成自定义运费组合的设置，如图 3–19 所示。

图 3–19　设置自定义运费组合

如果要对运费组合进行编辑，单击模板后面的“编辑”按钮即可。

3）设置自定义运达时间。如果需要对货物运达时间进行个性化设置，单击“自定义运达时间”按钮，进入设置页面，设置运达时间组合及承诺运达时间，完成后，单击“确认添加”按钮即可，如图 3–20 所示。

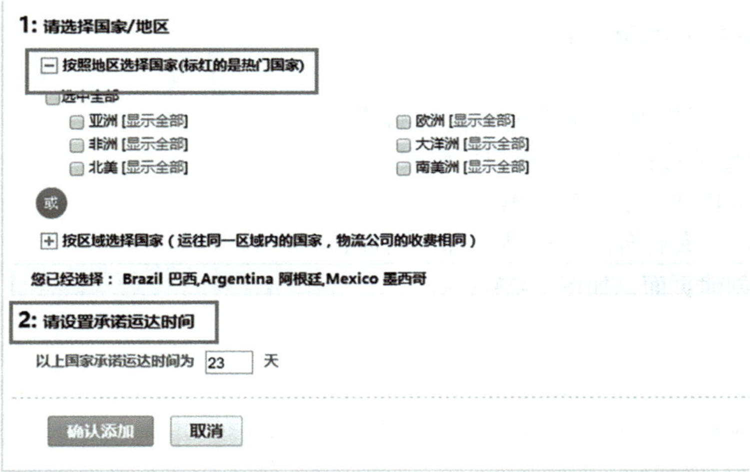

图 3–20　设置自定义运达时间

步骤 3：创建服务模板。执行“产品管理”→“模板管理”→“服务模板”操作，进入“服务模板管理”页面，单击页面中的“新增服务模板”按钮，如图 3–21 所示。

进入“新增服务模板”页面后，设置模板名称（不超过 100 个字符），选择可提供的服务，单击“保存”按钮完成服务模板设置，如图 3–22 所示。

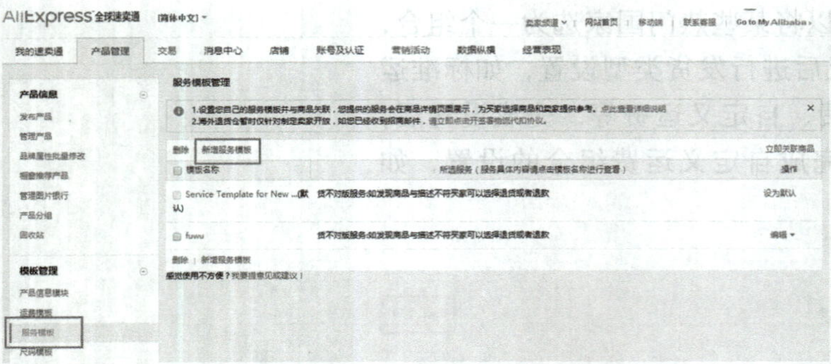

图 3–21　新增服务模板

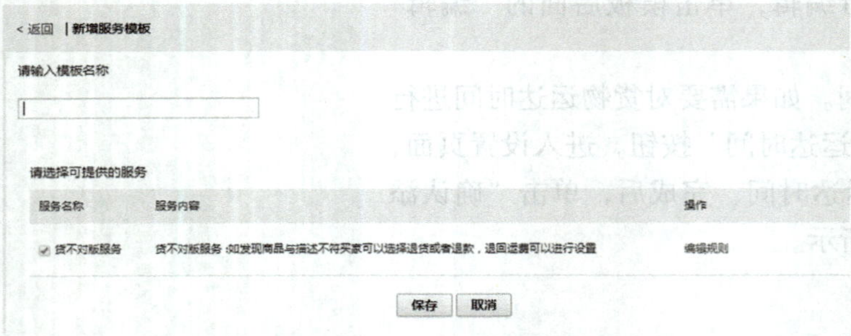

图 3–22　完成服务模板设置

步骤 4：创建尺码模板。速卖通上线了尺码模板功能，卖家只需通过尺码模板，轻松地维护几套常用的尺码表，然后在发布商品时直接勾选即可快速关联，具体操作如下。

1）选择尺码模板。进入卖家后台的“产品管理”页面，选择“尺码模板”后，进入创建页面，如图 3–23 所示。

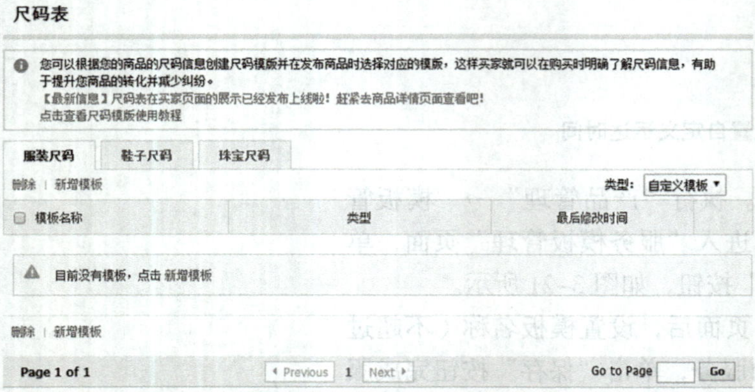

图 3–23　创建尺码模板页面

4. 服务模板可进行的操作：____。

作用：____。

2）选择模板类型。在创建尺码模板页面，选择“服装尺码”，然后单击“下一步”按钮，如图 3-24 所示。

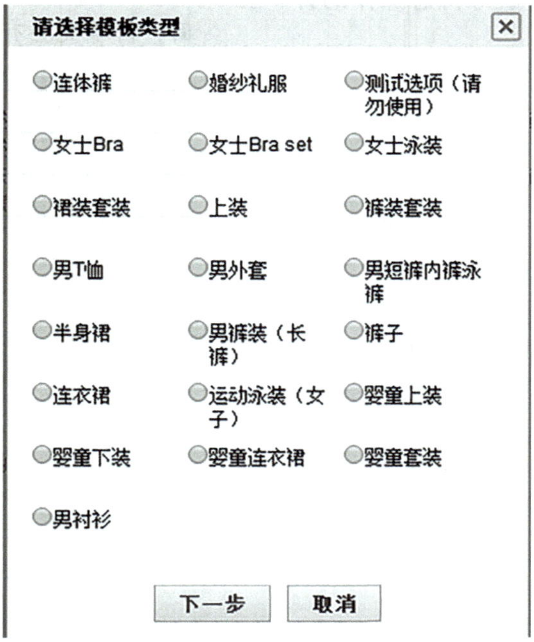

图 3-24　选择类型

3）设置尺码信息。进入尺码表编辑页面，为尺码模板制定一个名称（中、英文均可），然后在左侧勾选需要的尺码，在右侧勾选需要展示的尺寸及适合区间，如图 3-25 所示。填写完成后，单击“保存”按钮，即可完成尺码模板的创建。

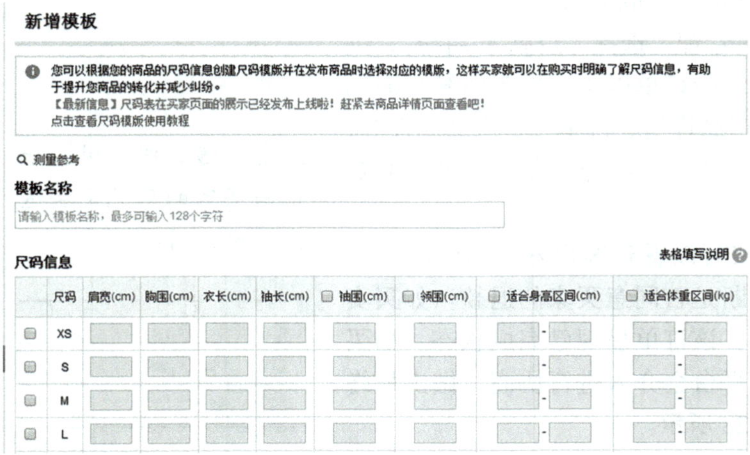

图 3-25　尺码信息设置

5. 尺码模板可进行的操作：____________________。

作用：____________________。

四、订单管理

步骤 1：我的订单管理。在“我的订单”页面，订单类型有特别关注、等待买家操作的订单、等待您操作的订单三大类，如图 3–26 所示。

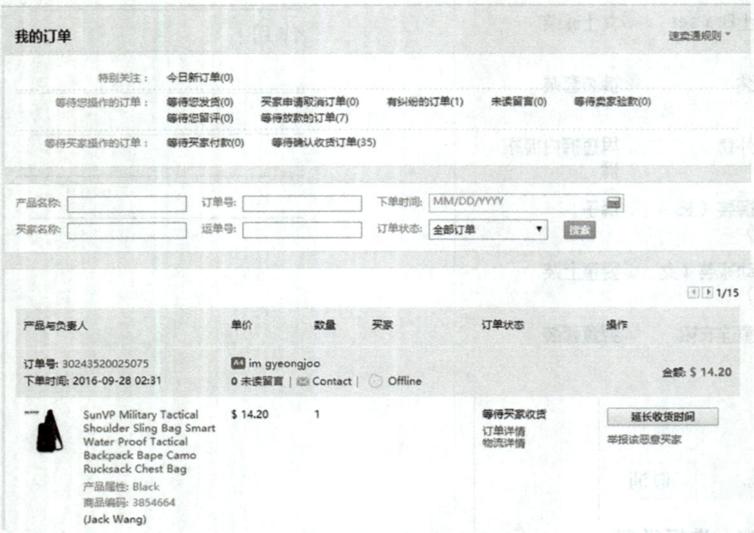

图 3–26 “我的订单”页面

“特别关注”用于反应当日销售数据；“等待您操作的订单”是需要卖家进行操作处理的订单，如待发货订单、有纠纷的订单、等待放款的订单、待回复留言的订单等；“等待买家操作的订单”是需要及时关注的订单，其中等待买家付款的订单可以配合优惠券营销活动来促成买家付款。

步骤 2：退款和纠纷订单管理。选择“退款 & 纠纷”，进入到该操作页面，可以看到纠纷订单以买家发起纠纷日期倒序排列，纠纷订单信息包括产品详情、订单号、产品属性等，卖家也可以通过联系买家解决纠纷。纠纷列表页面如图 3–27 所示。

单击“纠纷详情”，卖家可以看到客户发起纠纷时填写的原因，根据具体情况来判断是否同意买家的退款。如买卖双方意见统一，处理纠纷后，该订单呈现已完成状态。如买卖双方意见不一致，速卖通平台会介入进行协商，做出最终裁定。纠纷详情页面如图 3–28 所示。

1. 在“我的订单”页面，订单类型有：____。

2. “特别关注”呈现的内容：________。

3. 卖家遇到纠纷时，如果与买家的意见无法达成一致，则：____。

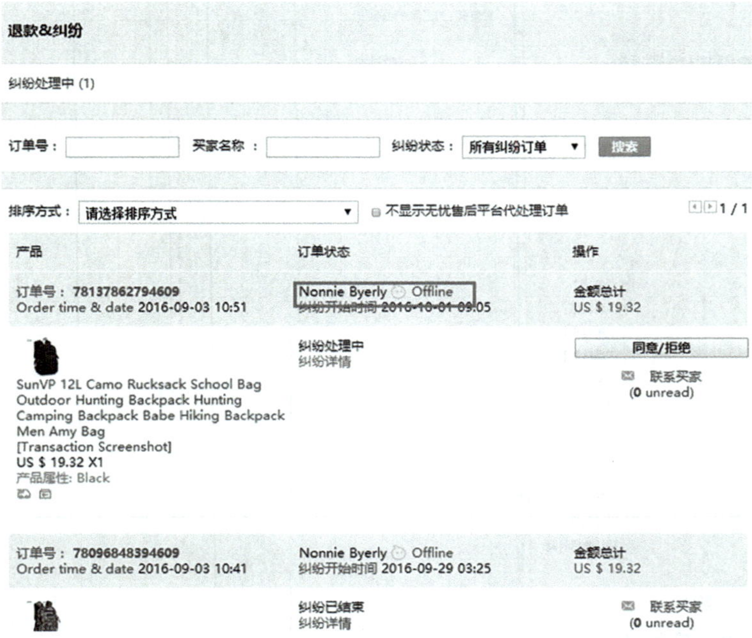

图 3-27 纠纷列表页面

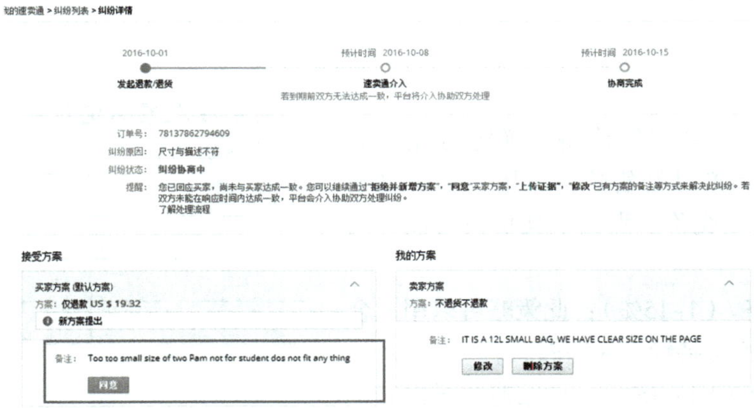

图 3-28 纠纷详情页面

步骤 3：订单导出管理。订单导出功能用于查看固定时间段内的销售详情，卖家可根据具体需求选择需要导出的订单字段，如图 3-29 所示。

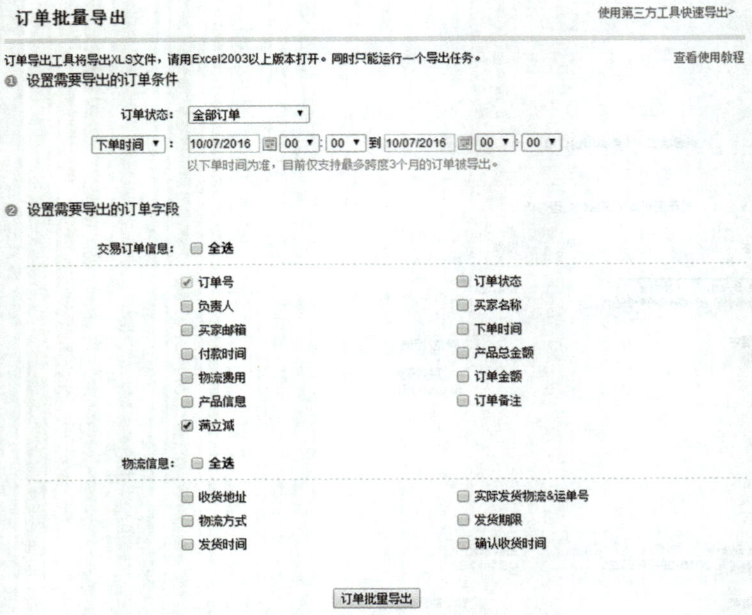

图 3–29 “订单批量导出”页面

知识链接

一、产品定价策略

1. 狂人策略

研究同行业卖家、同质产品销售价格，确定行业最低价，以最低价减 5%—15% 为产品销售价格。用销售价格倒推上架价格，不计得失确定成交价。那么上架价格可以有两种思路。

1）上架价格 = 销售价格 /（1–15%）：此策略可以用重金打造爆款，简单、有效。但不可持续，风险较大；

2）上架价格 = 销售价格 /（1–30%）：此策略略微保守一些，可以通过后期调整折扣来让销售价格回到正常水平。

两种定价思路都可以在 15% 折扣下平出或者略亏，用于引流爆款。

2. 稳重策略

稳重策略是通过计算产品的成本价，根据成本价加利润来确定产品的销售价格。产品的销售价格确定后，根据店铺营销的安排，确定上架价格。

例如，产品成本是 \$3，按照速卖通目前的平均毛利润率 15%，还有固定成交速卖通佣金费率 5%，及部分订单产生的联盟费用 3%—5%。我们可以推导：

1. 利用狂人策略定价所定的价格为：____。

2. 利用稳重策略定价所定的价格为：__________。

销售价格 =\$3 ÷（1−0.05−0.05）÷（1−0.15）=\$3.92；

再保守点，销售价格 =\$3 ÷（1−0.05−0.05−0.15）=\$4。

其中，5% 的联盟佣金并不是所有订单都会产生，但考虑到部分满立减、店铺优惠券、直通车等营销投入，以 5% 作为营销费用，基本没有差错。当然，这其中还可以加入丢包及纠纷损失的投入，按照邮政小包 1% 的丢包率来算，又可以得到：

销售价格 =\$3 ÷（1−0.05−0.05−0.01）÷（1−0.15）=\$3.96；

再保守点，销售价格 =\$3 ÷（1−0.05−0.05−0.15−0.01）= \$4.05。

得到销售价格后，我们需要考虑该产品是作为活动款销售还是作为一般款销售。假如作为活动款，那么，按照平台通常活动折扣要求 40% 来计算：

上架价格 = 销售价格 ÷（1−0.4），平时打 40% 折扣，活动最高可以到 50%。

假如作为一般款销售，则

上架价格 = 销售价格 ÷（1−0.3），平时打 30% 折扣。

建议折扣参数不低于 15%，因为平台大促所要求的折扣最低是 15%，但不高于 50%，因为折扣过大容易产生虚假折扣的嫌疑。而根据速卖通官方的统计，30% 左右的折扣，是买家最钟情的折扣，属于合理预期范围。对于 50% 折扣的活动要求，以上定价的模式，基本上相当于平出，不会亏本或者略亏。

二、速卖通的橱窗推荐

橱窗推荐是平台奖励给卖家的资源，将产品应用到橱窗推荐可以提高产品在搜索结果中的排名（橱窗产品的曝光量比普通产品的曝光量要大 8—10 倍）。“橱窗推荐产品”页面如图 3-30 所示。

图 3-30 “橱窗推荐产品”页面

3. 橱窗推荐是指：____。

1. 橱窗推荐的规则

1）平台通过卖家等级等活动免费赠送卖家，无须付费。

2）可以登录“我的速卖通”，在页面中间的“可用资源”中查看可以使用的橱窗推荐位数量。

2. 速卖通橱窗的奖励机制

速卖通的橱窗设置是一种奖励机制，卖家可以通过提升卖家服务等级获得，等级越高的买家享受的资源奖励越多。各等级卖家可获得的橱窗展位个数如表 3-1 所示。

4. 速卖通橱窗奖励机制中，卖家可以通过提升卖家服务等级获得橱窗，____________享受的资源奖励越多。

表 3-1　橱窗数量

奖励资源	优秀	良好	及格	不及格	成长期
橱窗推荐数	10	5	2	无	2

参加平台的一些活动也有橱窗位的奖励，具体可以关注卖家频道首页公告。

工作结束

数据整理及备份：□完成　□未完成

关机检查：□正常　□强行关机　□未关机

整理桌面：□完成　□未完成

地面卫生检查：□完成　□未完成

整理椅子：□完成　□未完成

工作评价

类别	序号	考核项目	考核内容及要求	分值	学生自评	学生互评	教师测评	分数
技术考评（80 分）	1	质量	注册账号	15				
	2		实名认证	15				
	3		产品发布	20				
	4		设置模块	15				
	5		管理订单	15				
非技术考评（20 分）	6	态度	学习态度端正	5				
	7	纪律	遵守纪律	5				
	8	协作	有交流、团队合作	5				
	9	文明	保持安静，清理场所	5				
总分：								

任务二 Amazon

工作准备

是否正常培训：（部门经理填） □ 到席 □ 请假 □ 旷工 原因：
是否遵守纪律：（部门经理填） □ 严格遵守 □ 迟到 □ 早退
□ 出位 □ 其他
检查计算机的完好性： □ 完好 □ 故障：报告值班经理并换机

工作过程

任务分析

Amazon（亚马逊）网站是跨境电商的主流平台之一，其后台操作主要包括店铺注册、平台操作、刊登产品三部分。除此之外，小刘还需了解 Amazon 平台的运营特点。

任务实施

工作内容	工作记录
一、店铺注册 步骤 1：登录 Amazon 官网。通过百度搜索“Amazon”或者直接输入网址 https：//services.amazon.com，进入 Amazon 官方网站，如图 3-31 所示。	□ 1. 打开 Amazon 官方网站，https：//services.amazon.com。系统自己动识别 IP，翻译首页。

图 3-31 Amazon 官方网站

步骤 2：创建 Amazon 账号。选择个人账号类型后，进入创建账号页面，在该页面输入邮箱地址后选择“Create a new account”，最后单击“Continue”按钮，如图 3–32 所示。

□ 2. 按下列顺序创建 Amazon 账号：填写邮箱地址→输入注册信息（姓名、邮箱、密码）→输入商业信息→完成身份验证→设置付款方式和收款方式→完成注册→登录卖家账号进行双重身份验证。

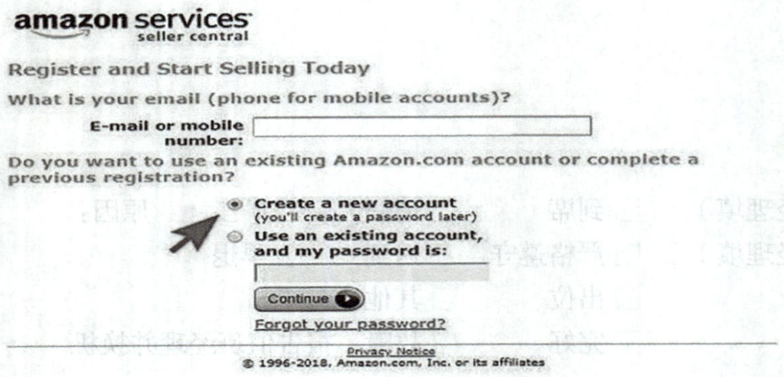

图 3–32　创建账号

步骤 3：设置账号信息。输入账号注册所需的个人信息，如姓名、邮箱、密码等，如图 3–33 所示。

3. 绑定的手机号码：______________。
邮箱账号：______________。

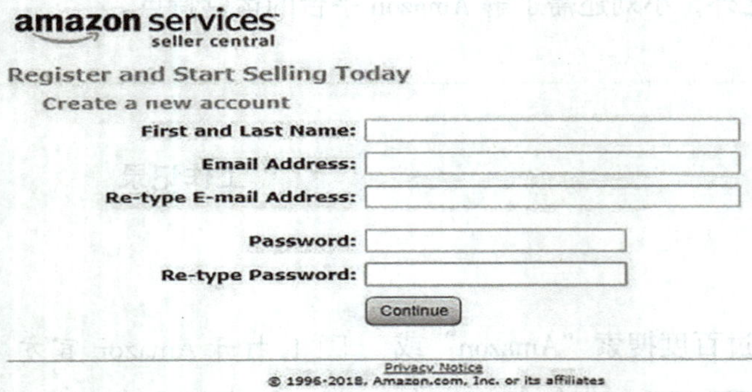

图 3–33　设置账号信息

步骤 4：输入商业信息并同意服务条款。完成步骤 3 后单击“Continue”按钮，进入如图 3–34 所示页面，在该页面填写公司信息或者个人姓名，并勾选服务条款，完成后，单击“Next”按钮。

步骤 5：身份验证。Amazon 要求卖家输入更加详细的商业信息进行身份验证，并且需要输入手机号码来核实卖家的身份，如图 3–35 所示。

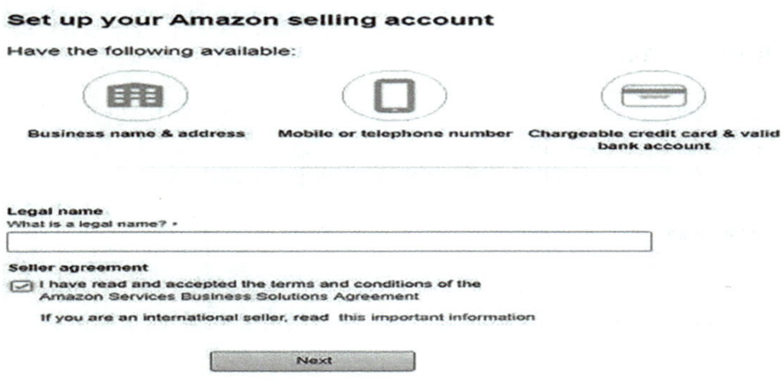

图 3-34　商业信息完善

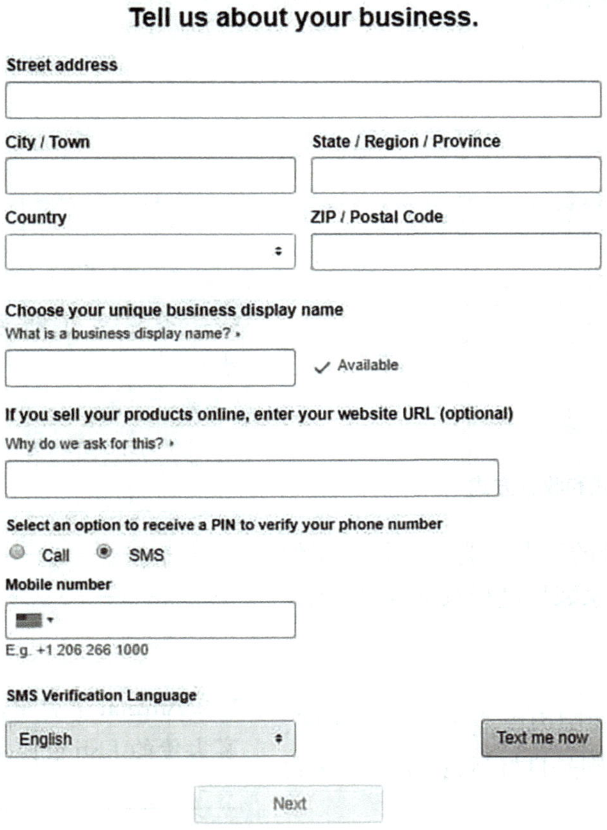

图 3-35　输入商业信息

步骤 6：设置付款方式和收款方式。完成商业信息输入后，还需要设置信用卡信息，用来支付可能产生的广告费用或者是专业卖家账号费用。除此之外，Amazon 还要求卖家输入其他的银行信息，以便达成交易后，平台可以打款到卖家账户，如图 3–36 所示。

4. 信用卡账号：________________________。

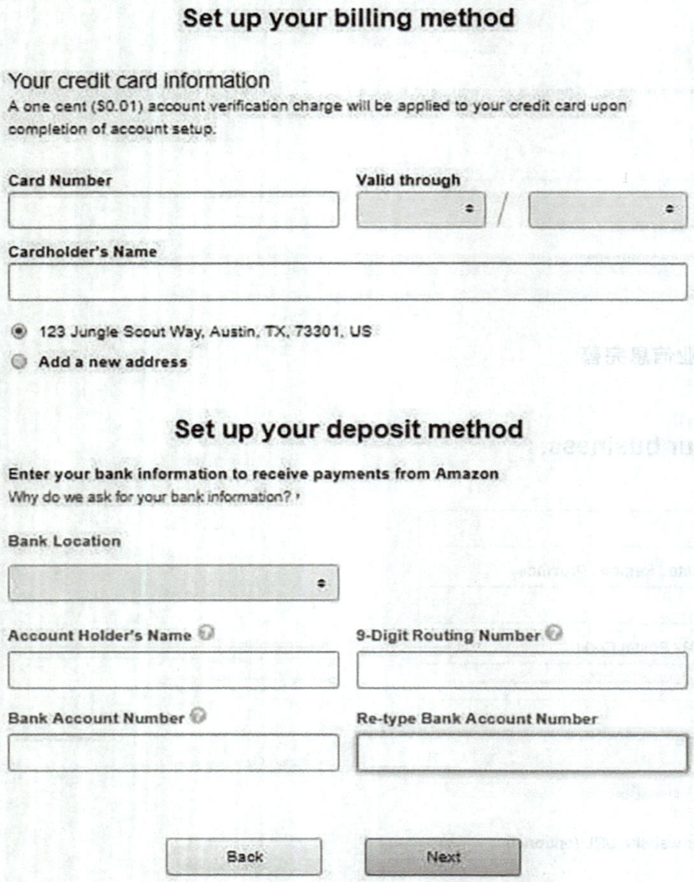

图 3–36　设置付款方式和收款方式

5. 是否完成了账号创建？

□是 □否

遇到了哪些问题？

____

____

____

通过以上操作，完成卖家账号的注册，为了保护卖家的账户安全，完成注册后需要登录卖家账号进行双重身份验证。

二、Amazon 平台的运营特点

Amazon 平台的运营推广策略和国内电商平台大有不同，有其独特的运营规则，了解这些规则是良好运营 Amazon 平台的前提。

1. 在 Amazon 平台中，卖家上传的 Listing 归属于______________________。

1. Listing 机制

该机制是 Amazon 独有的，即跟卖政策。任何卖家在 Amazon 平台上传的 Listing 归属于 Amazon，不再属于上传该 Listing 的卖家，这和国内大部分电商平台的规则不同。Amazon 平台认为同一款商品，商品的介绍、图片等信息应该是相同的，没必要出现同一款商品有很多页面的情况，唯一的区别就在于价格，所以 Amazon 允许多个卖家使用同一个

2. 简述 Listing 机制的优劣势：______________________

____

____

______________________。

Listing。如果有很多卖家销售同一款商品，则 Amazon 会根据卖家提供服务的品质结合卖家的销售价格向消费者推荐更优的卖家。

这种机制有如下优势：

1）不用自己制作页面，几秒钟就可以搞定产品信息页。

2）在跟卖 Listing 机制下，不考虑商品的其他因素，出价越低排名越靠前。

3）跟卖大流量的 Listing 不仅可以迅速提升跟卖产品的销量，还可以带动店铺其他产品的销量。

同时也存在如下风险：

1）容易被 Listing 所有者投诉侵权，一旦投诉成功就会被封账号。

2）直接引发价格战，导致低利润。

2. Buy Box 策略

Buy Box 的位置在每个商品页面的右上方，是买家浏览时最方便看见的黄金位置，只要买家单击“Add to Cart”按钮就会把该位置上卖家的产品放到买家购物车里，抢占 Buy Box 也就成为 Amazon 平台的一种重要运营策略。

Buy Box 是 Amazon 平台系统通过计算卖家的综合素质来决定分配给哪个卖家的，影响因素主要如下。

1）配送方式：运用 FBA 将大大增加卖家获得 Buy Box 的概率。

2）最终价格：卖家将产品运送给 Amazon 时收取的价格（包括运费以及关税）。卖家的评级越高，就可以收取 Amazon 更高的价格，同时还能保留 Buy Box 的位置。

3）卖家评分：卖家过去一年交易中的综合得分，越近期的交易得分在综合评分中所占的比重越大。

4）运输时间：Amazon 对运送时间的要求很高，Amazon 判断运送时间的标准分为 0—2 天、3—7 天、8—13 天、14 天。

5）还有其他一些因素会综合影响系统的判断。

卖家想要得到 Buy Box，必须满足如下条件：

1）卖家拥有一个专业卖家账户。

2）卖家需要是特色卖家。特色卖家的要求是卖家需要在 Amazon 上有 2—6 个月的销售记录，拥有一个比较高的卖家评级、送货评级，以及订单错误率低于 1%。

3）商品需要是全新状态。

4）商品必须要有库存。

3. 影响 Buy Box 分配的因素主要有________、________、________、________、________。

三、平台操作

（一）暂时停售 Amazon 店铺内的自配送商品操作

如果卖家需要休假，或者因为其他某些原因需要暂时停售自配送商品，则可以通过假期设置（Vacation Settings）功能暂时下架所有自配送商品，具体操作如下。

步骤 1：进入卖家后台，单击 Settings 下拉菜单中的“Account Info”。

步骤 2：单击左侧蓝色粗体字“Going on a vacation? ”进入 Vacation Settings 页面，如图 3-37 所示。

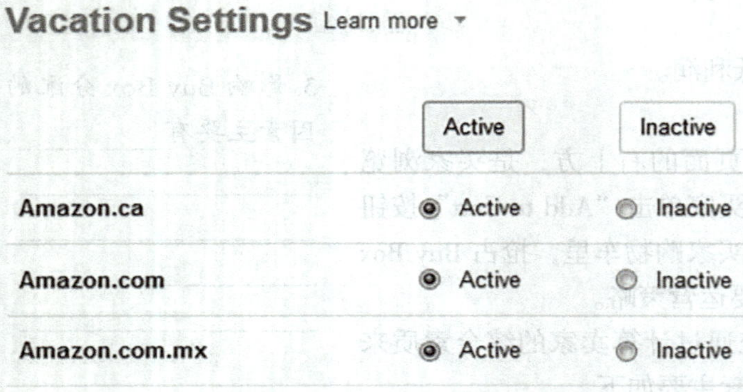

图 3-37　Vacation Settings 页面

步骤 3：根据需要，将对应的站点设为“Inactive”，然后单击“Update”，系统会在设置后的 1 小时内下架对应站点的自配送商品。

（二）恢复后台内 Suppressed 状态的 Listing 操作

如果卖家商品的状态为 Suppressed，则可以通过以下操作进行处理。

步骤 1：下载报告。进入卖家后台，通过“Inventory”→“Inventory Report”操作，选择“Report Type”为“Listing Quality and Suppressed Listing Report”，并单击“Request Report”，等待报告生成后单击“Download”下载报告，通过查看报告了解 Listing 处于 Suppressed 状态的具体原因。

步骤 2：确认缺失信息。将下载的 Txt 格式的报告信息复制到 Excel 表格中，确认商品缺失的具体信息，如图 3-38 所示。

步骤 3：补充信息。根据步骤 2 了解到的商品缺失信息，下载商品对应的模板，将信息补充完整即可。

1. Vacation Settings 的功能：________________________。

2. Suppressed 表示：________________________。

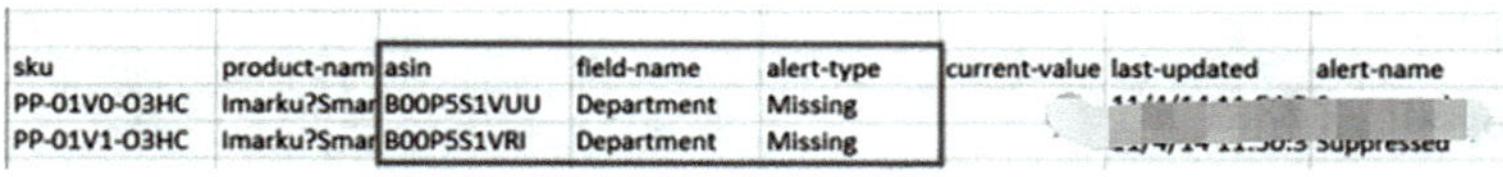

sku	product-nam	asin	field-name	alert-type	current-value	last-updated	alert-name
PP-01V0-03HC	Imarku?Smar	B00P5S1VUU	Department	Missing			
PP-01V1-03HC	Imarku?Smar	B00P5S1VRI	Department	Missing			Suppressed

图 3–38　确认缺失信息

（三）Copy listing 功能操作

如果卖家希望新建一个与已发布的商品具有相同信息的商品详情页面，则可以使用 Copy listing 这个功能，具体操作如下。

步骤 1：找到需要复制的原始商品 listing。

步骤 2：单击“listing”最右侧“Edit”按钮边上的 Action 下拉菜单中的“Copy listing”进入商品编辑页面，如图 3–39 所示。

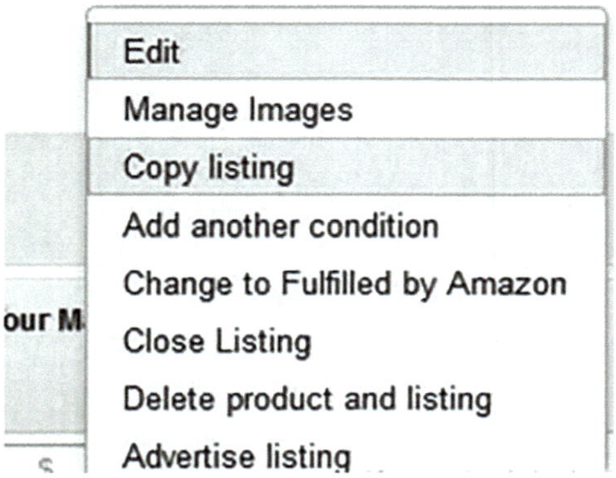

图 3–39　选择 Copy listing

步骤 3：在商品编辑页面内输入唯一的 SKU、UPC/EAN 以及其他特定属性，然后保存操作即可。

（四）上传卖家店铺的 Logo

进入卖家后台，选择右上角“Settings”下拉菜单内的“Your Information & Policies”，单击“Seller Logo”进入上传页面，然后选择对应的 Logo 文件并单击“Upload”按钮进行上传即可，如图 3–40 所示。

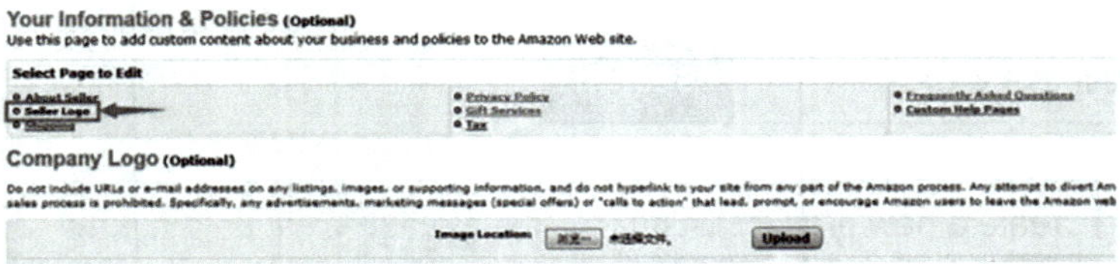

图 3–40　上传页面

3. 在上传店铺 Logo 时，需要注意平台的要求：____________________________________

卖家 Logo 的图片要求如下：

1）格式：目前只支持 jpg 和 gif 格式。

2）尺寸：不超过 120×30 像素。

3）文件大小：不超过 2M。

4）Logo 图片中不能包含任何网址或者邮箱地址等信息。

四、刊登产品

步骤 1：进入卖家后台，单击屏幕左上角“INVENTORY”下面的“Add a Product”，如图 3-41 所示。

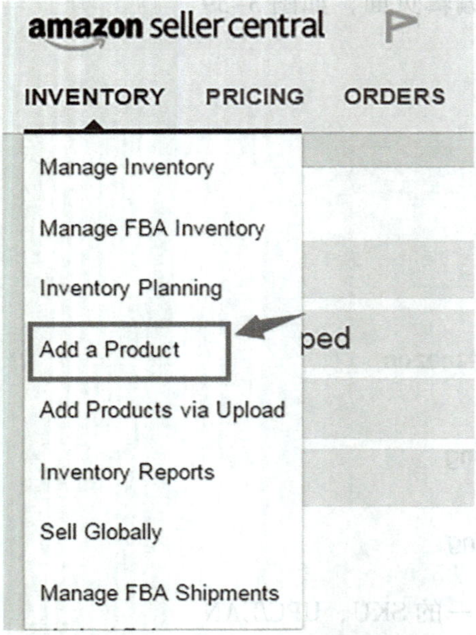

图 3-41 选择 Add a Product

步骤 2：在 List a new product 页面单击“Create a new product listing”，如图 3-42 所示。

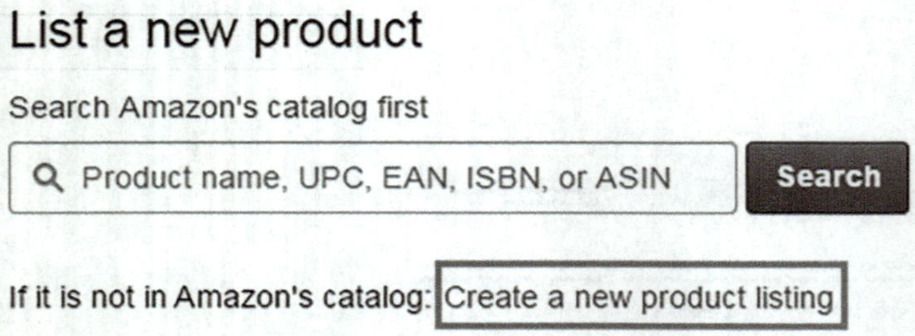

图 3-42 List a new product 页面

步骤 3：在列表中选择商品详细品类，或者在搜索框里输入关键词搜索品类，单击“Select”按钮确认品类，如图 3–43 所示。

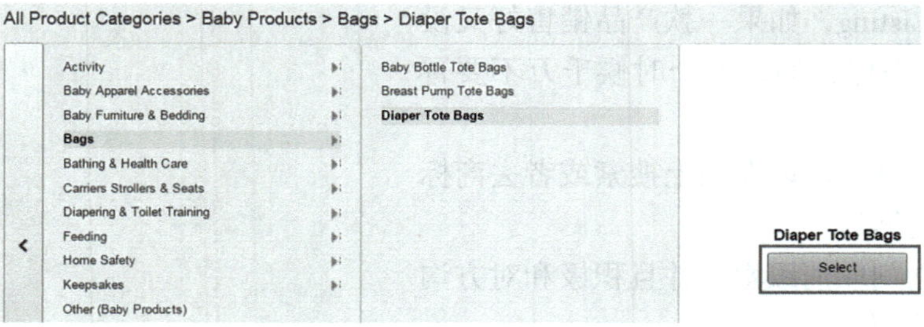

图 3–43　选择品类

如果卖家不确定商品品类，可以使用品类搜索功能，输入品类关键词后，进行搜索，在搜索结果中选择相应的品类单击后，进入添加商品页面，如图 3–44 所示。

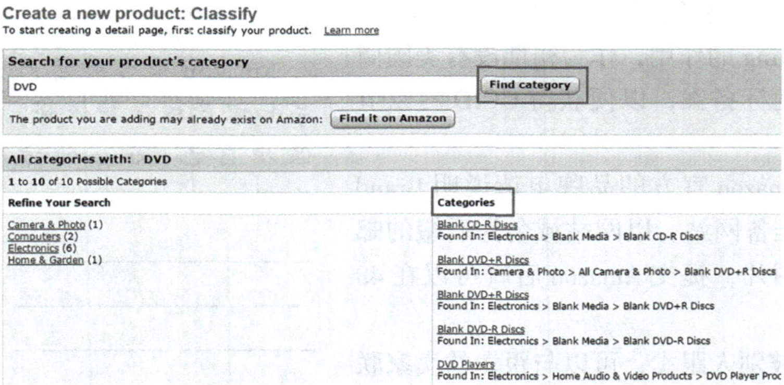

图 3–44　搜索品类

步骤 4：输入重要的商品信息，完成 Listing 编辑，单击“Save and finish”按钮，保存 Listing 后大约 30 分钟，商品信息会展示到 Amazon 前台和管理库存页面上。

能否成功发布产品？
□ 能　□ 不能
遇到的问题：____。

知识链接

一、跟卖的建议

1）首先要确保自己的商品和跟卖的 Listing 描述完全一致，包括商品本身、包装、卖点、功能、描述等；否则，买家收到货如发现任何与描述不一致的地方，都可以向 Amazon 投诉。你所跟卖的卖家也有可能对你的订单进行“Tast Buy”，

1. 如果要进行产品的跟卖，一定要确保：________________。

如发现和描述不一致，也可以向 Amazon 投诉。

2）跟卖时尽可能设置较低的价格，价格越低获得购物车的可能性越高。抢夺购物车的权重依次为：FBA> 价格 >= 信誉度。

3）选择跟卖比较多的 Listing，如果一款产品销售好又没有人跟卖，极有可能是有品牌保护的，这个时候千万不要冒着侵权的风险去跟卖。

4）了解产品是否注册品牌，可以在网上搜索或者去商标网站查看，主要通过 Google 搜索。

5）如果被投诉侵权要立刻取消跟卖，并且积极和对方沟通了解是否真实发生了侵权行为。

二、如何保护自己的 Listing

1）首先要注册自己的品牌（建议注册美国和当地国家的商标，中国商标投诉成功的概率非常小），注册品牌后到 Amazon 平台备案，完成备案后会得到 GCID 码，拿到 GCID 码上传产品时，就不需要 UPC 码了，可以节省一部分费用。GCID 码并不能起到保护 Listing 的作用，作为初期没有美国商标的商家，可以先用中国商标备案，以便获得 GCID 码以节省 UPC 码的费用。

2）商标备案可参考 Amazon 官方的品牌申请说明 Brand Registry。品牌备案只需要准备网站、以网站域名为后缀的邮箱、两张带有品牌的产品图片，提交 Amazon 后就可以在 48 小时内完成备案。

3）如果有品牌的商品被别人跟卖，可以与跟卖的卖家联系要求他们移除跟卖，或者直接向 Amazon Seller Support 提出举报，Amazon 会警告卖家甚至关闭其账号。

____

______________________。

2. Amazon 平台对于产品知识产权保护较强，保护自己 Listing 的方法有：

____

____

____

工作结束 >>>

数据整理及备份：☐ 完成　☐ 未完成

关机检查：☐ 正常　☐ 强行关机　☐ 未关机

整理桌面：☐ 完成　☐ 未完成

地面卫生检查：☐ 完成　☐ 未完成

整理椅子：☐ 完成　☐ 未完成

工作评价

类别	序号	考核项目	考核内容及要求	分值	学生自评	学生互评	教师测评	分数
技术考评（80 分）	1	质量	注册账号	20				
	2		了解平台规则	20				
	3		上传店铺 Logo	20				
	4		产品刊登	20				
非技术考评（20 分）	5	态度	学习态度端正	5				
	6	纪律	遵守纪律	5				
	7	协作	有交流、团队合作	5				
	8	文明	保持安静，清理场所	5				
总分：								

任务三 eBay

工作准备

是否正常培训：（部门经理填） □ 到席 □ 请假 □ 旷工 原因：

是否遵守纪律：（部门经理填） □ 严格遵守 □ 迟到 □ 早退 □ 出位 □ 其他

检查计算机的完好性： □ 完好 □ 故障：报告值班经理并换机

工作过程

任务分析

eBay 成立于 1995 年，以拍卖业务起家，形成了一套成熟的拍卖运营模式，是需要了解的主流跨境电子商务平台之一，主要包括平台注册、销售方式、店铺开设、产品刊登、平台规则等。

任务实施

工作内容	工作记录
一、平台注册 步骤 1：进入 eBay 官网。通过百度搜索框搜索“eBay”或者直接输入网址 https：//www.eBay.com，进入 eBay 官网首页，如图 3-45 所示。	□ 1. 打开 eBay 官网，https：//www.eBay.com。
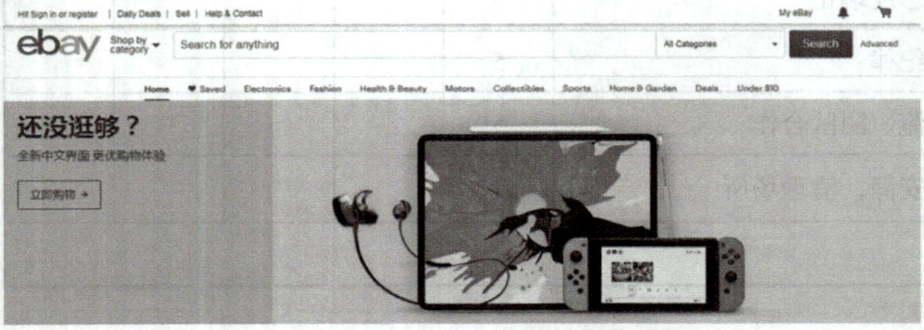 图 3-45　eBay 官网首页	
步骤 2：注册账号。单击左上角的“register”按钮，打开账号注册对话框，在该对话框中输入姓名、邮箱、密码等信息，最后单击“Create account”按钮进行提交，如图 3-46 所示。	□ 2. 按下列顺序创建 eBay 账号：“register”→邮箱验证→首页“Sell”→填写注册表单→信用卡认证→手机短信认证。
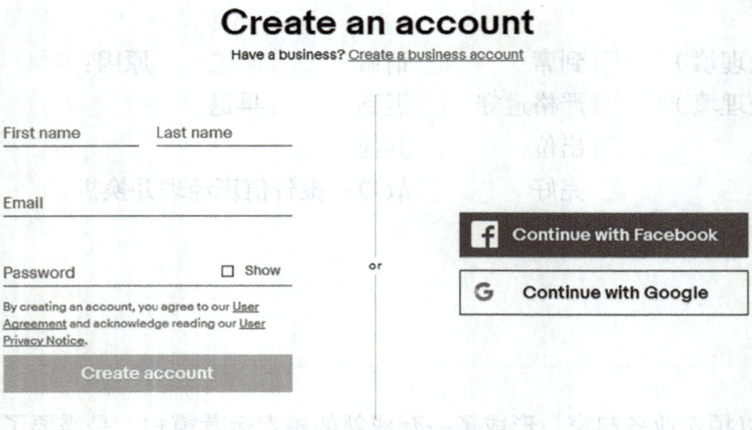 图 3-46　账号注册对话框	3. 邮箱账号为______________________________。
步骤 3：邮箱认证。单击“Create account”按钮后，邮箱会收到一封来自 eBay 的邮件，单击邮件中的链接，完成邮箱	

认证，从而完成 eBay 平台的账号注册，如图 3–47 所示。

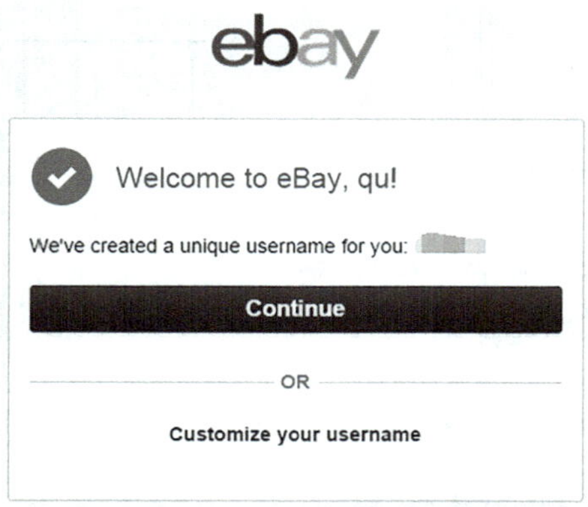

图 3–47　注册完成

步骤 4：填写注册表单。在 eBay 首页找到“Sell”入口，选择“中国”，填写注册表单，如图 3–48 所示，填写真实的地址信息。

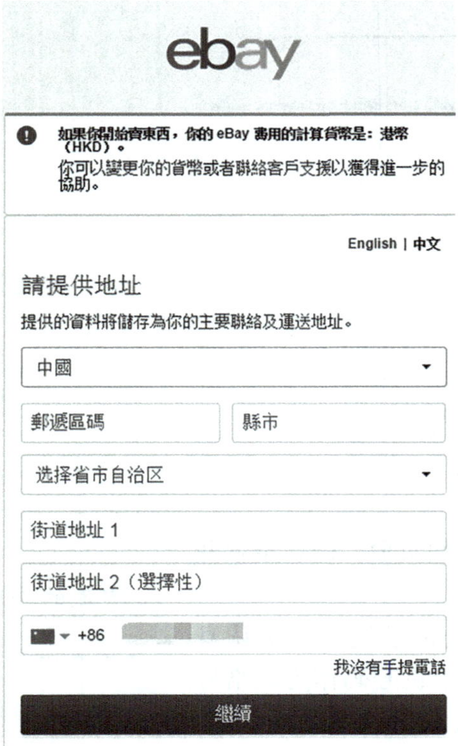

图 3–48　填写注册表单

步骤 5：信用卡认证。选择“使用信用卡确认身份”，并单击“继续”按钮，如图 3–49 所示。填好信用卡信息，如图 3–50 所示。

4. 信用卡账号：____。

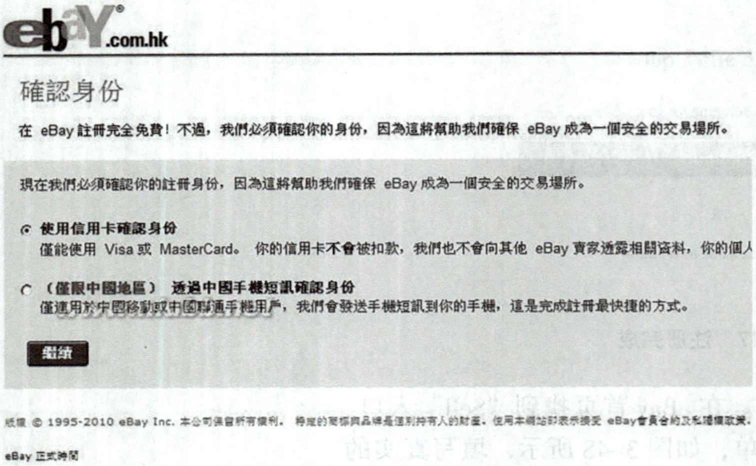

图 3–49 通过信用卡确认身份

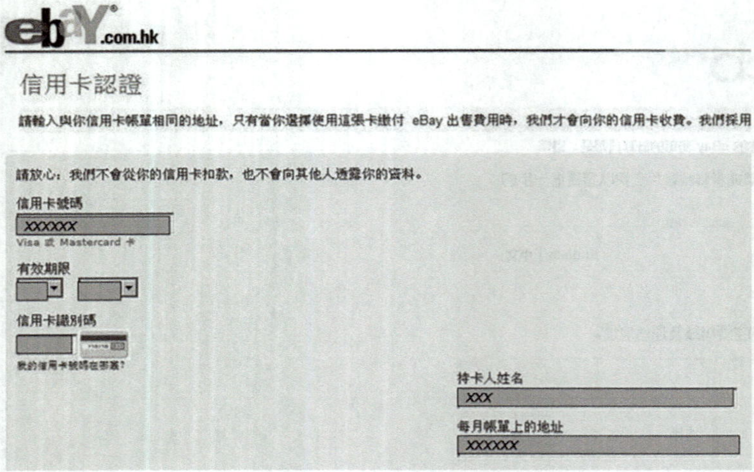

图 3–50 信用卡认证

单击“继续”按钮，进入信用卡合约页面，确认条款并单击“授权信用卡”按钮，完成认证。

5. 绑定的手机号码：________________________。

步骤 6：手机短信认证。选择“透过手机短讯确认身份”，输入手机号码，可以选择用这个手机号码作为联络号码，并单击“传送手机短讯给我”按钮，如图 3–51 所示。

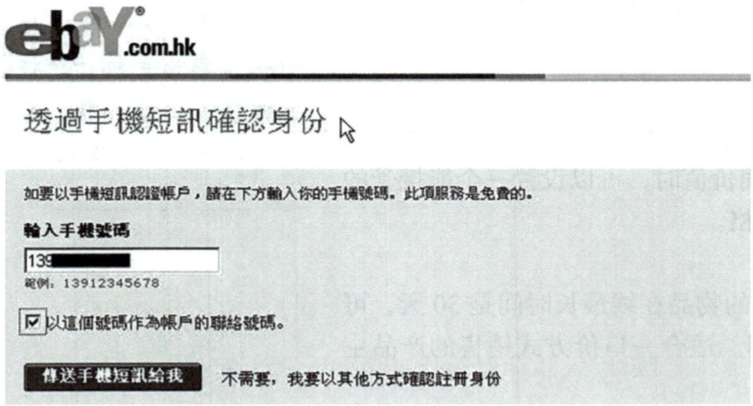

图 3-51 手机短信确认身份

收到确认代码后，输入确认代码，完成认证，如图 3-52 所示。

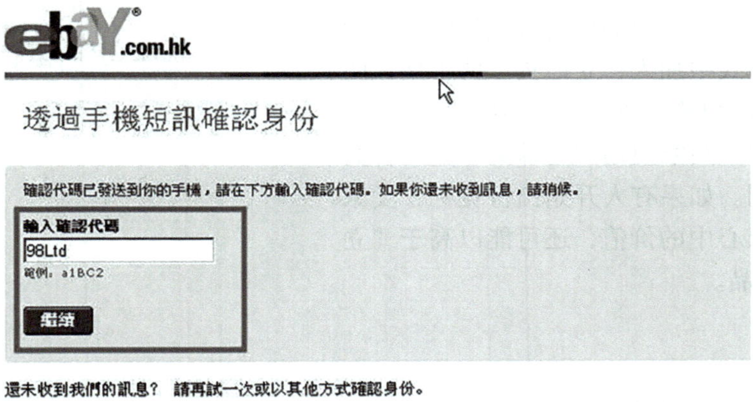

图 3-52 输入确认代码

6. 是否完成了账号创建?

□ 是 □ 否

遇到的问题：________________________________。

二、销售方式

在 eBay 上有拍卖和一口价两种售卖方式，每种方式有其各自特点。

1. 拍卖

以“拍卖”方式刊登物品是 eBay 卖家常用的销售方式，卖家通过设定物品的起拍价及在线时间，开始拍卖物品，并以下线时的最高竞拍金额卖出，出价最高的买家即为物品的中标者。

拍卖的形式虽然好，但并不是所有的产品都适合拍卖，适合拍卖的产品主要有以下特点：

1. eBay 上的售卖方式有________和________。

1）有特点的产品，明显区别于市场上常见的其他产品，并且是有市场需求的。

2）库存少的产品。

3）非职业卖家，只是偶尔来销售产品。

4）无法判断产品的准确价值时，可以设置一个能接受的起拍价，由市场决定最终价格。

2. 一口价

以“一口价”方式销售的物品在线最长时间是30天，可以让产品有充分的展示时间。适合一口价方式销售的产品主要具有如下特点：

1）有大量库存的产品。

2）有丰富的SKU，可以整合到一次刊登中。

3）需要长时间在线销售的产品。

4）卖家希望有固定可控的利润。

3. 拍卖＋立即买

eBay平台上，拍卖＋立即买并存的出售方式很特别，卖家提供一件物品，在拍卖形式中加入“立即买”的价格，两者并存，买家可以选择对物品出价，或立即购买物品。

这种方式的好处是，如果买家使用“立即买”购买，卖家可以节省等待结标的时间。如果有人开始出价竞标，卖家则可以借此得知物品在买家心中的价值，还可能以高于“立即买”价格的结标价卖出物品。

2. 小红在公司年会上抽中一台华为手机，想将它放在eBay上销售，应该选择哪种售卖方式？

________________。

三、店铺开设

在开通eBay店铺前，卖家需要符合以下要求：

1）拥有eBay卖家账户，并已登记信用卡资料。

2）信用评价必须为5分或以上。

满足以上条件后，卖家便可立即开设eBay店铺，具体操作如下。

1. 你是否符合卖家要求？

□ 是 □ 否

步骤1：注册eBay账号。eBay账号注册见平台注册的具体操作，在这里不做赘述。需要注意的是，个人卖家只需注册并认证一个eBay账号，便可在全球开启销售业务。

步骤2：注册PayPal资金账户。

1）选择商家账户通过网址（https://www.paypal.com）进入PayPal官网，选择“商家账户”类型，如图3-53所示。

图 3-53　PayPal 官网

2）填写注册信息。进入商家账户创建页面后，填写基本信息，包括邮箱地址（为以后的 PayPal 账号）、公司信息、首选币种等，如图 3-54 所示。

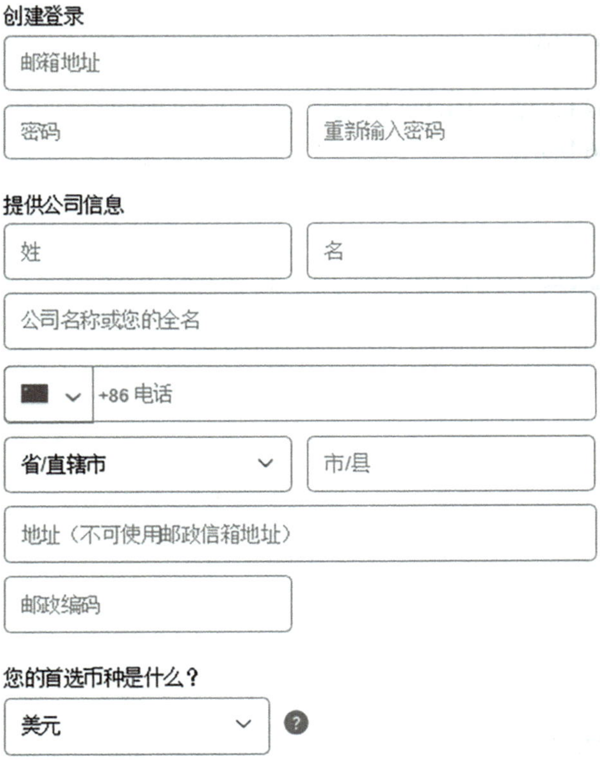

图 3-54　填写注册信息

3）账户激活。进入注册 PayPal 资金账户时填写的邮箱，收到一封来自 PayPal 的激活邮件，单击邮件正文中的“点击这里激活账户”按钮，激活账户，如图 3-55 所示。

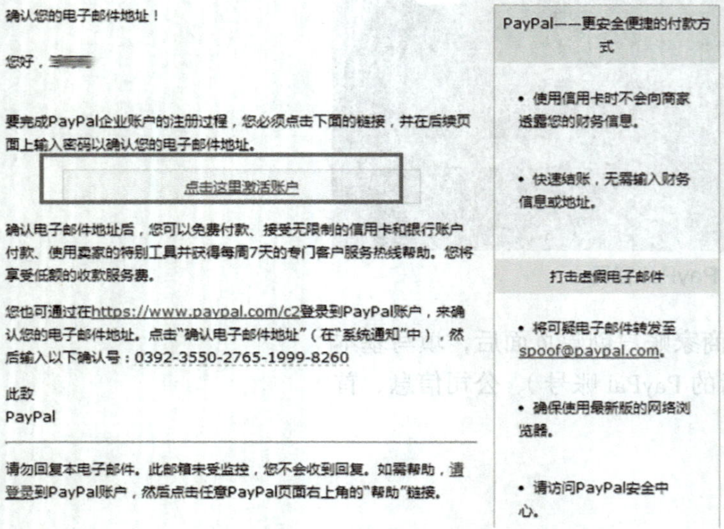

图 3–55　账户激活邮件

4）设置密保。进入 PayPal 网站，输入 PayPal 登录密码，进入账户密保问题设置，如图 3–56 所示。

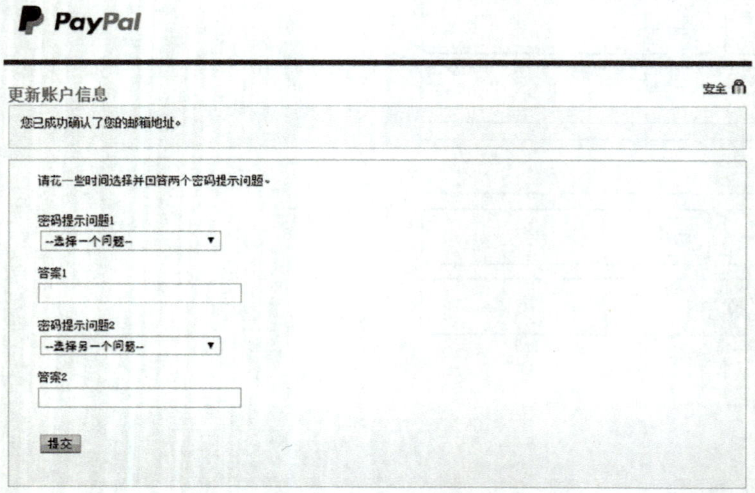

图 3–56　设置密保问题

5）关联信用卡。此处关联的信用卡是用于付款的，单击“跳过此步骤”也行，如图 3–57 所示。至此收款功能已激活。

步骤 3：绑定 eBay 账户与 PayPal 账户。登录 eBay 账户，单击右上角“我的 eBay”，执行“账户”→“PayPal 账户”→“连接到我的 PayPal 账户”操作，如图 3–58 所示。

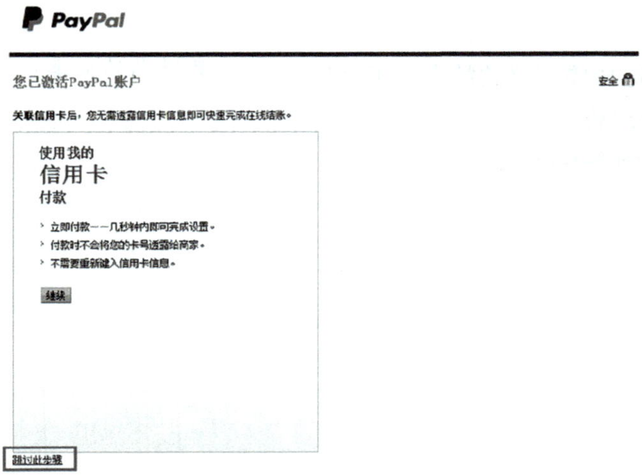

图 3–57　关联信用卡

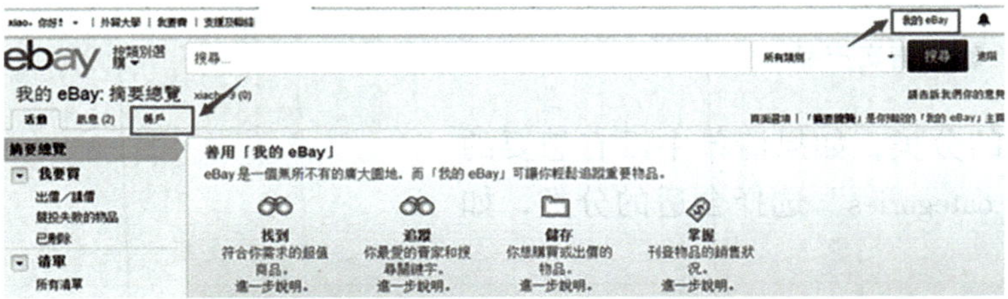

图 3–58　绑定 eBay 账户与 PayPal 账户

步骤 4：关联账户。填写地址信息后，单击“继续”，进入 PayPal 登录界面，输入邮箱地址与密码登录 PayPal 账号，完成卖家 eBay 账户与 PayPal 账户的关联，即可成功开设店铺，如图 3–59 所示。

图 3–59　登录 PayPal 账号

2. 能否注册 PayPal 资金账户？

□ 已注册　□ 未注册

3. 是否已绑定 eBay 账户与 PayPal 账户？

□ 是　□ 否

四、产品刊登

在 eBay 刊登产品时，首先需选择要刊登的站点，下面以美国站为例，向大家讲解具体操作过程。

步骤 1：输入售卖的产品，如图 3-60 所示。

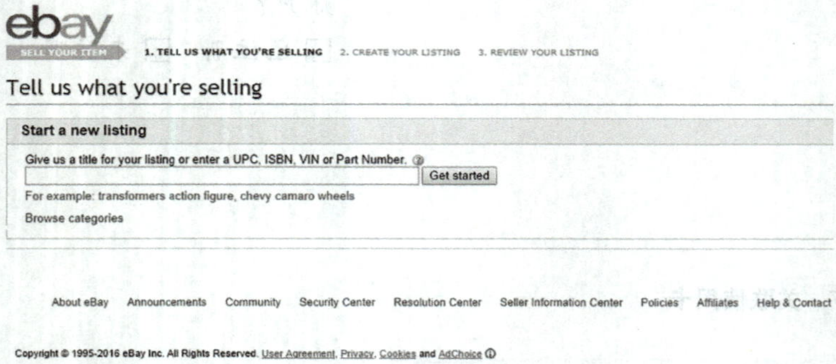

图 3-60　输入售卖产品

步骤 2：选择一个合适的分类，如果清单中没有想要的类目，则可以单击“Browse categories”选择合适的分类，如图 3-61 所示。

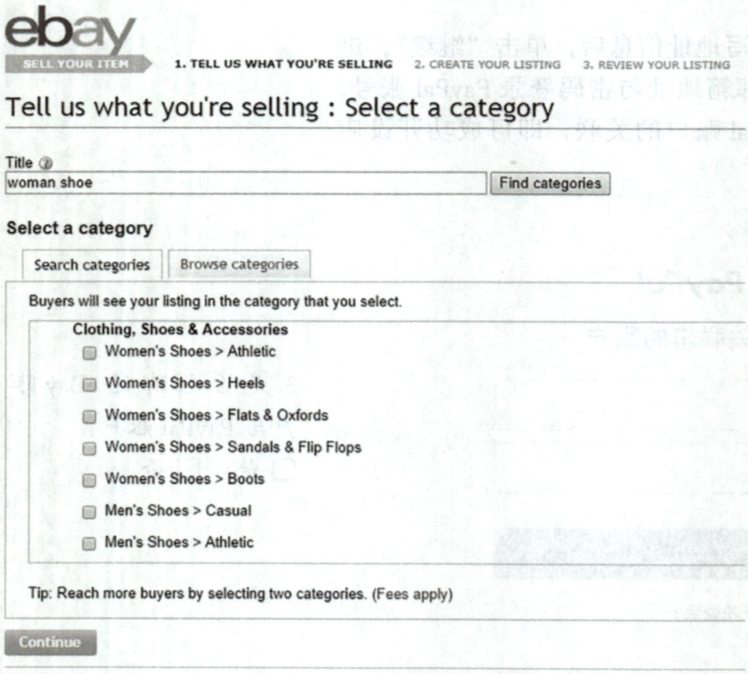

图 3-61　选择合适的分类

1. 产品所属的分类：______________。

步骤3：进入产品刊登页面，填写详细信息，包括产品信息、属性、图片、标题、物流等，如图3-62所示。

2. 是否成功刊登产品？
□是 □否

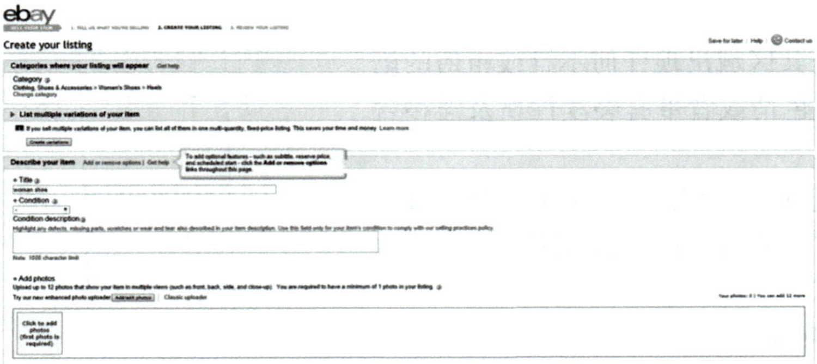

图3-62 产品刊登页面

步骤4：选择销售方式，包括拍卖和一口价两种方式，如果是拍卖方式，则选择“Auction”，并设置起始价；如果是一口价方式，则选择“Fixed price”，完成产品的刊登，如图3-63所示。

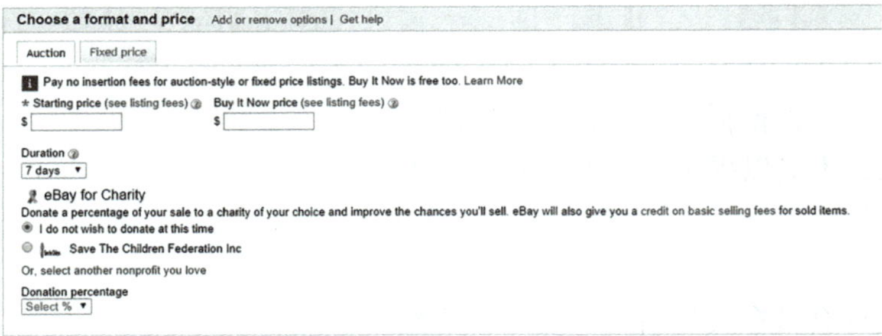

图3-63 选择销售方式

五、平台规则

（一）交易行为规则

1. 若卖家召唤朋友参与出价竞投抬高价格，买家可以________________________________。

1. 严禁卖家成交不卖

当卖家刊登在eBay上的物品有买家成功竞标，买卖双方相当于签订了交易合同，双方必须在诚信的基础上完成交易。如果卖家因商品自身原因导致无法完成交易，需及时与买方沟通，解释说明情况并提供解决方案。

2. 禁止卖家自我抬价

为了确保eBay全球交易的公平公正，平台禁止抬价，卖家的家人、朋友、同事等不应参与出价竞投。如果买家认为有会员利用假出价的方式提高价格或热门程度，可以向 eBay 发送电子邮件进行检举。

（二）用户沟通规则

1. 禁止使用不雅言辞

eBay 绝不允许网站的公共区域出现任何不雅或粗俗的语言，包括种族歧视、仇恨、色情或者带有亵渎性质及淫秽含意的语言。

如果买家的信用评价意见中含有不雅言辞，卖家可以参照“信用评价移除政策”，并依规定提出移除信用评价申请。

2. 禁止未经允许的滥发电邮

eBay 禁止滥发垃圾邮件，但不包括 eBay 意见调查、推广活动信息或其他电邮。

3. 禁止滥用 eBay 联系功能

eBay 提供了一套联络系统，让会员在有问题时，可以彼此联络，包括联络会员、询问卖家问题等功能，目的是为会员提供公开的沟通途径，并非用做宣传及广告等私人用途。

（三）评价规则

1. 不得索取评价

eBay 平台上规定：买家不能以留低分、差评的方式威胁卖家获取额外的利益；卖家也不能以提供利益的方式要求买家留取好评、高分或修改评价。

2. 不得操纵评价

eBay 平台的评价系统允许会员在交易后互相留评，不允许以任何方式操作评价或留低分，如果违反该规则，操作的评价可能被移除，并对卖家采取一些竞购行为，包括限制买卖权利甚至暂停账户。

3. 评价移除规则

大多数情况下，评价是不能被更改或移除的，但如果卖家认为某个评价是错误的或者不公平的，可以向平台发起修改评价的请求。

（四）知识产权规则

eBay 始终致力于提供一个更公平的物品购买和售卖平台，同时保护知识产权。以非法方式使用知识产权（如非法使用受版权保护的物品和商标）将被视为侵权，这是违反法律和 eBay 政策的做法。

2. 买家收到货后对货物不满意，于是在评论中辱骂卖家，卖家可以____________________________________。

知识链接

eBay 卖家评分系统

eBay 卖家评分系统分为 4 个维度，简称为 DSR（Detail Seller Rating）。

1）物品描述与实物之间的差异（Item as described）。

2）沟通质量及回应速度（Communication）。

3）物品运送时间合理性（Shipping time）。

4）运费及处理费合理性（Shipping and handing charges）。

卖家服务评分是 5 分制，以 5 个五角星代表分数，5 分最高，1 分最低。交易成功后，买家可以选择给卖家打分。卖家服务评分以五角星的形式，显示在卖家的信用评价档案里，五角星后面的数字表示该项有效评价数，如图 3-64 所示。

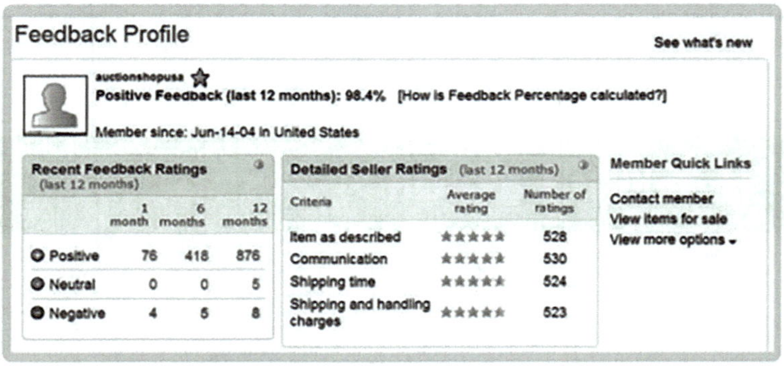

图 3-64　卖家服务评分

eBay 卖家评分系统分为________、________、________、________。

工作结束 > > >

数据整理及备份：□ 完成　□ 未完成

关机检查：□ 正常　□ 强行关机　□ 未关机

整理桌面：□ 完成　□ 未完成

地面卫生检查：□ 完成　□ 未完成

整理椅子：□ 完成　□ 未完成

工作评价

类别	序号	考核项目	考核内容及要求	分值	学生自评	学生互评	教师测评	分数
技术考评（80分）	1	质量	注册账号	20				
	2		店铺开设	20				
	3		绑定 eBay 账户与 PayPal 账户	20				
	4		产品刊登	20				
非技术考评（20分）	5	态度	学习态度端正	5				
	6	纪律	遵守纪律	5				
	7	协作	有交流、团队合作	5				
	8	文明	保持安静，清理场所	5				
总分：								

任务四 Lazada

工作准备

是否正常培训：（部门经理填） □ 到席 □ 请假 □ 旷工 原因：

是否遵守纪律：（部门经理填） □ 严格遵守 □ 迟到 □ 早退 □ 出位 □ 其他

检查计算机的完好性： □ 完好 □ 故障：报告值班经理并换机

工作过程

任务分析

Lazada 是东南亚地区的在线购物网站之一，目标用户主要集中在印度尼西亚、马来西亚、菲律宾、泰国等地，在该平台上售卖商品，需要申请开通店铺，了解平台交易特点、禁限售品类、后台操作等相关知识及技能。

任务实施

工作内容	工作记录

一、申请店铺

Lazada 平台申请店铺的流程，共有七步，其具体操作如下。

步骤 1：进入 Lazada 官网。搜索 Lazada 官网链接 https://www.lazada.com.my，直接进入其官网，并选择导航栏中的“SELL ON LAZADA”按钮，进入如图 3-65 所示界面。

□ 1. 打开 Lazada 官网首页，https://www.lazada.com.my。

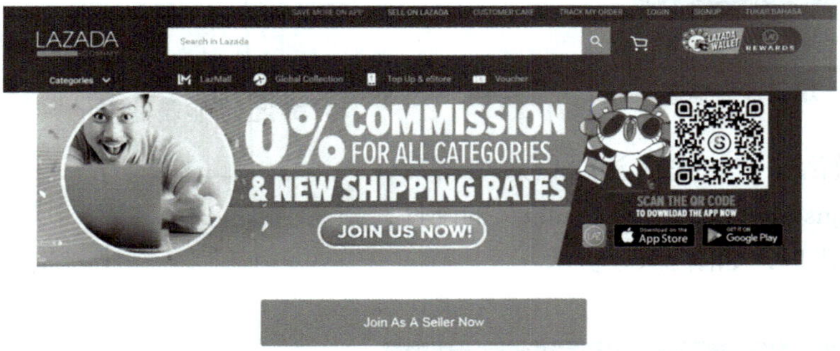

图 3-65　Lazada 官网

步骤 2：选择注册类型。选择“Join As A Seller Now”，按照要求，选择注册类型，如图 3-66 所示。

□ 2. 按下列顺序创建速卖通账号：“SELL ON LAZADA”→“Join As A Seller Now”→填写注册信息“SIGN UP”→打开注册邮箱激活卖家中心账户→通过平台邮件完成平台入驻测试→注册 Payoneer 第三方支付账户→卖家中心上传 SKU。

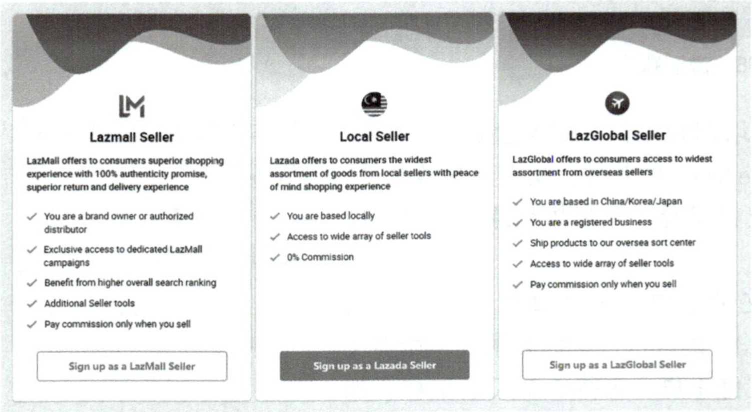

图 3-66　选择注册类型

步骤 3：填写注册信息。选择适合的注册类型后，进入“SIGN UP”对话框，完成注册信息填写，单击“SIGN UP”按钮，如图 3–67 所示。

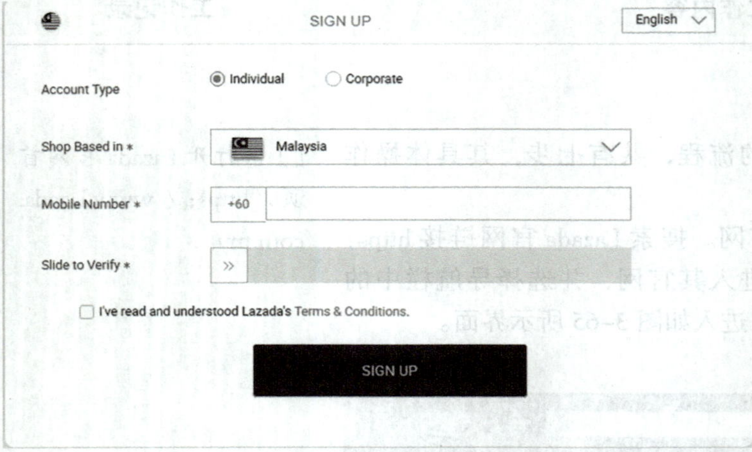

图 3–67　填写注册信息

步骤 4：重设密码并激活账户。完成注册信息填写后，注册邮箱会收到主题为“Registration for seller Center”的邮件，重设密码，并激活卖家中心账户，如图 3–68 所示。

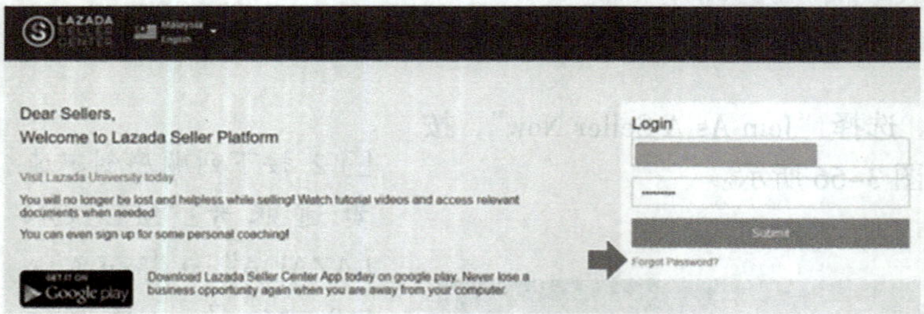

图 3–68　激活账户

步骤 5：完成平台入驻培训和测试。卖家会收到一封主题为“Get trained and pass the test”的邮件，卖家通过该邮件，参加平台的真人入驻培训或者观看入驻视频和课件，并完成平台入驻测试。

步骤 6：注册第三方支付账户。卖家收到一封主题为“Sign up to Payoneer to get paid”的邮件，按照要求提供所需文件，注册 Payoneer 第三方支付账户，等待 5~7 天的审核，如图 3–69 所示。

步骤 7：上传 SKU。卖家收到一封题为“Upload your first SKU”的邮件，根据内容提示，在卖家中心上传 SKU，经过 3 个工作日的审核后，至少要有 1 个 SKU 通过

3. 绑定的邮箱账号：________________。

4. 是否完成了平台入驻测试？

□ 是　□ 否

遇到的问题：________________________________。

审核，如图 3-70 所示。

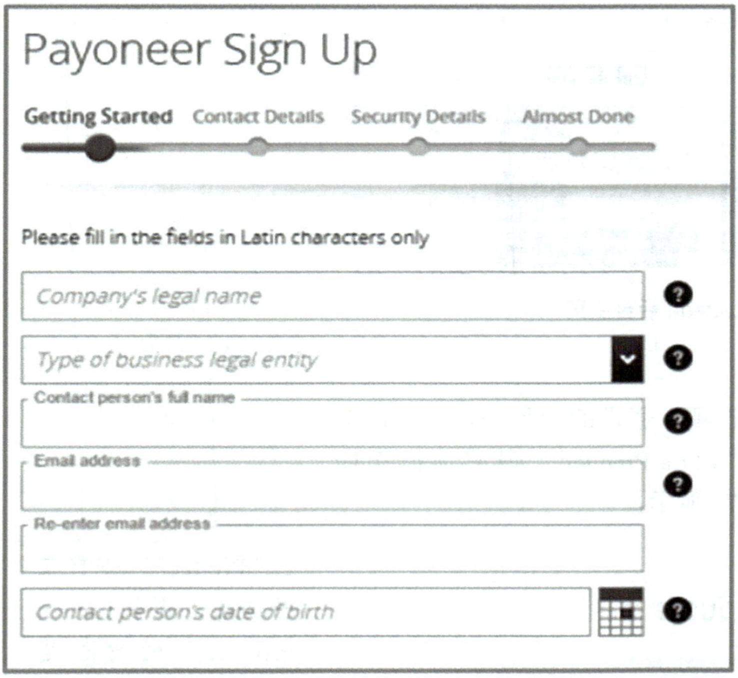

图 3-69 注册 Payoneer 账户

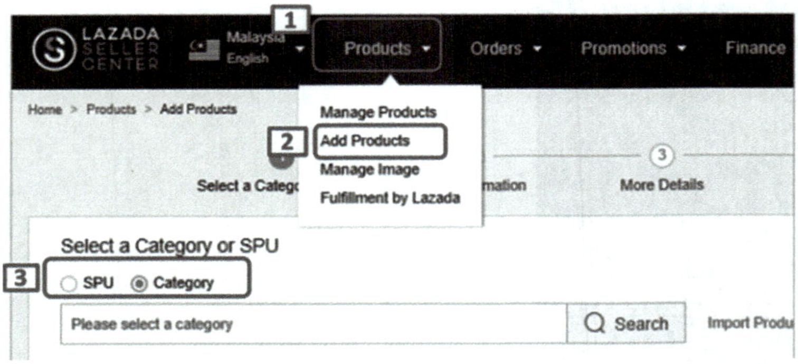

图 3-70 上传 SKU

5. 是否完成了 Payoneer 第三方支付账户注册?

□是 □否

遇到的问题：________________________。

6. 是否在卖家中心上传了 SKU？

□是 □否

遇到的问题：________________。

7. 通过审核的 SKU 有________个。

二、后台操作

（一）后台主页

Lazada 后台主页分为 Products（产品编辑）、Orders（订单处理）、Promotions（营销活动）、Reports（数据报告）、Settings（设置）五个部分，如图 3-71 所示。

1. Lazada 后台主页由五个部分组成，分别是________、________、________、________和________。

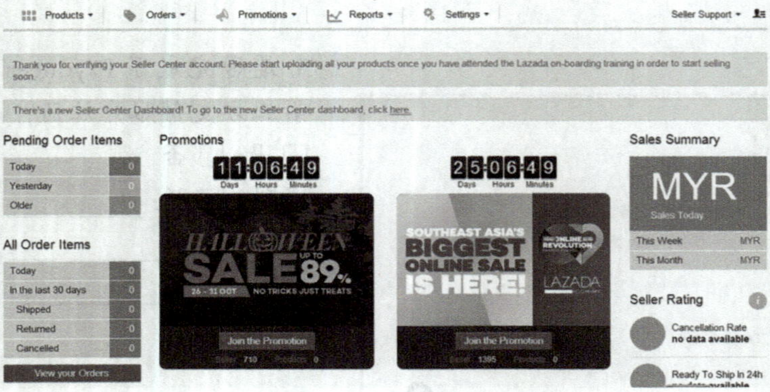

图 3-71 Lazada 后台主页

（二）产品编辑和上传

“Products”下有五个子选项，通常的产品编辑和上传常用到“Manage Poducts”和“Add a Product”，其具体操作如下。产品编辑子目录如图 3-72 所示。

2. “Products”下有五个子选项，其中“Manage Products”的意思是____________。“Add a Product”的意思是____________。

图 3-72 产品编辑子目录

步骤 1：创建新产品。单击“Add a Product”进入图 3-73 的页面，单击“Create a new Product”。

步骤 2：选择产品类别。选择产品类别，类目从大到小依次排列，如图 3-74 所示，最后单击“Select”提交。

步骤 3：编写产品信息。编写产品名称、品牌、款式等，然后依次根据产品详情选择相关信息。产品编辑详情页如图 3-75 所示。

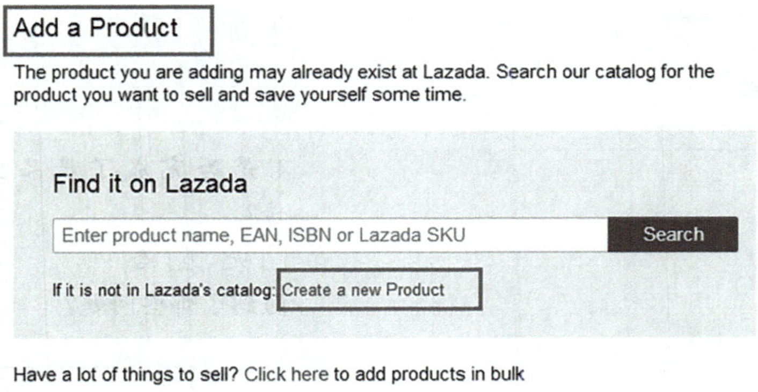

图 3–73　添加产品页面

图 3–74　选择产品上传类目

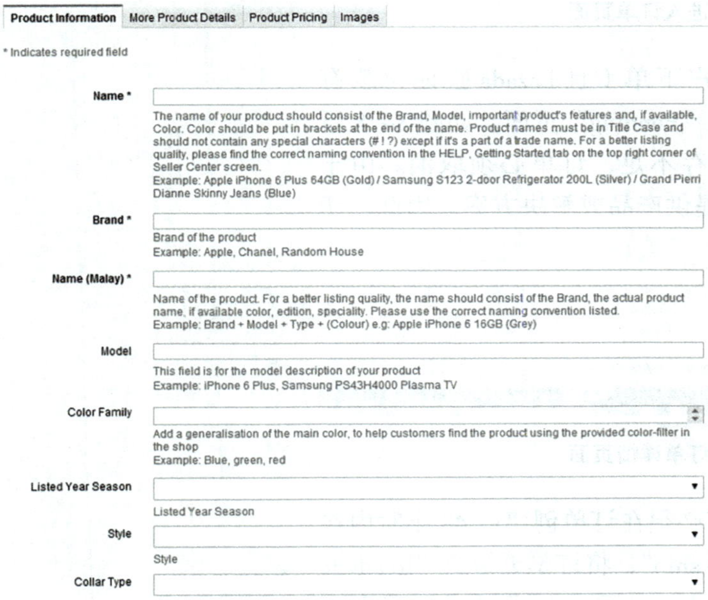

图 3–75　产品编辑详情页

步骤 4：提交信息并选择关税。提交主要信息后会跳转到如图 3–76 所示界面。在“Taxes”栏，海外买家统一选择“Default”。

3. 添加的产品是________________________。

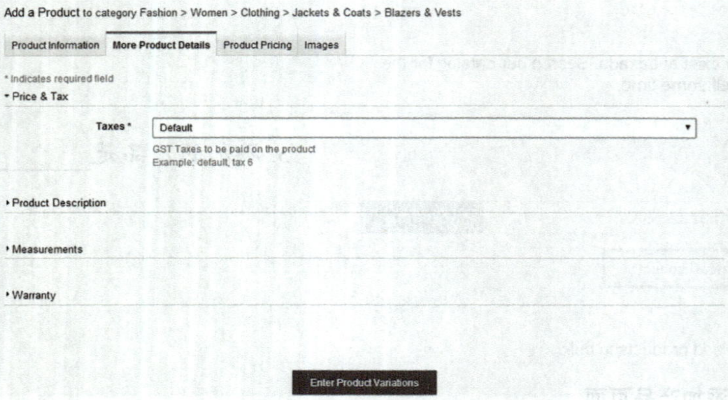

图 3-76 关税选择

4. 是否完成了产品上传？

□是 □否

遇到了哪些问题？

____

（三）订单流程

步骤 1：查询订单状态。进入后台查询订单状态，单击“Orders”，选择“Manage Orders”，如图 3-77 所示。

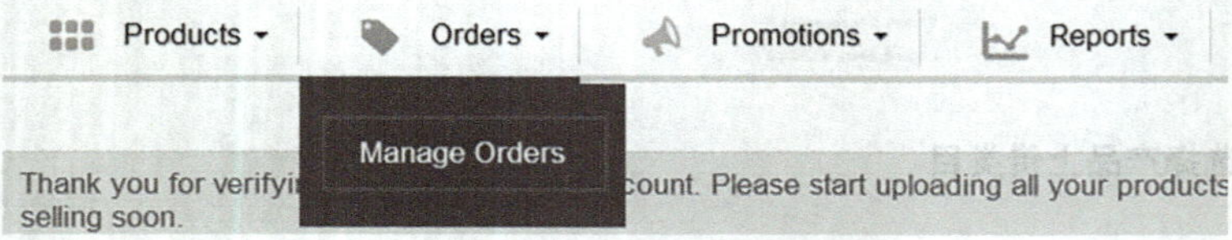

图 3-77 进入订单页面

5. “Manage Orders” 表示：________________。

步骤 2：处理订单。客户下单（且 Lazada 验证付款有效），订单创建成功，显示在“Pending”页面，如图 3-78 所示。需要注意的是，如果库存不足，订单必须取消。由于 Lazada 不会跟任何客户联络提供产品或解决方案。因此，切记实时更新库存。

图 3-78 订单详情页面

步骤 3：更新订单。卖家必须在订单创建后 48 小时内在“Pending”页面单击“Ready to ship”，将订单更新到“Ready to ship”页面。不要单击“Canceled”（取消），除非卖家库存不足或未及时发货。

步骤 4：发货。若使用 3PL（第三方物流）发货，Lazada 在确认运单号有效后，系统会将订单更新到“Shipped”（送货中）页面。若使用 LGS（Lazada 物流解决方案）发货，在包裹运抵目的地国家物流中心后，系统会将订单更新到“Shipped”（送货中）页面。需要注意的是在此页面，请勿单击“Delivery failed”，否则即便客户收到包裹，Lazada 也不会结算付款。

步骤 5：启动付款和运费计算。客户签收包裹后，订单状态根据物流信息自动更新到“Delivered”（妥投）页面。另外，卖家中心的订单状态可能会延迟 2 天才更新。只有订单状态为妥投，Lazada 才会启动付款和运费计算。

6. 使用第三方物流时，系统若显示送货中，单击页面的“________________”，Lazada 将不再结算付款。

三、Lazada 平台交易特点

Lazada 平台是东南亚地区规模较大的在线购物网站之一，覆盖包括马来西亚、新加坡、泰国、菲律宾、印度尼西亚、越南等国，5.6 亿人口的广大地区。目前年经营额已达 10 亿美元，日均访问量 400 万。该平台特点如下：

1）入驻简单，只需要一张企业营业执照、一个身份证复印件，就可以注册网店。

Lazada 平台入驻的条件为________。

2）品类繁多，Lazada 开放平台主要销售美妆、家居、时尚、电子产品、运动装备等 13 个品类的商品，中国的手机品牌小米、一加等已在 Lazada 销售。

3）无平台其他费用，根据类目不同，收取 6%~10% 不等的成交费。

四、东南亚国家禁限售品类

Lazada 平台上，卖家销售产品有其相关的规定，也有一些禁止销售的产品。其在东南亚国家禁止销售的品类如下。

1）在马来西亚平台禁售产品包括：食品；食用保健品；烟草和电子烟；武器刀具；烟花及其装置；产自科特迪瓦共和国的钻石；盗版和仿制产品。

辣条是否可以在马来西亚平台中销售？

□是　□否

2）在印度尼西亚平台禁售产品包括：食品饮料；任何药品；麻醉剂和保健品；传统中药；易爆危险品、易燃材料；烟花；香烟、电子烟等烟草相关的产品；酒精和其他酒精饮料；枪械武器；情趣产品与色情暴露的产品；假冒、盗版或仿制产品；假冒纸币、票据或硬币。

3）在新加坡平台禁售产品包括：口香糖；烟草、电子烟、水烟；武器；过期或有害药品；禁售或未贴标签的保健品；不雅的成人玩具。

4）在泰国平台禁售产品包括：烟草、电子烟或水烟；武器；酒精类产品；情趣用品；假冒或限制类药品；含氯氟烃的机器；吹塑泡泡、泡泡胶；可能受到铅污染的食品容器；产自塞拉利昂的钻石；植物。

5）在菲律宾平台禁售产品包括：掺假伪劣食品；生鲜小虾和对虾；烟草；武器（包括玩具手枪和仿真枪）；用于堕胎的药物和设备；含稀有金属（如金、银）的产品。

如果卖家违反以上相关规定，Lazada 平台会强制下架相关产品，并冻结卖家账户。更严重的情况下，Lazada 平台会下架店铺所有产品，并向司法机关举报，采取相应法律行动。

五、产品命名指南

产品命名指南如表 3–2 所示。

表 3–2　产品命名指南

<table>
<tr><th>Category</th><th colspan="2">Naming Convention</th></tr>
<tr><td>Mobiles & Tablets</td><td colspan="2">Brand + Model + Storage Capacity + Color</td></tr>
<tr><td>Computers & Laptops</td><td colspan="2">Brand + Model + RAM Memory + CPU Brand + Display Size</td></tr>
<tr><td rowspan="2">Cameras</td><td colspan="2">Point & Shoot：Brand + Model + Megapixels +Optical Zoom + Color</td></tr>
<tr><td colspan="2">DSLR：
1）Body only：Brand + Model + Megapixels + Optical Zoom + Color
2）With lens kits：Brans + Megapixels + Lens model + [Lens Kit]
3）With lens and accessories：Brand + Model + Megapixels + Lens model + Main accessories + [Deluxe Kit]</td></tr>
<tr><td>CE > Television</td><td colspan="2">Brand + Screen Size + Screen Features/Technology + Color + Model</td></tr>
<tr><td rowspan="6">Home Appliance</td><td>Air Conditioner：Brand + Model + Horse Power + Type</td><td rowspan="6">If Brand Name is Generic Or OEM
· Skip the Brand Name
· Bring Model Number to the end
· Start with the next element after Model
Example：Front Load Washing Machine 7KG wm1423</td></tr>
<tr><td>Microwaves & Ovens：Brand + Model + Type + Microwave/Oven Capacity in Liters</td></tr>
<tr><td>Refrigerators：Brand + Model + Type + Cubic Feet/Capacity</td></tr>
<tr><td>Washing Machines：Brand + Model + Type + Washing Capacity in kg</td></tr>
<tr><td>Blenders & Mixers：Brand + Model + Type + Capacity in Liters</td></tr>
<tr><td>Rice Cooker：Brand + Model + Type + Capacity in Liters</td></tr>
</table>

计算机和笔记本计算机的命名规则为________________________。

知识链接

一、Lazada 开店条件

Lazada 开店条件不算高，需要提交如下资料：

1）登记表格（公司和申请人名字、地址写英文）。

2）New MP Seller Account Information 表格。

3）申请公司的营业执照，申请人或法人身份证复印件。

4）与注册公司名一致的 Payoneer 企业账户。

二、Highlight（卖点）编辑技巧

1）至少 3 行，最多 8 行。

2）卖点必须是圆点排列，正常换行输入，按红色箭头处，同 Word 文档编辑。

3）每个卖点简短清晰，以 6 个英文单词内为佳。

4）卖点必须是客观事实，突出此产品与同类产品的不同之处。

5）不能用没有具体事实支持的主观形容词，或者无法衡量的形容词。

1. Lazada 平台的 Highlight 描述在________行至________行之间。

三、Product Description（产品描述）技巧

1）以完整的英文句子为佳，排版整齐，句子符合基本的英语语法。

2）产品描述内可以插入图片，但必须是外部空间链接。此处的图片没有任何规定和限制。有效的链接插入后，图片会立即显现（网易 126、网易 163、百度的链接不适用）。

3）Product Description 使用英文撰写。

四、订单处理的注意事项

1）卖家必须于 48 小时之内在卖家中心输入运单号，并将订单状态转为“Ready to Ship”；否则，Lazada 可能会取消订单，卖家可能会受到惩罚。平台会发送每日待处理订单邮件通知卖家。

2）已被取消的订单，不要发货。不要合并订单发货。

3）在任何情况下都不要直接联络客户。如需帮助请联络 PSC HK 合作伙伴支援中心。如果付款方式为 COD（现金支付），请不要发货。

4）付款方式为“No Payment”，若客户是选择优惠券支

付，这种情况可正常发货。卖家如果库存不足就只能自己取消订单。

5）卖家必须确保在卖家中心输入正确、可追踪的运单号。如果卖家输入错误的运单号码，必须在订单状态更新为“Ready to ship”之后48小时内，提供正确、可追踪的运单号。

6）Invoice必须和产品一起放入包裹内发送，并在包装外贴上正确的运单。

7）避免由于库存不足而导致订单取消。任何由于库存不足而取消的订单，会导致卖家受到惩罚。

2. 平台一般通过____________联系卖家。

3. 付款方式为____________时，请不要发货。

4.Invoice 表示____________。

工作结束

数据整理及备份：□完成　□未完成

关机检查：□正常　□强行关机　□未关机

整理桌面：□完成　□未完成

地面卫生检查：□完成　□未完成

整理椅子：□完成　□未完成

工作评价

类别	序号	考核项目	考核内容及要求	分值	学生自评	学生互评	教师测评	分数
技术考评（80分）	1	质量	店铺申请	15				
	2		平台入驻测试	20				
	3		Payoneer 注册	15				
	4		SKU 审核	15				
	5		产品发布	15				
非技术考评（20分）	6	态度	学习态度端正	5				
	7	纪律	遵守纪律	5				
	8	协作	有交流、团队合作	5				
	9	文明	保持安静，清理场所	5				
总分：								

任务五　Wish

工作准备

是否正常培训：（部门经理填）　☐ 到席　☐ 请假　☐ 旷工　原因：

是否遵守纪律：（部门经理填）　☐ 严格遵守　☐ 迟到　☐ 早退　☐ 出位　☐ 其他

检查计算机的完好性：　☐ 完好　☐ 故障：报告值班经理并换机

工作过程

任务分析

Wish 是一款根据用户喜好推荐商品的 B2C 跨境电商平台，主要用户集中在欧美、东盟、日本等市场的 18—35 岁年轻群体，同时俄罗斯、巴西、印度等新兴市场也在呈高速增长趋势，了解该平台，主要包括申请开通店铺、后台操作等。

任务实施

工作内容	工作记录

一、申请开通店铺

步骤 1：进入 Wish 商户平台。通过网址 https：//www.merchant.wish.com 进入 Wish 商户平台首页，单击“立即开店”按钮，如图 3–79 所示。

图 3–79　Wish 商户平台首页

☐ 1. 打开 Wish 首页，https：//www.merchant.wish.com。

步骤 2：设置用户名信息。进入账号信息填写的对话框，如图 3–80 所示。输入注册邮箱、密码、手机号码、图像验证码等信息，完成后，单击“创建店铺”按钮。

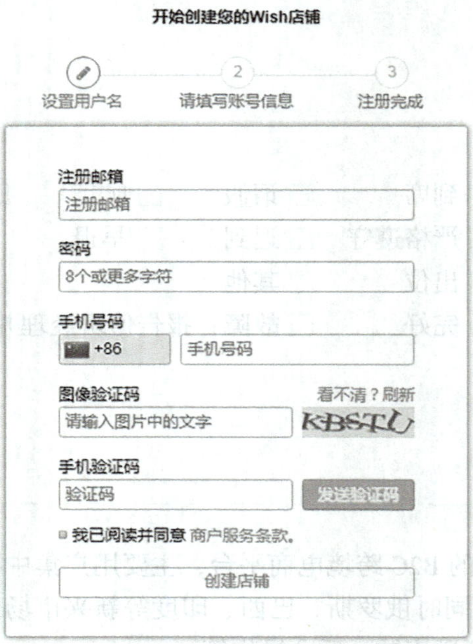

图 3–80　设置用户名

步骤 3：完成邮箱验证。页面弹出查收邮件对话框，如图 3–81 所示。单击“立即查收邮件”按钮，直接进入邮箱，打开主题为“欢迎进入 Wish 商户平台”的邮件，单击“确认邮箱”完成验证，如图 3–82 所示。

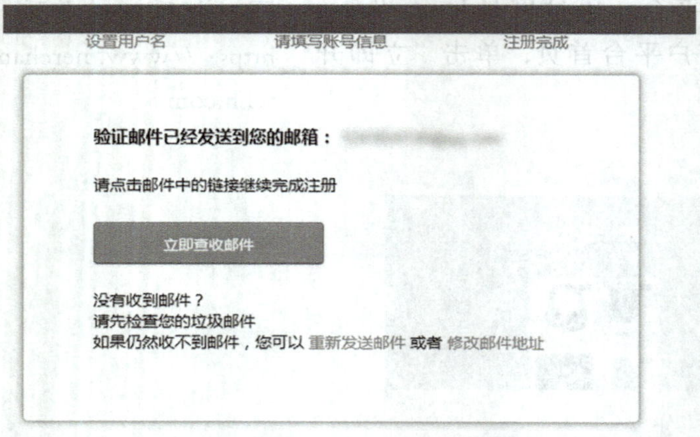

图 3–81　查收邮件对话框

□ 2. 按下列顺序创建 Wish 账号：“立即开店”→设置用户名信息→“创建店铺”→邮箱验证→完善店铺信息→企业实名认证。

3. 绑定的手机号码为____________。邮箱账号为____________。

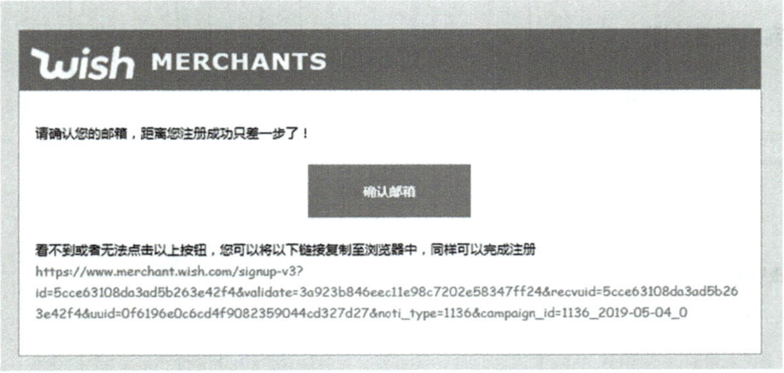

图 3–82　确认邮箱

步骤 4：填写账号信息。单击“确认邮箱”按钮后，直接进入填写账号信息页面，填写店铺名称、真实姓名、办公地址、邮编等信息。填写完成后，单击“下一页”按钮，完成注册，如图 3–83 所示。

图 3–83　填写账号信息页面

步骤 5：实名认证。注册完成后，跳出实名认证对话框，单击“开始实名认证”按钮，按照提示完成实名认证资料的提交，包括公司信息、法人代表信息、身份证认证和支付信息，如图 3–84、图 3–85 所示。

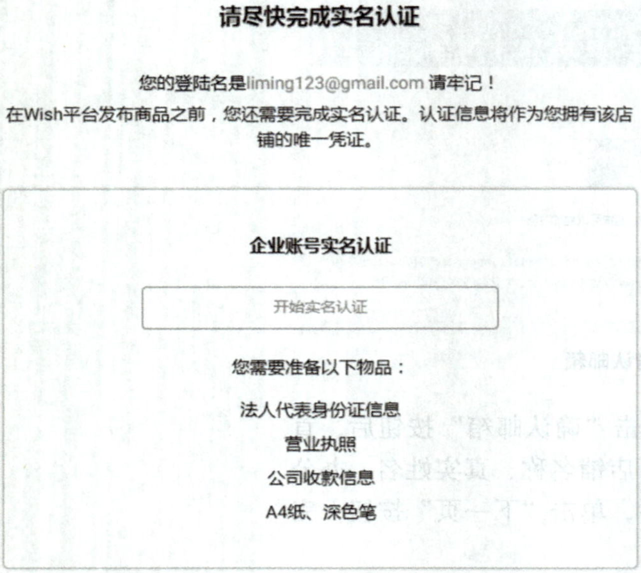

图 3-84　实名认证对话框

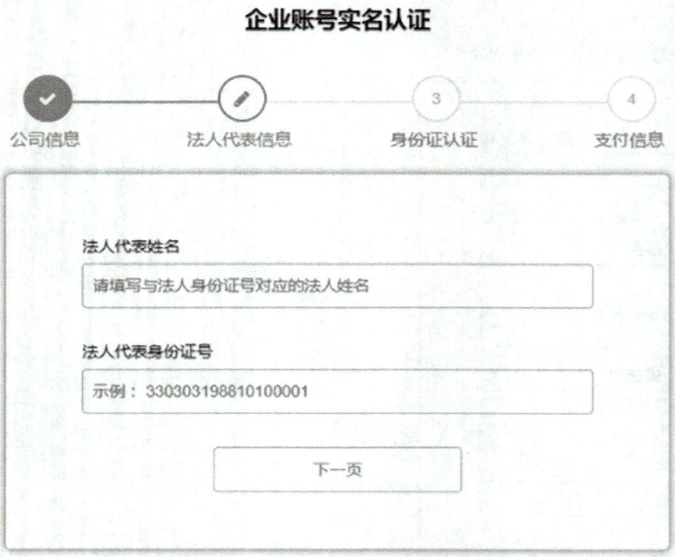

图 3-85　提交实名认证资料

4. 是否完成账号创建？

□ 是　□ 否

遇到的问题：________________。

通过以上步骤，小刘成功开通了自己的 Wish 店铺。

二、后台操作

（一）产品发布

步骤 1：进入卖家后台，选择添加产品，编辑 Product Name，Description，Tags 等信息，如图 3-86 所示。

1. 添加的产品：________________。

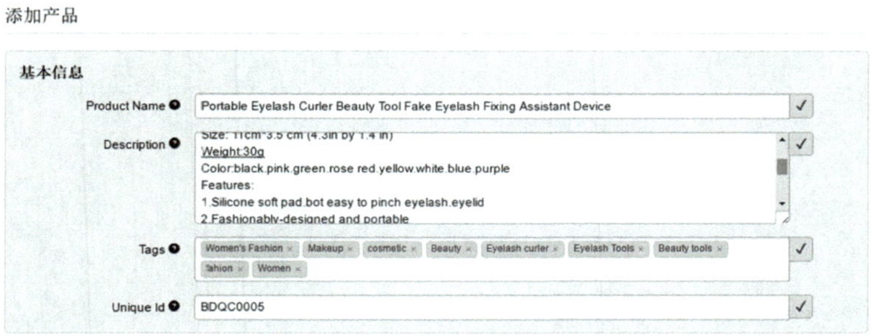

图 3-86　新产品编辑

其中，产品标题首字母需大写，描述内容需对产品颜色、功能、大小、重量、使用注意事项等进行说明；Tag 词是平台推送产品的强有力依据，Tag 词必须能够明确描述产品性质，数量上限为 10 个，在撰写的时候一般不得少于 8 个；Unique Id（SKU）作为店铺内所有产品的编号，不能重复。

步骤 2：上传主图照片，图片上传数量上限为 10，一般上传数量为 6，选取能够说明产品性能的图或者组图概览为主图。建议图片质量 800 × 800，背景简单清晰，尽量不要做额外同类产品点缀，以免客户误解，导致订单纠纷。产品在成功发布前，平台会进行计算机和人工两轮审核，卖家不得使用品牌词噱头和虚假宣传，否则很容易卷入知识产权纠纷。产品图片上传页面如图 3-87 所示。

2. Wish 平台中，最多能上传______张主图。

图 3-87　产品图片上传页面

3. 产品主图的首张图，最好添加适当的促销信息，提高顾客的点击率。这种说法是：

☐ 正确的

☐ 错误的

步骤 3：编辑产品价格、库存数量和运费等，选择送达时间，如图 3–88 所示。

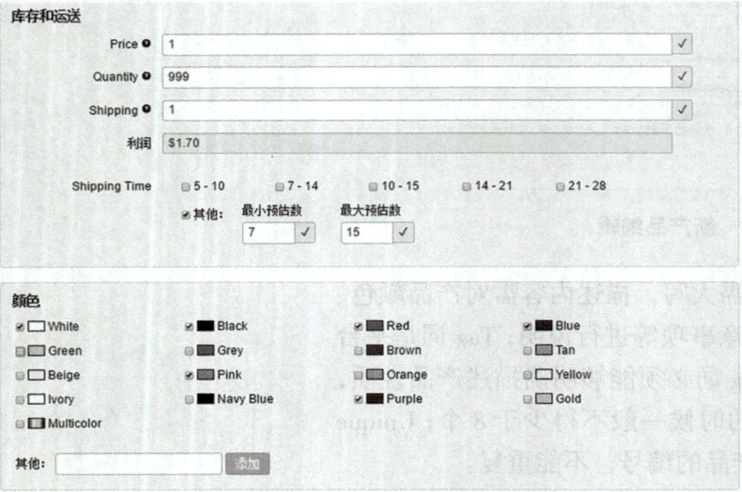

图 3–88　设置库存和运送

步骤 4：在图 3–88 界面设置颜色后，给每个颜色建立子 SKU，一般命名规则为产品父级 SKU 加区分符号，再加数字；或者用符号隔开后，再加颜色、尺寸的第一个字母，确认价格和数量等信息后，完成提交，如图 3–89 所示。

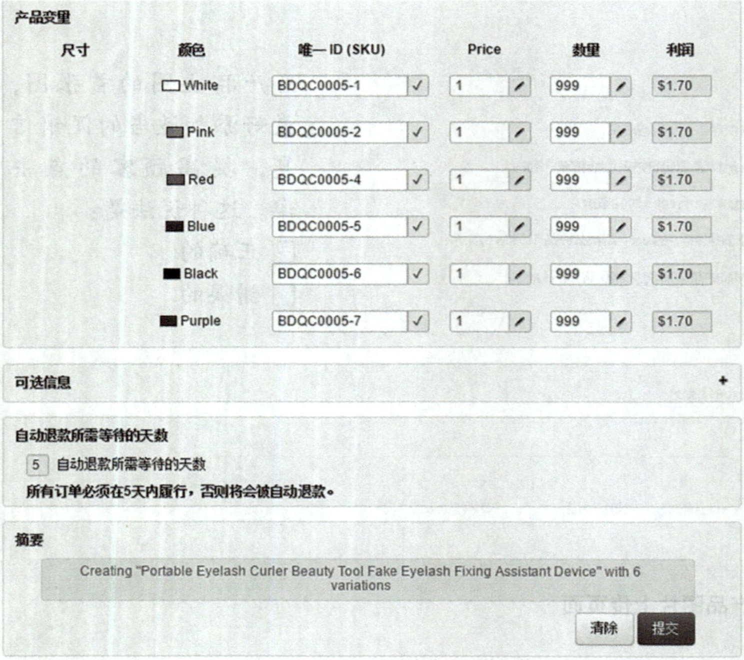

图 3–89　编辑子 SKU

4. 是否完成了产品上传？

□ 是　□ 否

遇到了哪些问题？

____

____

____

（二）订单处理

卖家经常会处理“未处理”订单和“历史记录”订单两部分。Wish 订单生成后，平台会给卖家 5 天的备货期，超过备货期，平台会退款给买家。由于系统对产品的推送与店铺的考核是有关系的，所以订单处理速度、物流时长和客户评价都是至关重要的。

客户订单通过平台审核后，订单界面会出现标红，打开订单处理页面，卖家会看到订单的具体内容，包括产品 SKU、价格、运费、平台佣金收取等，如图 3-90 所示。

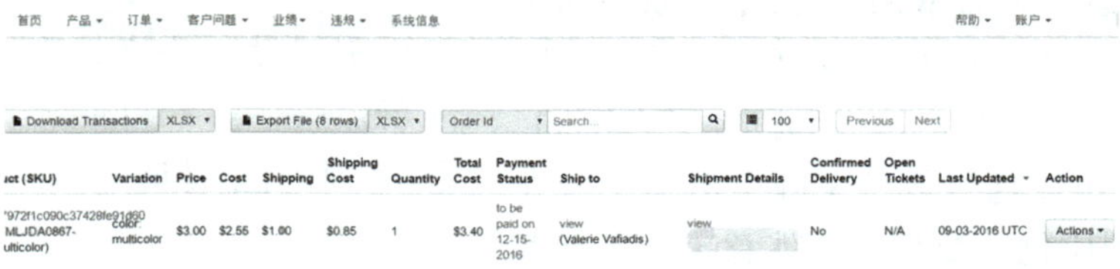

图 3-90 订单处理页面

订单处理，单击“Action”，选择物流渠道，添加有效运单号即处理成功。订单号来源于合作物流方发货订单编号。

针对中国卖家，Wish 与中国邮政 EMS 合作，成立专门面向中国 Wish 卖家的 Wish 邮物流。Wish 邮物流有特惠折扣和物流线路，现在已经是大多数卖家首选。

5. Wish 订单生成后，商家需要在 48 小时内发货，否则平台会退款给买家。

□ 正确　□ 错误

知识链接

一、Wish 平台特点

Wish 平台是在移动互联网发展中诞生的，和其他电商平台最大的区别在于 Wish 是基于手机端 App 的运用，买家都是通过移动端浏览和购物的，所以卖家在 Wish 平台上运营时要充分考虑到如下特点。

1）要考虑到买家的浏览环境。

2）因为是移动端浏览，买家浏览时间是碎片化的，没有明确的购物目的，多以无目的的浏览为主，在这种情况下买家做决策的时间也很短，容易造成冲动消费。

3）有别于传统电商的买家购买模式（通过搜索、浏览想要购买的商品），Wish 买家是根据系统平台推荐的内容浏览自己可能感兴趣的商品，是一种相对被动的浏览。

1.Wish 的买家可通过平台推荐和搜索关键词来浏览相关商品。

□ 正确　□ 错误

二、Wish 平台的主要销售类目

目前 Wish 平台的主要销售类目是服装服饰（包括女装和男装）、美妆、配饰，以后可能会拓展 3C 配件、母婴、家居类。根据 Wish 买家的浏览方式我们可以推测，在 Wish 平台上受欢迎的类目会具有这些特点：产品种类丰富、使用更换频率高、有话题性等，所以不难理解为什么时尚类目是平台的主要类目。

新进入的卖家在选择类目时可以考虑即将被拓展的类目，避免激烈的竞争，为自己赢取更多的机会。

在选品时，卖家需要注意：因为 Wish 的技术判断在同一个页面或同一个推送下不出现重复或相似度高的产品，所以在选择商品时需要尽量考虑到差异化。这点和其他平台不同，在其他平台上同质化的商品可以通过低价来吸引流量、抢夺市场，但是在 Wish 平台上同质化的商品可能就意味着没有曝光的机会。

2. 卖家在选品时，可以参考 Wish 平台销售高的产品，利用低价策略吸引流量，快速打开市场。

□ 正确　□ 错误

工作结束 >>>

数据整理及备份：□ 完成　□ 未完成

关机检查：□ 正常　□ 强行关机　□ 未关机

整理桌面：□ 完成　□ 未完成

地面卫生检查：□ 完成　□ 未完成

整理椅子：□ 完成　□ 未完成

工作评价 >>>

类别	序号	考核项目	考核内容及要求	分值	学生自评	学生互评	教师测评	分数
技术考评（80 分）	1	质量	店铺申请	20				
	2		选品	30				
	3		产品发布	20				
	4		平台特点分析	10				
非技术考评（20 分）	5	态度	学习态度端正	5				
	6	纪律	遵守纪律	5				
	7	协作	有交流、团队合作	5				
	8	文明	保持安静，清理场所	5				
总分：								

任务六　阿里巴巴国际站

工作准备

是否正常培训：（部门经理填）　□ 到席　□ 请假　□ 旷工　原因：
是否遵守纪律：（部门经理填）　□ 严格遵守　□ 迟到　□ 早退
□ 出位　□ 其他
检查计算机的完好性：　□ 完好　□ 故障：报告值班经理并换机

工作过程

任务分析

阿里巴巴国际站是国内领先的外贸 B2B 平台，通过向海外买家展示、推广商家的产品，进而获得贸易商机和订单，是中小企业开展国际贸易的必选平台。认真学习与了解该平台是每一位跨境电商从业者的必修课，包括阿里巴巴国际站简介、特点、优劣势等内容。

任务实施

工作内容	工作记录
一、阿里巴巴国际站简介 阿里巴巴国际站创立于 1999 年，是阿里巴巴集团首个业务版块，经过多年发展，目前已经成为全球领先的跨境 B2B 电子商务平台，为全世界数以千万计的采购商和供应商提供了服务。 在阿里巴巴国际站平台，买卖双方可以在线更高效地找到适合的彼此，并更快更安心地达成交易。此外，阿里巴巴外贸综合服务平台提供的一站式通关、退税、物流等服务，让外贸企业在出口流通环节也变得更加便利和顺畅。 阿里巴巴国际站如图 3-91 所示。	□ 打开阿里巴巴国际站首页，https: //www.alibaba.com，了解阿里巴巴国际站的定位和管理。

图 3–91　阿里巴巴国际站

阿里巴巴国际站提供一站式的店铺装修、产品展示、营销推广、生意洽谈及店铺管理等全系列线上服务和工具，帮助企业降低成本、高效率地开拓外贸市场。阿里巴巴国际站定位是为全国中小企业提供网上贸易市场。

阿里巴巴国际站全球 B2B 贸易如图 3–92 所示。

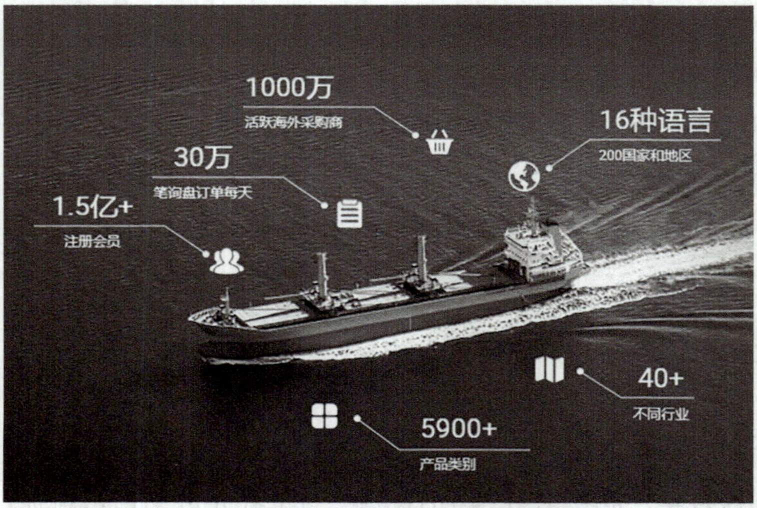

图 3–92　阿里巴巴国际站全球 B2B 贸易

1. 阿里巴巴国际站的特点：____。

2. 阿里巴巴国际站属于____2____的商务模式。

二、阿里巴巴国际站特点

阿里巴巴国际站销售市场主要集中在亚太、中东、欧洲、南美和北美等区域，其特点主要体现在互动性、可信赖、专业化以及全球化四个方面。

1）互动性，阿里巴巴国际站开通了社区 Community 频道，方便卖家与买家进行沟通交流，如展会、论坛、好文分享、新闻等。

2）可信赖，主要体现在阿里巴巴拥有严格的第三方认证体系，能够有效保护消费者及商家的利益。

3）专业化，网站的设计极具人性化，这也是阿里巴巴价值观的体现，给用户提供更好的服务，如类目丰富、出色的搜索和网页浏览功能，简便的沟通工具，高效的账号管理工具等。

4）全球化，阿里巴巴国际站拥有全球上百万的注册企业会员，业务覆盖超过了 34 个进出口行业，网站产品销往 200 多个国家及地区，是全球最大的 B2B 贸易平台。

三、阿里巴巴国际站优劣势

1. 优势

阿里巴巴国际站作为主流电商平台，有其自身优势：

1）高知名度。阿里巴巴国际站网站注册企业会员众多，业务覆盖率高，被称为全球最大的商务交流社区和网上交易市场。除此之外，阿里巴巴国际站十分注重广告宣传，在访问量、浏览量上遥遥领先。

2）完善的功能。阿里巴巴国际站平台不仅能够为会员找到买家、供应商、合作伙伴以及进行在线销售和采购，还能为会员提供最新的宏观的行业信息，帮助其找到有用的商业资讯，以供决策。

3）优质的客户服务和销售服务系统。阿里巴巴国际站提供现场培训和在线培训，帮助中小企业快速掌握平台运营技巧。

4）较强的综合资源能力。阿里巴巴国际站正在逐渐打造电子商务生态链，为会员提供电子商务的服务和产品，如金融、物流、货源等。

2. 劣势

随着跨境电商行业蓬勃发展，渠道和平台不断增多，经营模式和创意也层出不穷，阿里巴巴国际站也在发展中，暴露出劣势：

1）排名没有保证。阿里巴巴国际站的竞价排名先后和出价高低直接相关。

2）英文站价格高，实际效用和宣传有一定差距，客户含金量不高，大多是海外华裔和东南亚采购商，在北美知名度不高。

3）价格战比较激烈。在询盘机制下，买家会同时向几家供应商发起询盘，这些供应商的产品质量和价格各不一样，

请简要分析阿里巴巴国际站的优劣势。

____

____

____

____

____

____

____

____

在这种买方市场环境中，压价就会很严重。

总而言之，每个平台都会受其自身基因影响，有优势与劣势之分，卖家在选择平台时，还应考虑自身的产品因素及个人特质，选择适合的平台方能达到预期效果。

知识链接

一、阿里巴巴国际站会员类型

阿里巴巴国际站的会员分为付费会员和免费会员两种。

1. 付费会员

· CGS（中国大陆付费会员）

· GGS（中国以外的付费会员）

· HKGS（中国香港付费会员）

· TWGS（中国台湾付费会员）

2. 免费会员

· IFM（中国大陆以外的免费会员）

· CNFM（2009 年速卖通上线以后的中国大陆免费买家账号）

· VM（中国大陆以外的免费认证会员）

3. 付费会员与免费会员的区别

在功能方面，付费会员的功能更简单、更高效率、选择更多；在效果方面，同等产品或公司，付费会员比免费会员有更多曝光机会，可信度也更高；在服务方面，付费会员可以获得平台更多、更专业、更可靠的服务和咨询。

阿里巴巴国际站付费会员基础服务费（出口通）是每年______元。

二、阿里巴巴国际站付费服务类型

1. 出口通

出口通（China Gold Supplier）是阿里巴巴国际站基础服务套餐的一种，通过平台进行产品和公司宣传推广，拓展更多的海外买家和达成线上订单。按年收费，基础服务费为 29800 元 / 年，费用由基础服务费用和增值服务费用组成。

出口通包括建立企业网站，发布产品信息，向海外买家报价，包含橱窗产品（10 个），另外还有数据管家、视频自上传和企业邮箱等服务内容。

加入出口通服务企业标识如图 3-93 所示。

图 3–93　加入出口通服务企业标识

2. 金品诚企

金品诚企（Assessed Supplier）是阿里巴巴国际站根据买家采购习惯推出的综合性推广付费服务。不仅可以帮助卖家企业快速赢得买家信任并促成交易，而且企业的关键信息将由第三方国际权威认证机构进行认证，再通过平台多渠道的曝光，提升卖家企业被买家选择的概率。

金品诚企服务按年付费，80000 元 / 年。其中包含阿里巴巴基础会员服务（出口通）、8 组企业网站首页推广的橱窗、企业能力评估报告、主营产品认证、验厂视频等。

加入金品诚企服务的企业标识如图 3–94 所示。

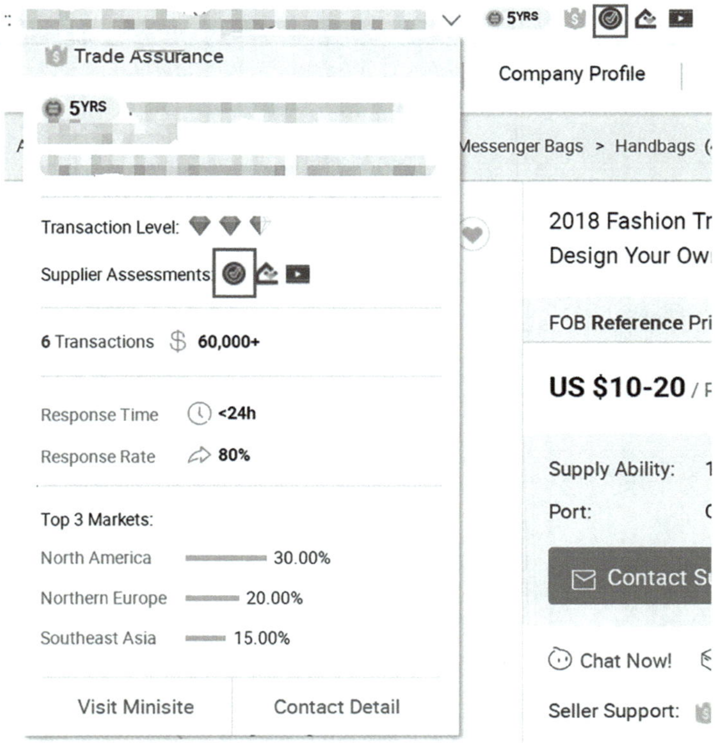

图 3–94　加入金品诚企服务的企业标识

工作结束 >>>

数据整理及备份：☐ 完成 ☐ 未完成

关机检查：☐ 正常 ☐ 强行关机 ☐ 未关机

整理桌面：☐ 完成 ☐ 未完成

地面卫生检查：☐ 完成 ☐ 未完成

整理椅子：☐ 完成 ☐ 未完成

工作评价 >>>

类别	序号	考核项目	考核内容及要求	分值	学生自评	学生互评	教师测评	分数
技术考评（80分）	1	质量	阿里巴巴国际站的特点	25				
	2		阿里巴巴国际站的优劣势	30				
	3		阿里巴巴国际站的入驻条件	25				
非技术考评（20分）	4	态度	学习态度端正	5				
	5	纪律	遵守纪律	5				
	6	协作	有交流、团队合作	5				
	7	文明	保持安静，清理场所	5				
总分：								

项目四

04

跨境电商视觉设计

知识目标

1. 了解文案策划的技巧。
2. 了解商品主图视觉设计标准。
3. 了解店招图视觉设计标准。
4. 了解广告图设计的误区。
5. 了解自定义模块视觉标准。

技能目标

1. 掌握商品主图设计方法。
2. 掌握店招图视觉设计与上传方法。
3. 掌握广告图设计的技巧。
4. 掌握自定义模块设计的技巧。

素养目标

1. 培养学生的美学素养，提高学生的美学、文学素养，感受创意的乐趣。
2. 提升学生鉴赏能力和文字运用的能力。

任务分解

本项目包含了五个任务，具体为：

任务一 文案策划；

任务二 商品主图设计；

任务三 网店店招设计；

任务四 广告图设计；

任务五 自定义模块设计。

本项目针对速卖通平台讲解视觉设计，包括产品主图、店招图、广告图、自定义模块的视觉设计。通过本项目的学习，学生可以掌握速卖通平台店铺装修的必备知识与技能，并将其应用在具体的实践中。

任务情境

视觉体验作为店铺的第一印象，正受到越来越多卖家的重视。做好视觉营销，能够第一时间抓住买家眼球，提升网店客流量与停留时间，进而有助于提升转化率与品牌认知度。店主小刘在入驻速卖通平台之后，准备从店铺装修入手，提高网店的关注度。那么，速卖通都提供了哪些模块和功能？小刘该如何进行店铺装修？这一系列知识将在本项目中得到系统的学习。

任务一　文案策划

工作准备

是否正常培训：（部门经理填）	□ 到席	□ 请假	□ 旷工	原因：
是否遵守纪律：（部门经理填）	□ 严格遵守	□ 迟到	□ 早退	
	□ 出位	□ 其他		
检查计算机的完好性：	□ 完好	□ 故障：报告值班经理并换机		

工作过程

任务分析

文案策划主要是通过文字内容来塑造一些画面、情景，刺激顾客感官让其产生联想，从而唤起顾客的购买欲望。在视觉设计中，文案对图片起到补充说明的作用，是视觉设计必不可少的一部分，小刘决定从顾客的角度出发进行文案策划，提高网店的访客量。

任务实施

工作内容	工作记录

一、店招文案

店招常见的文案方式，一般都采用团队名称或者店铺名称，当然也可以用一段口号、服务理念等。速卖通改版之后，店招添加了关键词搜索功能，在这里也可以添加一些热门的关键词作为营销型文案，如图 4–1 所示。

图 4–1　店招

除此之外，店招还可以使用店铺促销信息的文案、参加平台活动的文案，以及店铺内一些特殊优势介绍的文案等。

1. 店铺名称：

____________________。

2. 店铺促销信息：

____

____________________。

3. 店铺主营商品：

____

____________________。

一个好的店招文案能够在店招图像说明的基础上，加深商品或品牌的文字推广，并引起消费者对商品详细信息的关注。那么，如何设计一个好的店招文案呢？首先来了解一下店招的组成部分。

速卖通店招一般由店名、文字说明和商品图片组成。在文案设计中，要求有明确的产品定位，再加上适当的文字说明。

4. 店铺优势介绍：________________________________。

二、海报文案

网店的海报文案主要是指在跨境电商网店的显著位置或用于网络广告平台推广所使用的广告图片中的文案，这类文案的主要作用是吸引消费者进入店铺或商品详情页，扩大品牌影响力或商品的传播面，这类图片中文案对站内、站外引流起着至关重要的作用。海报如图 4–2 所示。

1. 网店海报类型：________________________________。

通常来说，网店海报可以分为三个类型，分别为爆款打造、品类推荐和促销活动广告。

1）爆款打造又指单品推荐，一般放在网店首页的滚动 banner 中与详情页的关联推荐中，爆款打造的商品以低廉的价格吸引消费者关注，所以在海报图片设计中为突出商品的价格优势，可适当地将价格文字的表现效果突出。

2. 你的单品推荐产品：________________________________。

3. 你的单品推荐产品价格：________________________________。

图 4–2　海报

4. 你的品类推荐主营类目：________________________________。

2）品类推荐是针对网店主营类目产品进行推荐，所吸引的流量是针对类目下的一个大类，通过吸引流量到类目下提升店铺的整体转化率。因此，这类文案策划需要把握这类产品的共同优势，将流量和转化率较高的产品以及介绍放在海报主图的显要位置。

5. 品类推荐共同优势：________________________________。

3）促销活动广告，一般有新品预售、清仓甩卖、节日促销等方式，活动设计强调利益引诱，所以在策划文案的时候注意凸显利益点。促销活动广告如图 4–3 所示。

图 4–3　促销活动广告

6. 你的促销活动广告文案：________________________________。

三、产品详情文案

产品详情文案有许多选择，可以按部就班地做一个从产品实际属性角度出发的文案，也可以做一个更加灵活、富有创意、有略微故事情节的文案。产品详情文案直接关系到店铺产品的成交转化，因此需要在此处多费一些功夫。

一是一个好的产品详情文案，能更好地体现产品卖点，打动顾客的心；二是好的产品详情文案能提高访问深度，起到引导购买、提高转化率的作用，如图 4–4 所示。

图 4–4　产品详情文案

1. 你的详情页商品：________________________________。

2. 你的详情页商品卖点：

（1）________________________。

（2）________________________。

（3）________________________。

（4）________________________。

（5）________________________。

在这里特别提醒一下，国外顾客在网页浏览的过程中更加关注文字内容的描述。因此，建议卖家在上传产品详情的时候使用文字和图片，这样才能真正做到图文并茂，有利于提高产品的搜索匹配度。

知识链接

文案策划的注意事项

文案策划要做的是真实地展示出产品的功能、用途、适合人群、适用场景等。产品文案的最终目的是营销，所以，人们常把好的产品文案称为营销型文案。营销型文案策划的注意事项有以下几个方面。

1. 七秒定律

“七秒定律”是由美国营销界人士通过数据调研总结出来的，即人们在挑选产品的时候存在一个“七秒定律”。面对琳琅满目的产品，顾客只需要 7 秒钟就可以确定其购买意愿。现如今在各大网络购物平台，“秒杀”一词已被广泛应用。

在电商竞争异常激烈的互联网信息时代，消费者搜索产品进入产品页面停留的时间都是用秒来计算的，如何让消费者在七秒甚至更短的时间内获取到最能够激发其购买兴趣的信息是关键，即人们常说的“视觉秒杀”。因此，做好视觉营销是关键！

2. KISS 原则

KISS 原则是 Keep It Simple & Stupid 的首字母缩写，也有人称“懒人原则”。英文的直译是把事情弄得越简单越好。

KISS 原则是针对产品的设计来说的，指产品的设计越简单越好，简单就是美。然而，产品的文案设计也是一样的道理，需要把一些专业性的产品参数转化成通俗易懂的文字。

3. FAB 法则

FAB 分别是英文单词 Feature、Advantage、Benefit 的首字母。FAB 法则就是指在产品介绍中，将产品的属性、所具有的优点、能够给买家带来的好处有机地结合起来，按照一定的逻辑顺序加以阐述，形成完整的推销语言。FAB 法则是推销员向顾客分析产品利益的方法，也是文案策划中常会用到的营销方法。

在文案策划中，首先，语言要有一定的逻辑性，让顾客感到通顺、合理。其次，语言要有一定的感染力，塑造出画

1.“秒杀”是什么定律?

____

2. 越简单越好是什么原则?

____

3. 用 FAB 法则分析你的网店产品。

产品的特性：

____

________________。

产品的优势：

____

________________。

产品的好处：

____

________________。

面感，才有可能真正打动买家。更进一步，语言要能迎合和贴近买家的感受，即通过文字内容所传达的感受能够切合买家的实际。

工作结束

数据整理及备份：□ 完成 □ 未完成
关机检查：□ 正常 □ 强行关机 □ 未关机
整理桌面：□ 完成 □ 未完成
地面卫生检查：□ 完成 □ 未完成
整理椅子：□ 完成 □ 未完成

工作评价

类别	序号	考核项目	考核内容及要求	分值	学生自评	学生互评	教师测评	分数
技术考评（80分）	1	质量	策划店招文案	20				
	2		策划海报文案	30				
	3		策划详情页文案	30				
非技术考评（20分）	4	态度	学习态度端正	5				
	5	纪律	遵守纪律	5				
	6	协作	有交流、团队合作	5				
	7	文明	保持安静，清理场所	5				
总分：								

任务二 商品主图设计

工作准备

是否正常培训：（部门经理填） □ 到席 □ 请假 □ 旷工 原因：
是否遵守纪律：（部门经理填） □ 严格遵守 □ 迟到 □ 早退 □ 出位 □ 其他
检查计算机的完好性： □ 完好 □ 故障：报告值班经理并换机

工作过程 >>>

任务分析

小刘了解了店招文案、海报文案以及产品详情文案策划的相关知识，只是完成了电商视觉设计的第一步。接下来，要进行网店产品主图的设计，小刘决定从明确商品主图视觉标准、商品主图设计两方面入手，进行主图设计与制作，以便吸引用户的关注，提高网店销量。

任务实施

工作内容	工作记录
一、商品主图视觉标准	
制作主图之前需要准确把握速卖通平台对主图的要求，速卖通对产品主图的格式、大小等有硬性要求，具体如下： 图片格式 JPG。 文件大小 5M 以内。 图片像素建议大于 800px × 800px。 横向和纵向比例建议 1∶1 到 1∶1.3 之间。 图中产品主体占比建议大于 70%。 背景白色或纯色，产品图片风格统一。 产品 Logo 建议放置在左上角，不宜过大，不建议在主图上添加促销标签或促销文字。 同时，也应该注意商品主图容易出现的一些误区： 1）主体很多，没有重点。 2）画面杂乱，主体不突出。 3）图片很暗，主体不突出。 4）图片比例不一致，非正方形。 5）文字过多，遮盖主体。	1 你的主图格式： ______________。 2. 你的主图像素： ______________。 3. 你的主图产品： ______________。 4. 你的主图背景色： ______________。 5. 你的主图文案： ______________ ______________。
二、商品主图设计	
明确了商品主图设计标准之后，小刘通过以下六个步骤，完成了商品主图的制作。 步骤 1：用 Photoshop 软件打开一张拍摄好的商品图片，按住〈Ctrl+M〉快捷键调出“曲线”对话框，选择灰场吸管，然后单击灰卡，通过调整曲线纠正图片偏色问题，完成之后单击“确定”即可，如图 4–5 所示。	1. 在下面画出商品主图布局图。 （空白方框）

图 4–5　纠正图片偏色

步骤 2：按住〈Ctrl+T〉快捷键旋转图片，使中线与参考线平行，要注意旋转中心点的位置，完成之后单击〈Enter〉键即可，如图 4–6 所示。

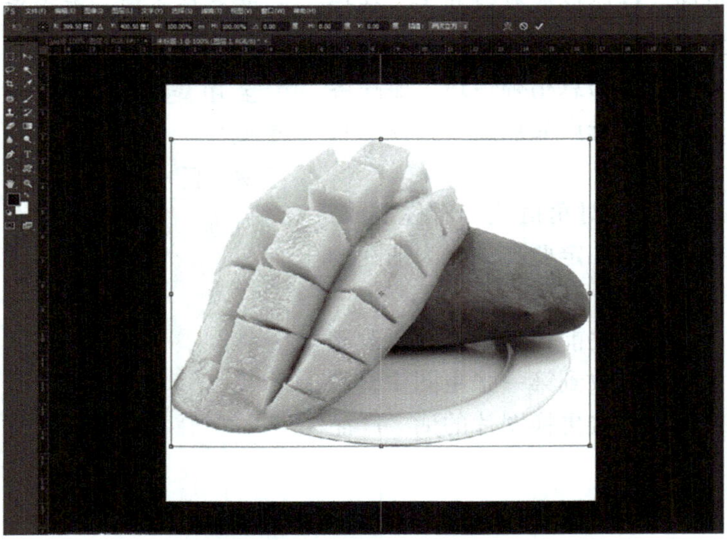

图 4–6　调整图片中线

步骤 3：对图片进行调色，包括调整图片亮度、饱和度以及清晰度。

步骤 4：将处理好的商品图片调整大小进行保存，存储格式为 Web 所用格式，图片选 JPG 格式，优化图片，并保持图片大小在 5M 以内，如图 4–7 所示。

□ 2. 完成商品主图设计。

3. 设计制作商品主图的简要步骤：

（1）________________。

（2）________________。

（3）________________。

（4）________________。

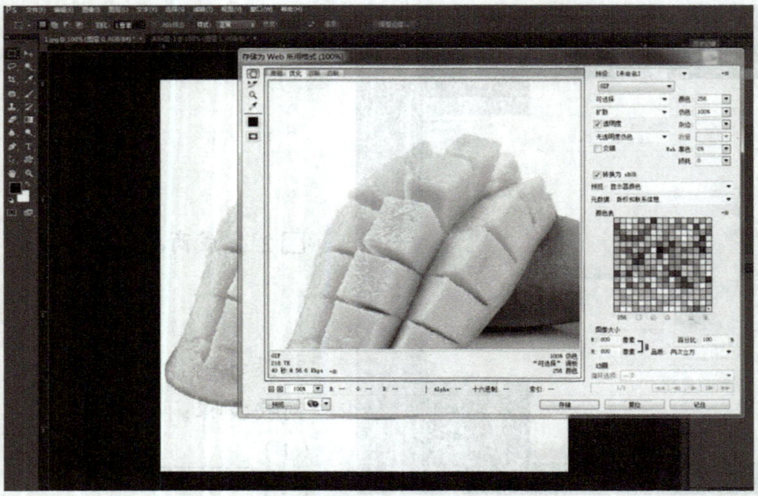

图 4-7　保存图片

知识链接

主图设计技巧

卖家是否能够进入产品页面，进而形成有效购买，在很大程度上取决于商品主图质量的好坏与否。一张好的主图能够有效地吸引客户的注意力，使商品信息精确传达，避免客户的误会点击。良好的印象，能够提升产品点击率，促进转化率的提升。

一般建议大多数商品的主图采取对角摆放，对称摆放，以便全面展示产品。同时，主图像素一定要高，因为图片的光泽度和像素代表的是商品的质感。

如果卖家需要更换主图，在改动之前，卖家先把要改动的图片放到后面五张图片中，然后再放到第一张主图中，也就是用缓和的方式去改。如果卖家直接更换图片的话，产品降权将会比较大。

1. 商品的主图一般采取____________摆放。

2. 主图是否可以随便更换？

□是　□否

工作结束 ＞＞＞

数据整理及备份：□ 完成　□ 未完成

关机检查：□ 正常　□ 强行关机　□ 未关机

整理桌面：□ 完成　□ 未完成

地面卫生检查：□ 完成　□ 未完成

整理椅子：□ 完成　□ 未完成

工作评价

类别	序号	考核项目	考核内容及要求	分值	学生自评	学生互评	教师测评	分数
技术考评（80 分）	1	质量	策划商品主图文案	40				
	2		完成商品主图设计与制作	40				
非技术考评（20 分）	3	态度	学习态度端正	5				
	4	纪律	遵守纪律	5				
	5	协作	有交流、团队合作	5				
	6	文明	保持安静，清理场所	5				
总分：								

任务三 网店店招设计

工作准备

是否正常培训：（部门经理填） □ 到席 □ 请假 □ 旷工 原因：
是否遵守纪律：（部门经理填） □ 严格遵守 □ 迟到 □ 早退
□ 出位 □ 其他
检查计算机的完好性： □ 完好 □ 故障：报告值班经理并换机

工作过程

任务分析

店招是网店的标志和导航，处于网店首页的顶端位置，是吸引顾客关注和引导其购物的核心呈现模块。作为网店装修的首要任务之一，店招该如何制作？其呈现内容包括哪些？尺寸又该怎样设置？小刘从以下三方面入手进行网店店招设计：店招视觉标准、店招图设计和店招图片上传。

任务实施

工作内容	工作记录

一、店招视觉标准

速卖通的店招尺寸宽度为1200px，高度可以在100至150px之间，一般在设计店招的时候应该尽量将店招区域充分利用起来，将尺寸设计为1200px×150px。这样能够在尽可能大的空间展示店铺信息，店招也会显得相对大气，从而提高买家的认可和购物体验。

在进行店招图片设计的时候首先要认识到目前速卖通的店招板块，只可以加入一个超链接，因此需要慎重选择。大多数情况下，店招设置的链接是首页链接，以便买家能够浏览更多的商品。

在不同的时间段，有不同的促销方式和不同的重点推荐产品，因此店招也要随之改变。爆款产品、产品分类、促销链接等都是可以放置在店招上的内容。

1. 你的店招宽度、高度：
______________。
2. 你的店招产品：
______________。
3. 你的店招背景：
______________。
4. 你的店招文案：
____
____
______________。

二、店招图设计

小刘通过以下步骤，完成了“小鲜范”店铺的店招设计。

步骤1：建立店招文件。打开Photoshop软件，新建店招文件，参数设置如图4-8所示。

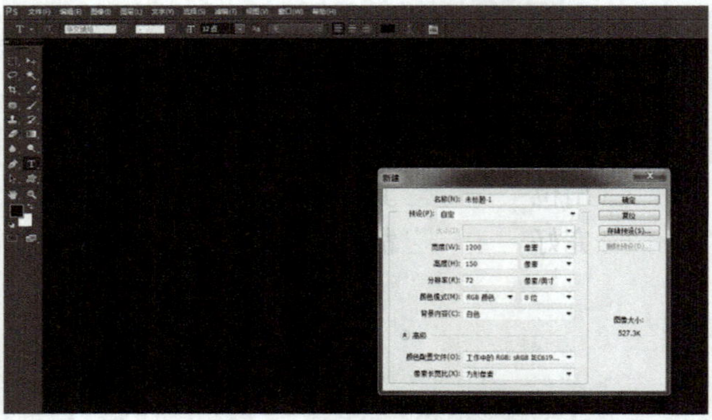

图4-8　新建店招文件

步骤2：添加Logo。Logo是网店的标志，是顾客对网店的标签性印象。网店Logo，主要有两种形式，分别是图形Logo和文字Logo。在店招文件的图层上置入网店Logo，如图4-9、图4-10所示。

1. 在下面画出网店店招布局图。

□ 2. 完成网店店招设计。

3. 设计制作网店店招的简要步骤：
（1）______________。
（2）______________。
（3）______________。
（4）______________。

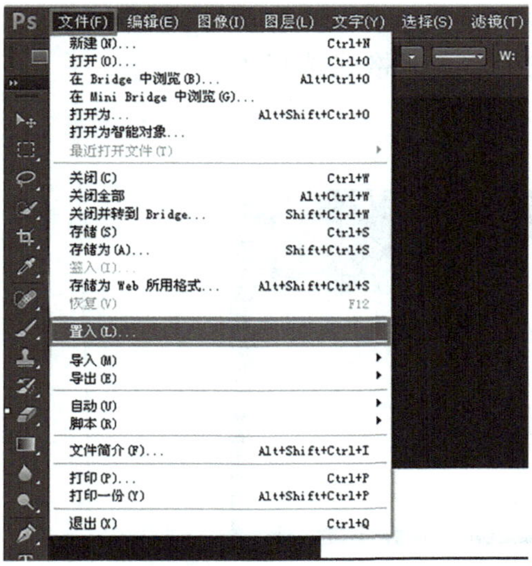

图 4-9 “置入”按钮

图 4-10 置入 Logo 后的效果

步骤 3：编写与添加网店简介。网店简介通常为一段文字，内容可以涵盖网店内涵或理念等，呈现效果如图 4-11 所示。

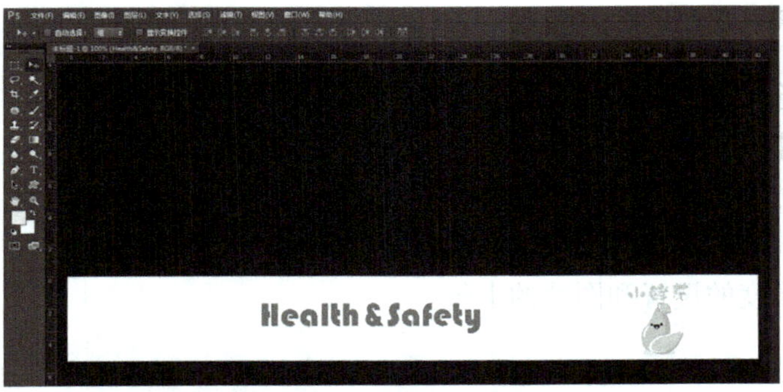

图 4-11 添加网店简介

步骤 4：保存店招。选择“文件”→“储存为 web 所用格式”，选择存储路径并对文件进行命名，格式选择为“HTML 和图像”，如图 4–12 所示。

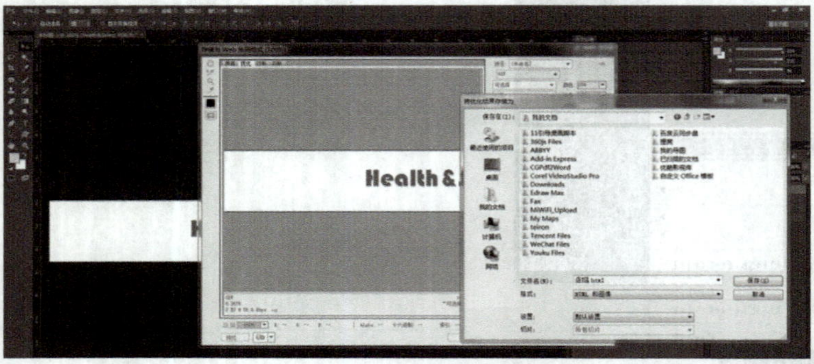

图 4–12　保存店招

三、店招图片上传

完成店招图片制作后，小刘要将制作出来的图片上传到店铺中，具体步骤如下。

□ 完成网店店招上传。

步骤 1：登录速卖通卖家账号，在卖家后台中选择“店铺”→“店铺装修及管理”模块，单击“进入装修”按钮进入网店装修界面，如图 4–13 所示。

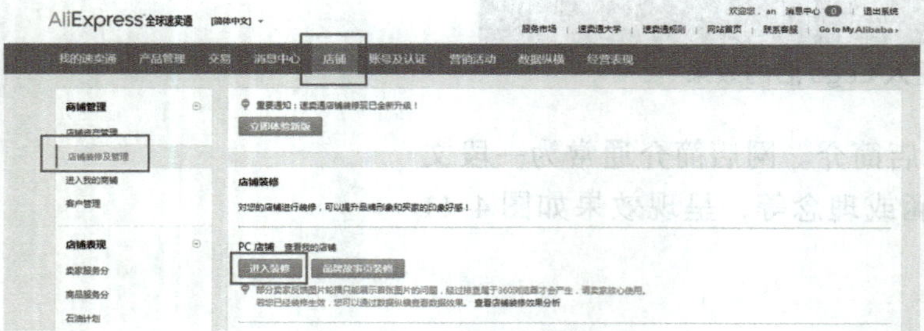

图 4–13　店铺装修及管理

步骤 2：进入店铺装修后台页面后，店招版块在整个页面最上方，将光标移动到“店招”→“编辑”位置，并单击“编辑”，如图 4–14 所示。

步骤 3：单击“编辑”后，弹出店招编辑框，如图 4–15 所示。然后在该页面进行店招高度的设置和图片的上传。

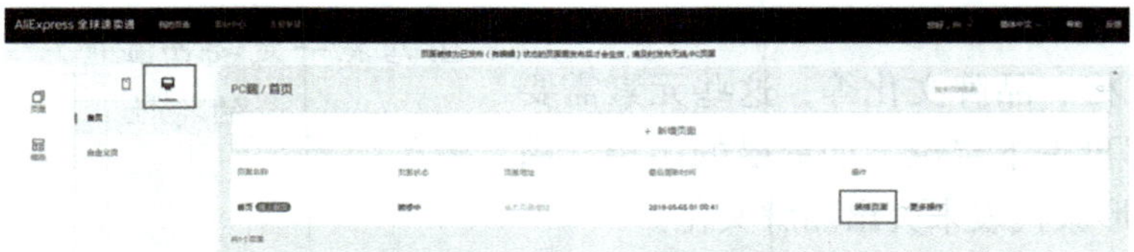

图 4–14　店铺装修后台页面

图 4–15　店招编辑框

输入店招高度，单击“点击添加图片”按钮，会弹出店招图片上传选项，如图 4–16 所示。选择自己制作的店招图片后上传，单击“使用这张图片”，选择“保存”，就可以成功保存店招图片。

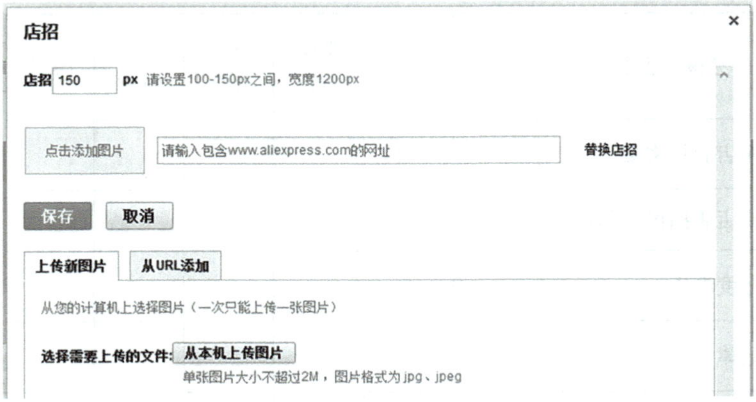

图 4–16　店招上传

知识链接

店招设计的注意事项

1）首先视觉重点不宜过多，有 1~2 个就够了，太多了会失去视觉重点。

2）其次根据店铺现阶段的情况来分析，如果现阶段是做大促，可以着重突出促销信息。

1. 店招视觉重点有________个。

3）店招一定要凸显品牌的特性，让客户很容易就清楚卖家是卖什么的，包括店铺风格、品牌文化等，这些元素需要对自己的店铺有一定的理解再去下定论，如茵曼的店招，用一个小卡通人来作为品牌的形象代表来突出品牌文化。

4）不要使用过多的颜色，店招本来需要表达的信息量就不大，因此不需要把店招做得太花哨，给买家造成视觉疲劳，这样很可能会造成客户流失，尽量只使用 1~3 种颜色，避免使用过于刺激的颜色。

2. 店招一定要凸显__________的特性。

3. 店招只使用________种颜色为宜。

工作结束 >>>

数据整理及备份：☐ 完成 ☐ 未完成
关机检查：☐ 正常 ☐ 强行关机 ☐ 未关机
整理桌面：☐ 完成 ☐ 未完成
地面卫生检查：☐ 完成 ☐ 未完成
整理椅子：☐ 完成 ☐ 未完成

工作评价 >>>

类别	序号	考核项目	考核内容及要求	分值	学生自评	学生互评	教师测评	分数
技术考评（80分）	1	质量	策划网店店招文案	40				
	2		完成网店店招设计与制作	40				
非技术考评（20分）	3	态度	学习态度端正	5				
	4	纪律	遵守纪律	5				
	5	协作	有交流、团队合作	5				
	6	文明	保持安静，清理场所	5				
总分：								

任务四　广告图设计

工作准备 >>>

是否正常培训：（部门经理填）　□ 到席　□ 请假　□ 旷工　原因：
是否遵守纪律：（部门经理填）　□ 严格遵守　□ 迟到　□ 早退
□ 出位　□ 其他
检查计算机的完好性：　□ 完好　□ 故障：报告值班经理并换机

工作过程 >>>

任务分析

广告图能够直接影响客户对产品的第一印象。设计精良的广告图，能够吸引客户快速进入某一产品或某类产品的链接页面，有效为网店引进流量。那么，广告图该如何设计？广告图设计需要从哪些方面入手？接下来小刘要围绕这些要点，进行广告图的设计。

任务实施

工作内容	工作记录
一、广告图视觉标准 本任务以轮播海报为例介绍广告图视觉标准。 轮播海报在速卖通内的尺寸宽度为960px，高度为100—600px，对于960px宽度的广告图片来说，高度为400px在视觉效果上更加美观。图片要求无边框和水印，不允许拼图。另外，Logo需统一放在图片左上角，约占主图的1/10。 轮播海报设计占用了大篇幅的系统首页空间，并占据了非常醒目且有价值的空间位置，所以在设计轮播海报时要注意，轮播海报一定要有行之有效的文案与行为导向按钮。在轮播海报的设计中通过真实的产品展示，并配以营销型的文案口号，才更容易抓住买家的心。买家一旦被海报的文案口号所吸引，对产品产生了购买欲望，就会迫切地进入产品购	1. 你的广告图宽度和高度：________________。 2. 你的广告图产品：________________。 3. 你的广告图背景：________________。

买页面，那么一个醒目的购买链接就能很好地满足买家的需要，如图 4–17 所示。

图 4–17　广告图

4. 你的广告图文案：
____
____
______________________________。

二、广告图设计

明确了广告图视觉标准，小刘通过以下步骤，进行广告图的设计。

步骤 1：建立广告图文件。打开 Photoshop 软件，新建一个 960px × 400px 的广告图文件，如图 4–18 所示。

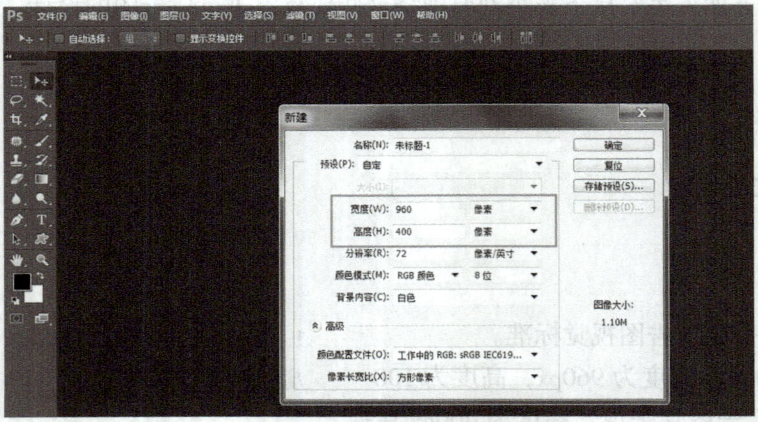

图 4–18　新建广告图层

步骤 2：置入素材。单击“文件”→“置入”，首先在海报图左上角置入店铺 Logo，然后选择准备好的产品素材，置入图层中，如图 4–19 所示。

步骤 3：置入文字底图。文字底图作用是区别于海报背景，文字底图凸显之后要在底图上添加文字。操作时，需要先单击矩形工具，在海报图片上置入矩形的文字底图（底图要与背景相搭配），如图 4–20 所示。

1. 在下面画出广告图布局图。

□ 2. 完成广告图设计。

3. 设计制作广告图的简要步骤：

（1）______________________。
（2）______________________。
（3）______________________。
（4）______________________。

图 4-19　置入素材

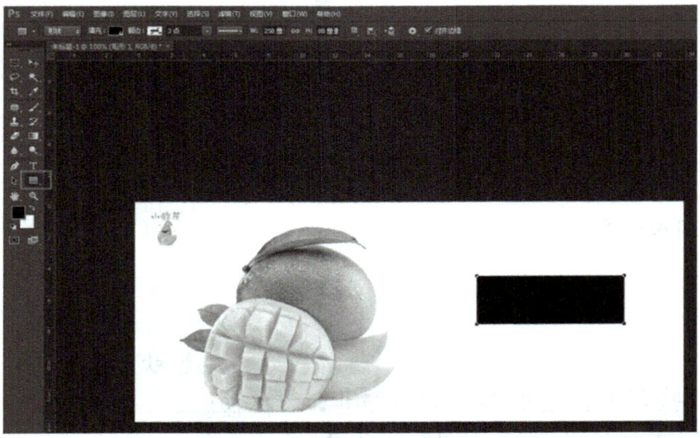

图 4-20　置入文字底图

步骤 4：调整文字底图的颜色。依次单击“矩形图框”→“填充”，之后进行颜色选择，如图 4-21 所示。

图 4-21　调整文字底图的颜色

步骤 5：加入文字。文字可以凸显海报的目的，让客户在看到海报的第一眼，就明确海报所要表达的意思。选择文字工具，加入海报主题，并对文字效果进行设置，完成最终的海报设计，如图 4-22 所示。

图 4-22　加入文字

三、广告图设计误区

1. 夸大其词

广告为了吸引顾客，难免有些夸大，这点本是无可厚非，但是过度吹嘘，造成广告与实际产品相差甚远，则容易失去顾客的信任，造成顾客忠诚度的降低，进而减少销售额。

2. 重创意，轻叫卖

绝大多数消费者对广告的接受还停留在叫卖时代，这是一个不争的事实。叫卖式的广告要比含蓄式的广告更容易让人接受。创意，是让广告人眼热心跳的两个字眼，但有些广告，让顾客看完一头雾水，甚至不知道它卖的是什么；更有些标榜创意的广告设计，看上去很美，但眼花缭乱的表现手段，最后让顾客连品牌名都没记住，更别提买产品了。

3. 广告表现与广告诉求脱节

广告表现不是目的而是手段，广告表现的最终作用是将广告诉求以最鲜明最容易记住的方式传达给目标消费者。广告表现与广告诉求一致，更容易让消费者记住广告内容，如果吸引注意的表现手段与后期的广告诉求风马牛不相及，就会造成广告成本加大，并且收效甚微。

1. 过度吹嘘是什么误区？

____

2. 不知道卖什么是什么误区？

____

3. 广告表现的作用是什么？

____

____

4. 广告的目的是什么？

____

4. 盲目创意，忽视产品特质

广告的目的无非就是两点：一是销售产品，二是提升品牌形象。广告不能忽视产品本身的特性而去一味追求产品创意以及表现手法。

知识链接

广告图设计要点

1. 突出主题

促销的过程就像一次陈述，必须有一个明确的主题，所有的元素都是围绕这个主题展开的。促销的主题一般是价格、折扣和其他促销内容，所以这个信息应该是放在视觉焦点上、被突出和放大的元素。

2. 信息传达的层次结构

陈述的过程是分层次展开的，和语言的逻辑一样，设计的逻辑也是按层次结构展开的，信息传递的层次可以根据要表达的内容来设定。第一层、第二层需要被阅读，属于逻辑思维记忆；第三层之后的信息是靠视觉思维记忆的，多数起到的是暗示作用。

3. 通过形式强化主题

更大的面积、更粗的字体和高对比色是强化主题的基本手段。过多修饰的形式会减弱传达，过多细节会对主题造成干扰。

4. 多主题的组合表现

同等级别的多主题表达，形式感要保持一致。这样阅读者容易找到规律，把多条信息一次获取。不同等级的多主题表达，要分清主次关系，把次要信息降到第二层级，避免平均分配造成的主要信息弱化。

1. 你的广告图主题是什么？

____

____

2. 你的广告图传达的信息是什么？

____

____

工作结束

数据整理及备份： □ 完成 □ 未完成

关机检查： □ 正常 □ 强行关机 □ 未关机

整理桌面： □ 完成 □ 未完成

地面卫生检查： □ 完成 □ 未完成

整理椅子： □ 完成 □ 未完成

工作评价

类别	序号	考核项目	考核内容及要求	分值	学生自评	学生互评	教师测评	分数
技术考评（80分）	1	质量	策划广告图文案	40				
	2		完成广告图设计与制作	40				
非技术考评（20分）	3	态度	学习态度端正	5				
	4	纪律	遵守纪律	5				
	5	协作	有交流、团队合作	5				
	6	文明	保持安静，清理场所	5				
总分：								

任务五　自定义模块设计

工作准备

是否正常培训：（部门经理填）　□ 到席　□ 请假　□ 旷工　原因：

是否遵守纪律：（部门经理填）　□ 严格遵守　□ 迟到　□ 早退　□ 出位　□ 其他

检查计算机的完好性：　□ 完好　□ 故障：报告值班经理并换机

工作过程

任务分析

在完成商品主图设计、店招设计和广告图设计之后，为了让店铺看起来更加美观，小刘准备设计自定义模块，加入自己的营销想法，更加生动地展示产品和店铺。为此，小刘通过自定义模块视觉标准、自定义模块设计两方面进行网店自定义模块的设计。

任务实施

工作内容	工作记录

一、自定义模块视觉标准

自定义模块并不局限于产品，它还可以在店铺内更直观地添加产品分组，引导消费，如图 4–23 所示。

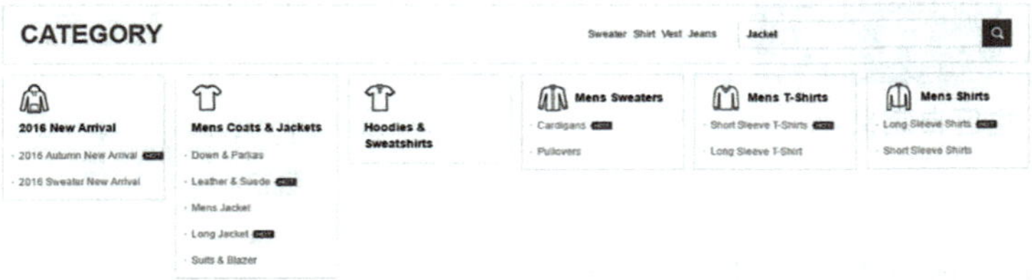

图 4–23　自定义内容区

在基础模块中最多可以添加 5 个自定义内容区，在同一个自定义模块内，字符数不能超过 5000 个。

自定义模块的应用非常广泛，语言栏模块也属于自定义内容区，首先将语言图标设计出来切片，然后加入语言链接，如图 4–24 所示。

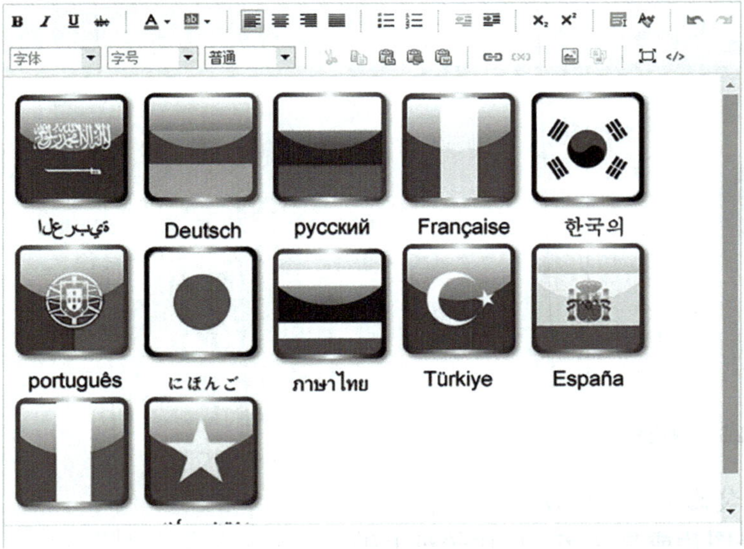

图 4–24　语言栏模块

工作记录

1. 你的自定义模块宽度、高度：

________________。

2. 你的自定义模块内容：

____

____

____

____

____

________________。

1. 主区自定义规格

基础模块自定义内容区的图片宽度最大为 920px，高度不限，但建议不要超过 3000px，太高会影响网页展开速度，字符数太多也容易超出规定限制，如图 4–25 所示。

图 4–25　主区自定义

2. 侧边栏自定义规格

添加一个自定义内容区作为侧边栏，它的图片最大宽度为 180px，高度不限制，但建议不要超过 1500px，如图 4–26 所示。

图 4–26　侧边栏

自定义模块是高级旺铺装修中一个比较常用的部分，它应用起来非常灵活，可以是图片或是文字，但比较难上手，需要配合 Photoshop 的切片和 DreamWeaver 的编写代码来共同实现。

二、自定义模块设计

自定义模块可以放入自主设计的切片内容，基础模块中的自定义部分只支持宽度为960px，而现在的第三方模块提供的自定义模块支持宽度为1200px。后台编辑模块如图4-27所示。

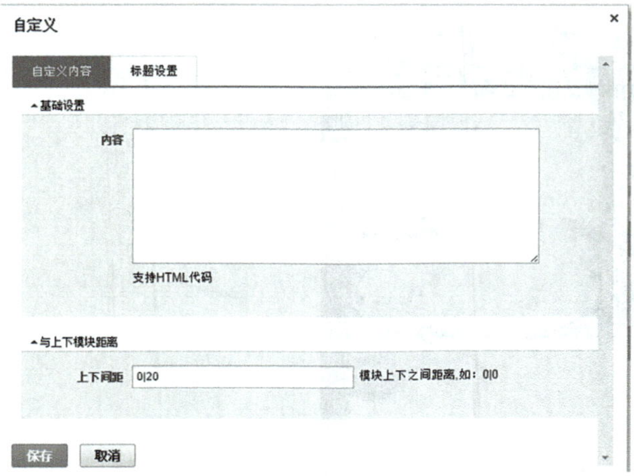

图4-27　设置自定义模块

接下来小刘通过以下步骤，完成了自定义模块的设计与制作，具体如下。

步骤1：打开Photoshop，找到切片工具，将素材图片拖入Photoshop中，选择“切片工具”，如图4-28所示。

图4-28　打开图片

1. 在下面画出自定义模块布局图。

□ 2. 完成自定义模块设计制作。

3. 设计制作自定义模块的简要步骤：

（1）__________。

（2）__________。

（3）__________。

（4）__________。

步骤 2：根据商品类别选定切片的区域，将图片划分成块。从图片的左上角开始进行切割，按照要求进行每一部分的切割，以便于在编辑 HTML 代码时可以对不同的商品添加不同的链接地址，所以按照每一部分进行切割即可，切割完一片后在这个图片的左上角就能看到一个自动标记记号，如图 4–29 所示。

图 4–29　切片

步骤 3：图片切割完成后，选择“文件”→“储存为 web 所用格式”，选择存储路径并对文件进行命名，选择格式的时候要选“HTML 和图像”格式，如图 4–30 所示。

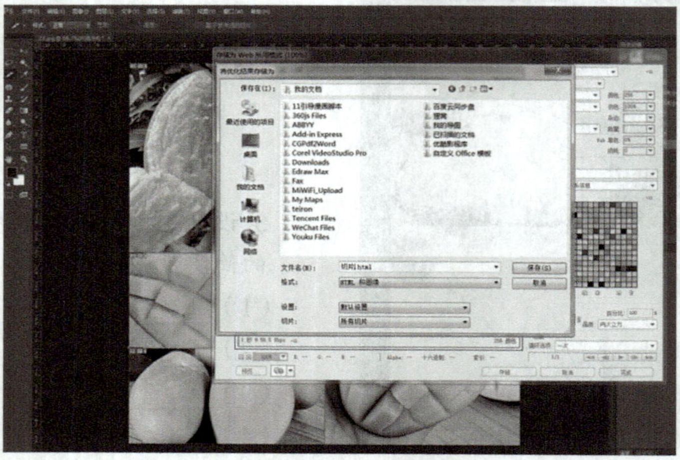

图 4–30　存储文件

这时可以看到刚才编辑过的图片已经储存为 HTML 格式和 images 文件夹，如图 4-31 所示。

图 4-31 HTML 格式和 images 文件夹

打开 images 文件夹，可以看到 6 张图片，Photoshop 已经默认为图片做了编号，如图 4-32 所示。

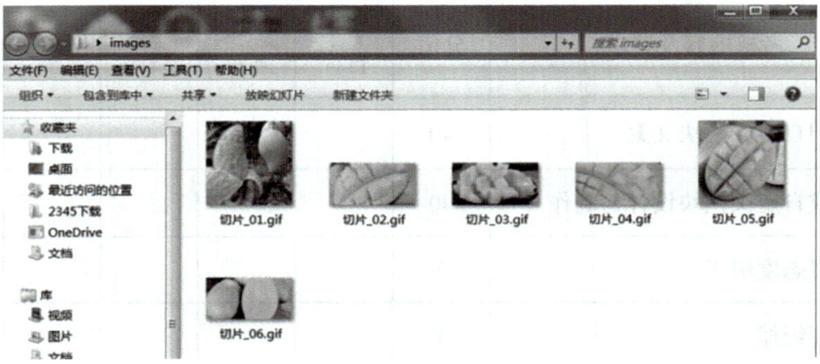

图 4-32 默认编号

步骤 4：进入速卖通后台，单击“产品管理”，进入图片银行，新建分组，单击“上传图片”按钮，每次上传数量为 6 张，依次将所有切片上传完成即可。

知识链接

速卖通产品信息模块介绍

速卖通产品信息模块分为两种，一种是自定义模块，另一种是关联产品模块。关联产品模块就是平台提供给卖家的关联营销模板，操作非常简单，只要选择添加商品即可，这里不做赘述。

但是缺点是限定最多只能放 8 个产品，分两行，每行 4 个，样式也是单一的，很多人觉得不好看；而自定义模块，一般用来存放一些重复的信息内容，比如卖家关于支付、物流、售后服务的一些信息，这样的信息在每个产品详情页都会重复添加，所以放在自定义信息模块中，只要描述插入模块即可统一管理。

你的产品信息模块存放的信息：

____

____

____

________________。

工作结束 >>>

数据整理及备份：□ 完成　□ 未完成

关机检查：□ 正常　□ 强行关机　□ 未关机

整理桌面：□ 完成　□ 未完成

地面卫生检查：□ 完成　□ 未完成

整理椅子：□ 完成　□ 未完成

工作评价 >>>

类别	序号	考核项目	考核内容及要求	分值	学生自评	学生互评	教师测评	分数
技术考评（80 分）	1	质量	策划自定义模块文案	40				
	2		完成自定义模块设计与制作	40				
非技术考评（20 分）	3	态度	学习态度端正	5				
	4	纪律	遵守纪律	5				
	5	协作	有交流、团队合作	5				
	6	文明	保持安静，清理场所	5				
总分：								

项目五

05

跨境电商营销

知识目标

1. 熟知速卖通平台不同的营销方式及其适用情况。
2. 了解速卖通店铺自主营销、直通车平台活动等相关知识。
3. 对社交媒体营销有整体认知。
4. 了解搜索引擎优化的要点。
5. 熟记邮件营销的关键点和营销方法。

技能目标

1. 能够进行速卖通平台内店铺自主营销、平台活动、直通车等营销活动的设置和跟进。
2. 能够进行联盟营销和基本的社交媒体营销。
3. 掌握搜索引擎优化的基本技巧。
4. 能够熟练进行营销效果的监测。

素养目标

1. 养成社会化媒体互动沟通能力，有意识积累客户关系资源。
2. 培养学生综合与系统分析能力，尝试对现行体系提出修改建议。

任务分解

本项目包含了四个任务，具体为：
任务一 营销方式的认识和选择；
任务二 营销活动的实施；
任务三 流量引入和使用；
任务四 营销效果监控。

本项目旨在引导学生了解跨境电子商务营销的相关知识，并能根据自身需求进行速卖通平台内店铺自主营销、平台活动、直通车等营销活动的设置。此外，学生还要掌握持续跟进和调整营销活动的策略，以保证营销效果。

任务情境

小刘的速卖通店铺经营一段时间后，发现店铺销量不尽如人意，他计划开展营销活动为店铺引流，但对于跨境电商平台内的营销方式和平台外的引流方式，小刘还很陌生，于是他计划展开系统的学习。

任务一　营销方式的认识和选择

工作准备 >>>

是否正常培训:(部门经理填)　□到席　□请假　□旷工　原因:
是否遵守纪律:(部门经理填)　□严格遵守　□迟到　□早退　□出位　□其他
检查计算机的完好性:　□完好　□故障:报告值班经理并换机

工作过程 >>>

任务分析

速卖通平台内营销方式有店铺自主营销、平台活动、联盟活动及直通车推广等;平台外,搜索引擎优化、社交媒体营销等营销方式也能很好地辅助。小刘需要了解不同营销方式的特色和适用情况,并根据自身需求选择合适的营销方式。

任务实施

工作内容	工作记录
一、营销方式的认识 1. 店铺自主营销 店铺自主营销是店铺流量主要来源之一,有效开展店铺自主营销活动是吸引流量、促进转化的重要方法。店铺自主营销活动包括限时限量折扣、全店铺打折、满立减和店铺优惠券等,如图 5-1 所示。 (1)设置和展示规则 1)限时限量折扣活动必须提前 12 小时创建,全店铺打折、满立减和优惠券店铺活动必须提前 24 小时创建。 2)限时限量折扣、全店铺打折、店铺优惠券活动可以跨月创建,满立减开始和结束日期必须在同一个月内。	1. 店铺自主营销活动有哪些? (1)________ (2)________ (3)________ (4)________ (5)________ (6)________ (7)________

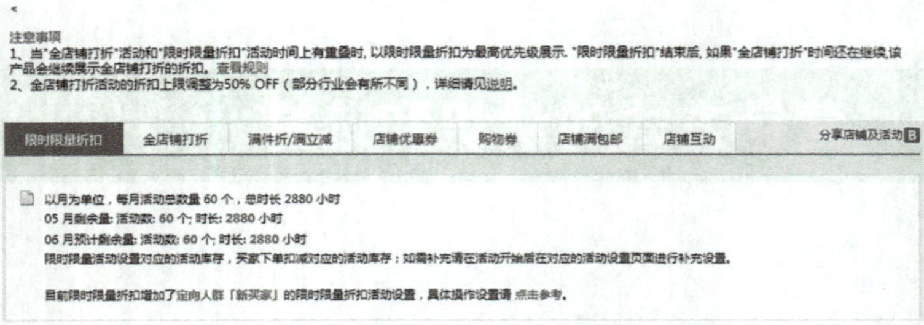

图 5–1　店铺自主营销活动

3）限时限量折扣活动一旦创建，活动商品即被锁定，无法编辑。如果想编辑该商品，需在活动开始前 6 小时退出活动。全店铺打折的商品在创建活动时不会立刻锁定，在活动正式开始前 12 小时才会锁定，无法编辑。

4）店铺优惠券活动在活动开始前均可编辑和关闭，活动一旦处于“展示中”状态，则无法修改或关闭。

（2）优惠生效规则

1）限时限量折扣活动与平台活动的优先级相同，不能同时参加。

2）限时限量折扣活动和平台活动的优先级高于全店铺打折活动，如果有商品同时参加了限时限量折扣活动（或平台活动）和全店铺打折活动，则该商品在买家页面展示时以限时限量折扣活动（或平台活动）的设置为准，两者的折扣不会叠加。

3）全店铺满立减和店铺优惠券活动可同时进行，折扣商品以折后价（包括运费）计入满立减、店铺优惠券的订单中，产生叠加优惠，更易刺激买家下单。

2. 平台活动

平台活动是阿里巴巴速卖通面向卖家推出的免费推广服务，它能快速实现店铺的高曝光量、高点击率、高转化率等一系列目标。

每一期的平台活动都会在 My AliExpress 的“营销活动”模块进行展示和招商，如图 5–2 所示。卖家可以选取自己店铺内符合招商条件的活动自主申请报名参加，一旦入选，该申报活动就会出现在活动的推广页面，获得大量流量。

平台活动分为 Flash Deals、拼团活动、团购活动和平台整体大型活动促销。

1）Flash Deals。Flash Deals 频道是平台的爆品中心，一方面帮助卖家打造店铺爆品；另一方面已有的爆品通过 Flash

2. 提前 12 小时创建的是________活动。

3. 提前 24 小时创建的是________活动。

4. 可以跨月创建的是______、______活动。

5. 某商品参加了限时限量折扣活动是 8 折，全店铺打折活动 6 折，最终该商品打______折。

6. 某商品原价 150 元，打 8 折，参加了全店铺满 100 减 10 活动，店铺优惠券 5 元，最终该商品______元。

7. 平台活动有哪些？

（1）________

（2）________

（3）________

（4）________

8. 某卖家打造爆品，适合的平台活动是________。

Deals 让更多的买家有机会认识和体验店铺的商品品质和服务能力，当然也会帮助卖家在搜索渠道获得更好的曝光。

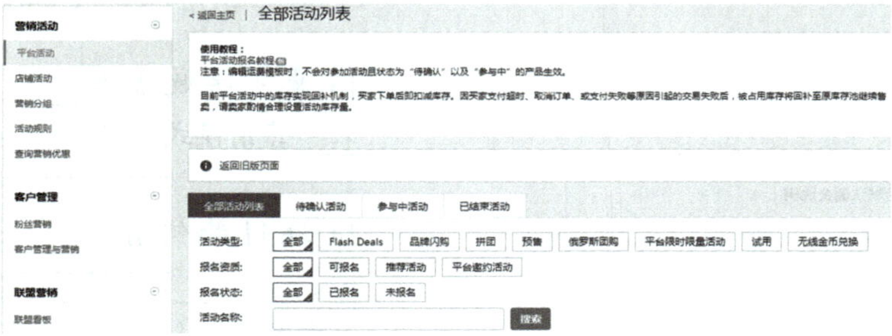

图 5-2　平台活动页

2）拼团活动。拼团频道可以降低买家挑选商品的时间，是满足买家对 AliExpress 优质划算单品需求的活动形式，也是 AliExpress 给卖家提供的传播及拉新玩法。

玩法：2 人拼团，一个用户选择一个拼团商品后发起拼团，需要先下单付款，然后通过分享告诉朋友一起来购买，当朋友在 24 小时内下单付款后则拼团成功。

3）团购活动。针对特定国家的营销活动。目前速卖通后台已开通俄罗斯、巴西、印度尼西亚和西班牙四个国家的团购活动报名入口。

4）平台整体大型活动促销。一般来说，一年“平台大促”会有三次，根据不同的情况平台会进行适当的调整，平台大促的流量非常大，尤其是“速卖通双十一”大促活动的流量最大。

3. 联盟营销

联盟营销是一种按效果付费的网络营销模式，卖家通过联盟营销渠道收到了订单，按照事先约定的交易比例支付佣金。佣金由卖家决定，允许范围是 3%—50% 不等，如图 5-3 所示。若有退款或订单折扣则按比例削减佣金，运费无须支付佣金。联盟营销和直通车的点击收费方式不同，联盟营销是按成交额收费，没有成交则不收取任何费用。

速卖通联盟营销有三大特点：

1）海量曝光。数十亿次网络曝光，PC 与移动全覆盖。

2）全球覆盖。覆盖全球上百个国家，数亿海外买家。

3）精准投放。精准地域匹配，精准购物习惯匹配。

9. 在双十一，卖家适合参加的平台活动是______________________。

10. 分享推广的平台活动是____________。

11. 针对特定国家的平台活动是____________。

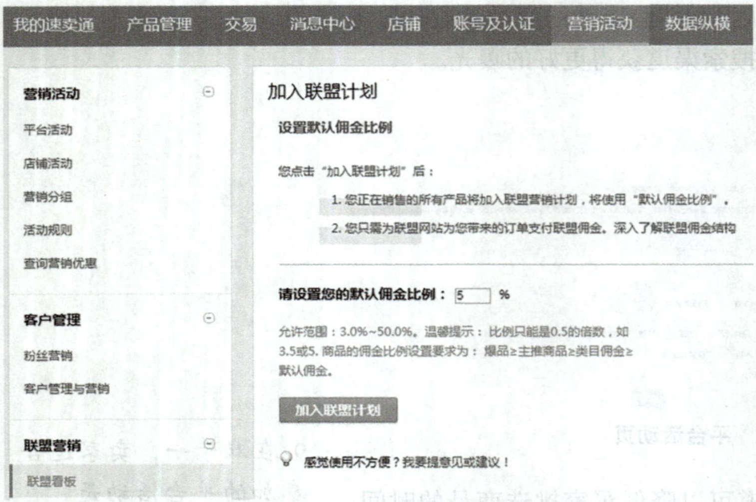

图 5–3　联盟营销设置

4. 直通车推广

速卖通直通车，是阿里巴巴速卖通平台会员通过自主设置多维度关键词，免费展示产品信息，通过大量曝光产品来吸引潜在买家，并按照点击付费的全新网络推广方式。简单来说，速卖通直通车就是一种快速提升店铺流量的营销工具，如图 5–4 所示。

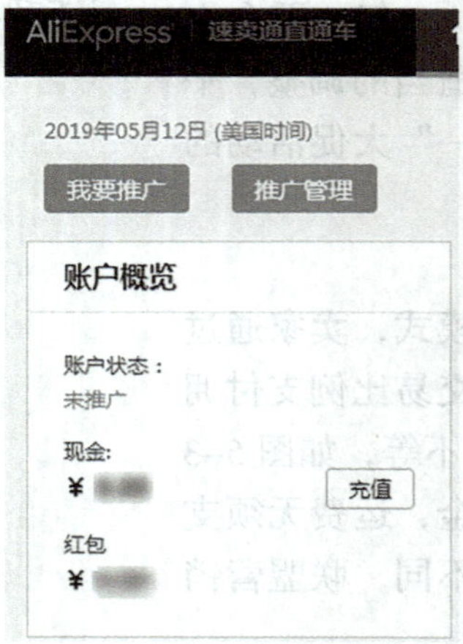

图 5–4　直通车主页

5. 搜索引擎优化

在速卖通中，搜索引擎优化（SEO）是指产品搜索排序优化，目的在于在既定的速卖通网站搜索规则下，让目标产品在其搜索关键词下能够被系统抓取，但是抓取不等同于曝光，SEO 抓取如图 5–5 所示。

12. 按成交额收费是________营销模式。

13. 按点击收费是________营销模式。

14. 联盟营销有________、________、________三大特点。

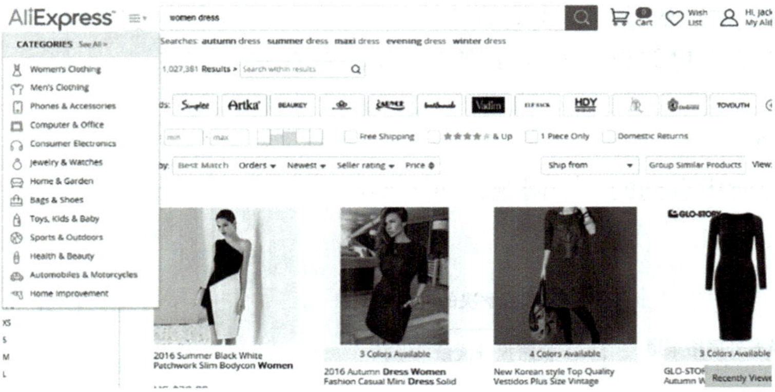

图 5–5　SEO 抓取

15. SEO 指的是______________________。

16. SNS 指的是______________________。

17. 发帖是免费的还是付费的？__________。

18. 广告投放是免费的还是付费的？______________________。

6. 社交媒体营销

SNS 全称为 Social Networking Services（社会服务型网络），国际上以 Facebook、Twitter、Instagram、Pinterest、VK 等 SNS 平台为代表，旨在帮助人们建立社会性网络的互联网应用服务。

社交媒体平台营销分为发帖（免费）和广告投放（付费）两种。

发帖包括更新主页状态、发布照片或视频、发布活动信息、发布大事记、建立和参与小组讨论等，吸引自然粉并与之互动，多以内容创意和活动吸引力以及与买家的互动为取胜点。

付费营销是社交媒体营销中逐渐形成和强化的另一种快速见效的营销方式。其多以网站中的广告横幅、文本链接、多媒体等形式展示给互联网用户。

二、营销方式的选择

小刘了解了不同营销方式的概况，他需要进一步结合不同营销方式的优势，选择适合自身发展需求的营销方式。

1. 流量少，买家少，选择哪个营销方式？______________________

2. 精确将商品与人群匹配，选择哪个营销方式？______________________

3. 选择关键词，点击付费的营销方式是______________________。

1. 店铺自主营销

店铺自主营销，包括限时限量折扣、全店铺打折、满立减和店铺优惠券等，因活动门槛低、灵活性强、引流效果好，非常适合小刘这种新手卖家，小刘可以选择开通与设置不同的店铺活动。

2. 平台活动

平台活动作为平台流量的集中地，平台会根据卖家当前的经营状况个性化推荐合适的平台活动，小刘也需要时时关注并积极参与。

3. 联盟营销

加入速卖通联盟营销的卖家可以得到海量海外网站曝光

机会，并享有联盟专区定制化推广流量。速卖通联盟卖家只需为联盟网站带来的成交订单支付佣金，不成交则不付费，是性价比极高的推广方式。

速卖通联盟的价值体现在：

1）解决速卖通卖家在经营中遇到的多个问题，如图 5-6 所示。

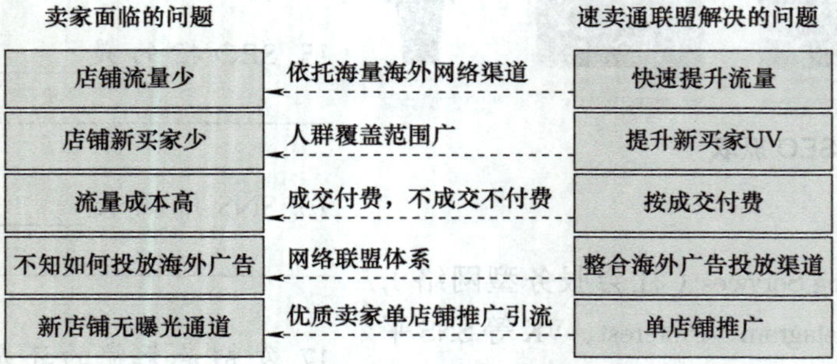

图 5-6　联盟营销功能

2）抢占先机，是扩展站外买家的第一渠道，如图 5-7 所示。

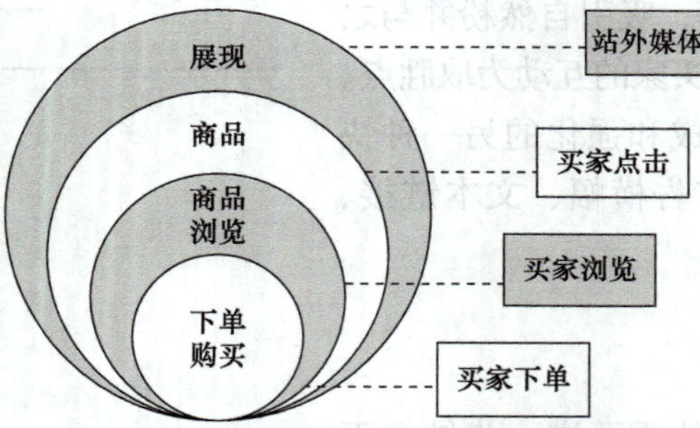

图 5-7　联盟营销买家购物途径

3）将商品与人群精确匹配，锁定目标人群，提升转化率，如图 5-8 所示。

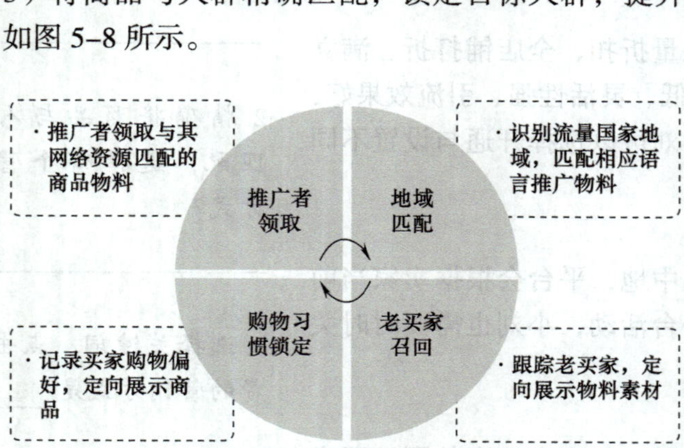

图 5-8　联盟营销目标人群锁定

4. 直通车推广

直通车优势体现在：

1）按点击付费。根据海外买家点击和查看后的结果，产生推广费用（中国大陆买家点击不收费）。

2）灵活可控。有效控制每日推广预算，淡旺季推广方案灵活可控。

3）海量选词。关键词海量选择，多维度曝光产品，全面覆盖潜在买家。

5. 搜索引擎优化

搜索引擎优化，是通过控制各种 SEO 要素，使卖家店铺更加符合搜索引擎的排名规则，从而获得更好的自然搜索结果排名的方法。获得更好的排名意味着能获得更多的访问者，也就能获得更好的销售和利润。

综上所述，小刘在不同时间段，根据不同营销方式的优势，在保证营销活动不冲突的情况下，均可选择上述营销方式开展跨境电子商务营销。

知识链接

速卖通平台活动报名前的准备

平台活动一旦报名参加成功，就没有办法退出了。所以在报名参加活动时需要谨慎选择。

平台活动商品的审核流程主要分两个阶段：第一阶段，机器审核，主要筛选硬性指标，比如好评率、商品评分等；第二阶段，人工审核，主要审核产品主图、产品报名重复情况，以及产品真实折扣情况等。机器审核后，卖家可以在后台看到相关的报名数据。机器审核成功后，则交由运营小二审核。所以平台活动报名前期的准备工作非常重要。

1. 选品

前期准备工作的第一步是选品。选品必须符合所要报名平台活动的要求，卖家需要仔细阅读详细的平台活动招商细则。

以某次平台活动招商细则为例，进行讲解。

首先，一口价招商，即报名商品必须为单一价格。很多商品存在多个 SKU 属性，在选品时应注意，卖家需要选择多种 SKU 价格统一的商品进行报名，避免出现同一商品不同 SKU 不同报价的情况。

其次，禁止提价打折且价格折扣要减免 25% 以上。也

1. 好评率属于________审核。

2. 产品主图属于__________审核。

3. 平台活动报名审核时最重要的考核要素：________________。

4. 参加平台活动的产品 90 天好评率 ≥________，30 天销售数量（全球）≥________。

就是说，在选品时，卖家需要选择的产品能够接受25%以上的折扣减免，并且不存在提价之后再打折的情况。这一点尤其重要，是平台活动报名审核时最重要的考核要素之一。

第三，图片清晰，最好做到主图不低于500px×500px，白底无边框，主要产品居中且占据图片85%以上。产品细节图信息完善，介绍充分。

最后，参加平台活动的产品90天好评率≥95%，30天销售数量（全球）≥2。

完全符合以上要求的产品就是适合本次活动的产品，但是仅仅选择合适的产品还是远远不够的，每期平台活动报名的产品非常多，如何在众多产品中脱颖而出，还需要更多的前期准备工作。

2. 提升产品的信息质量

产品选择好之后，要不断提升产品的信息质量。比如针对所选择的产品进行全面的产品属性优化和产品详情页优化，进一步提高产品评分，以提升产品入选概率。

3. 确认产品货源稳定、质量优良

确认所选择产品的货源稳定，供应链完善，不会出现断货风险，同时确保所选产品的质量是优质的。因为平台活动一旦报名成功，订单量巨大，如果产品质量存在问题，平台活动结束后卖家就很有可能面对的是庞大的纠纷订单数量和差评数；如果供应链出现问题，卖家将面对的是大量的成交不卖订单。所以确保供应链和产品质量是非常重要的一环。

工作结束 >>>

数据整理及备份：☐ 完成 ☐ 未完成

关机检查：☐ 正常 ☐ 强行关机 ☐ 未关机

整理桌面：☐ 完成 ☐ 未完成

地面卫生检查：☐ 完成 ☐ 未完成

整理椅子：☐ 完成 ☐ 未完成

工作评价

类别	序号	考核项目	考核内容及要求	分值	学生自评	学生互评	教师测评	分数
技术考评（80分）	1	质量	认识不同的营销方式	40				
	2		根据自身产品选择合适的营销方式	40				
非技术考评（20分）	3	态度	学习态度端正	5				
	4	纪律	遵守纪律	5				
	5	协作	有交流、团队合作	5				
	6	文明	保持安静，清理场所	5				
总分：								

任务二 营销活动的实施

工作准备

是否正常培训：（部门经理填） □ 到席 □ 请假 □ 旷工 原因：

是否遵守纪律：（部门经理填） □ 严格遵守 □ 迟到 □ 早退 □ 出位 □ 其他

检查计算机的完好性： □ 完好 □ 故障：报告值班经理并换机

工作过程

任务分析

小刘了解了不同营销方式后，接下来需要根据店铺的运营情况分别展开不同营销活动的实施，为店铺引流的同时，提高店铺产品的销量。

任务实施

工作内容

一、店铺自主营销

（一）限时限量折扣

1. 限时限量折扣的位置

打开速卖通后台，单击“营销活动”→“店铺活动”→“限时限量折扣”，如图 5–9 所示。

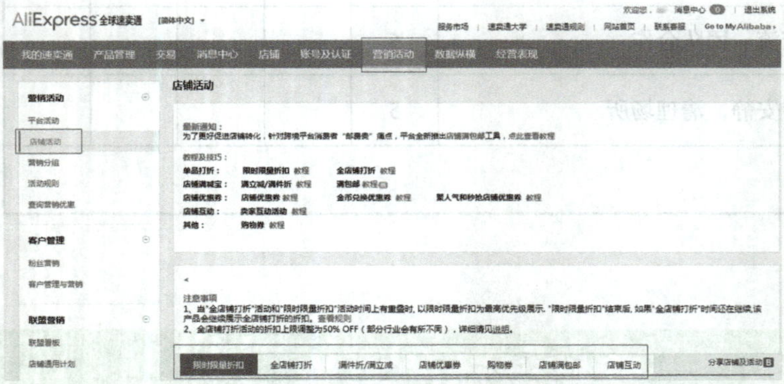

图 5–9　限时限量折扣的设置位置

2. 限时限量折扣的构成

限时限量折扣由三个板块构成：活动名称、开始时间和结束时间，这三个板块需要卖家填写。需要注意的是，时间为美国太平洋时间，开始和结束时间可以根据活动目的来设置，在正常情况下，设置一个星期左右为宜，能给买家紧迫感。另外，可以方便下个星期的编辑和营销。如果是清库存的产品，时间可以稍微设置长一些。具体设置如图 5–10 所示。

3. 前期产品准备

在做限时限量折扣前，一定要做好准备，比如某个产品要打五折，可以在上传产品时把价格定位好。需要注意的是，打完折后要确保让买家享受到优惠，不能是虚假折扣。然后可以把所有参加活动的产品放进同一个组里面，以便后续营销活动寻找，如图 5–11、图 5–12 所示。

工作记录

□ 1. 进入“限时限量折扣”的位置。

2. 你将打算设置的限时限量折扣的商品是下列哪个情况：

□ 正常销售的产品

□ 清库存的产品

3. 设置信息记录如下。

活动名称：________________________。

活动开始时间：________________________。

活动结束时间：________________________。

如此设置的原因是：________________________________。

图 5-10　活动款时间设置

图 5-11　活动款分组设置

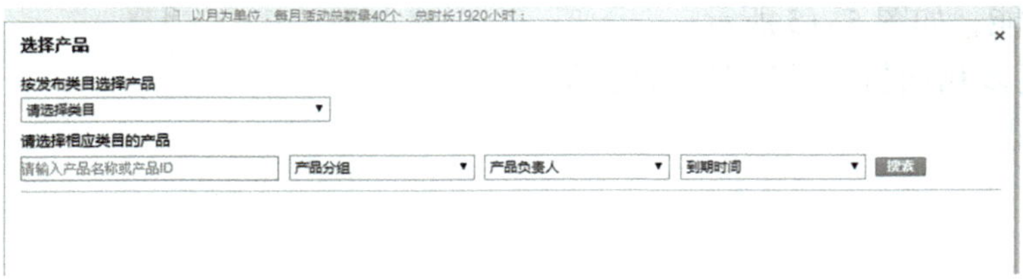

图 5-12　活动款选择页面

4. 你设置的折扣是______折，原因是：____________________________。

5. 你将拿出________件产品设置折扣，原因是____________________________。

4. 设置折扣数量

根据前期产品的准备设置折扣与活动目的来设置产品数量。实践证明，折扣时间持续一个星期左右，促销数量为 10 个比较合适。设置过少，产品很快就被抢光了，达不到活动目的；设置过多，给不了买家紧迫感。

（二）全店铺打折

1. 营销分组设置

首先打开“营销活动”→“店铺活动”→“全店铺打折”页面，单击“营销分组设置”按钮，如图 5-13 所示。

□ 6. 进入“营销分组设置”的位置。

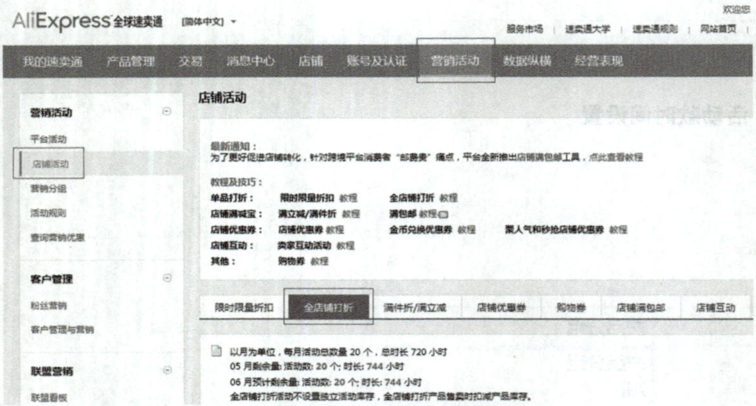

图 5-13 “全店铺打折”页面

进入“营销分组设置”之后，首先要进行产品分组，对每个产品的利润进行整体核算，清楚每个产品最高能打多少折、利润是多少等，方便后续进行全店铺打折。

7. 对店铺产品进行打折分组时先核算每个产品的________情况，然后根据________________________原则进行分组。

如图 5-14 所示，这是一个已经做好了营销分组的店铺，可以看到，最高折扣相同的产品统一放在一个组里面。例如，“10% Discount”组里面的产品，表示其只有 10% 的利润，做全店铺打折时，这个组里面的产品最高只能给 10% 的折扣，如果给 5% 的折扣，那么就有 5% 的利润。这样全店铺的利润就可以完全把控了，也不至于亏本打折。

对于“组内产品管理”，卖家需要熟悉“添加产品”“移出分组”和“调整分组”功能，如图 5-15 所示。

添加产品：如果想将更多相同折扣的产品添加到同一个组中，就可以使用这个功能。

图 5-14　营销分组

图 5-15　组内编辑

移出分组：把某个组里面的产品移出后，系统会默认放到“Other”组中。

调整分组：若想把某个组里面的产品调整到其他组中，可以用到此功能。

2. 设置店铺打折

做好营销分组后，操作店铺打折就轻而易举了。首先打开“营销活动”→“店铺活动”→“全店铺打折”页面，单击“创建活动”按钮，如图 5-16 所示。

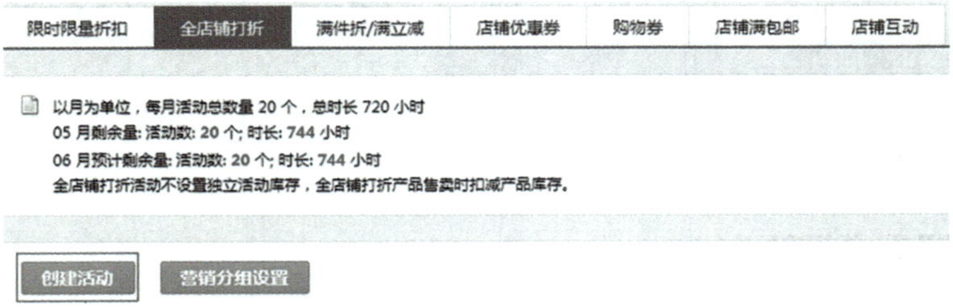

图 5-16　创建活动

创建活动之后，进入全店铺打折活动页面，如图 5-17 所示。

8. 对营销分组内的产品进行管理时，可以操作：________、________、________三个步骤。

□ 9. 进入“店铺打折”的位置。

10. 设置信息记录如下。

活动名称：________________。

活动开始时间：________________。

活动结束时间：________________。

如此设置的原因：________________________。

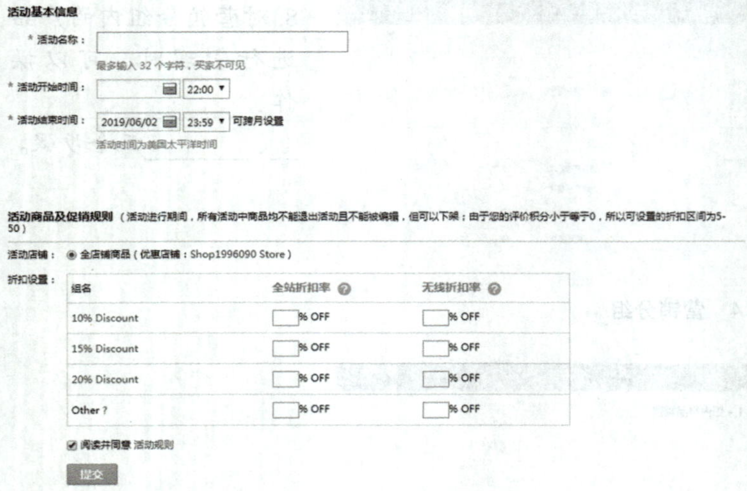

图 5–17　全店铺打折活动页面

此活动页面主要由两个板块组成：活动基本信息、活动商品及促销规则。对于活动商品及促销规则的设置，我们可以根据营销分组，轻松地去操作全店铺打折。对于“Other”组，不在以上任何一个分组中的产品都会放进这个组里面，设置打折时，一定要谨慎，仔细观察这个组里面的产品再打折。

11. 如果有“Other”组，设置打折时，要注意：______________。

（三）店铺满立减

设置满立减

如图 5–18 所示，打开“营销活动”→“店铺活动”→“满立折 / 满立减”页面，单击“创建活动”按钮就可以进行全店铺满立减的设置了。

☐ 12. 进入“满立折 / 满立减”的位置。

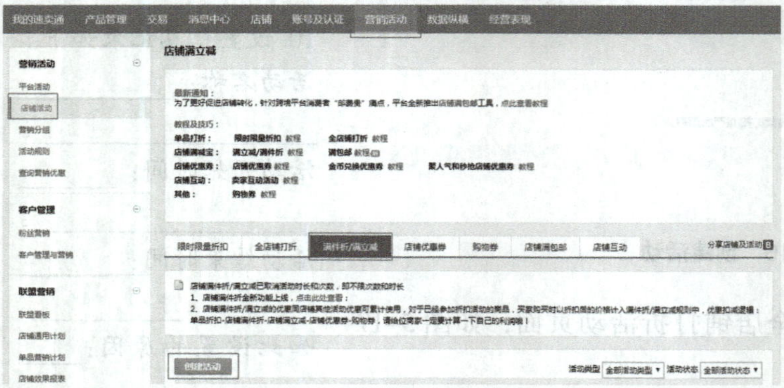

图 5–18　创建满立减活动

满立减活动有两部分需要我们填写，即“活动基本信息”和“活动商品及促销规则”，如图 5–19 所示。

图 5–19　全店铺满立减活动页面

首先，活动名称和限时限量折扣一样，要起一个让人一目了然的名字，这个名称是不展示给买家看的。对于活动开始时间和结束时间的设置，有两点要注意：第一，满立减活动的开始时间和结束时间只能在同一个月内；第二，由于系统同步原因，需要至少提前 24 小时创建活动。

其次，是优惠条件和优惠内容的设置。假设店铺的客单价为 15.41 美元，如果想让买家多买一件，那么就可以告诉买家，买满 30 美元，优惠 3 美元，这样对于买家来说，比较有吸引力。所以订单金额可以写 30 美元，优惠内容可以写 3 美元。

最后，我们要借助满立减这个工具，服务好买家。比如买家下了一个 29 美元的订单，而你的满立减是满 30 美元减去 3 美元，这时若对买家进行温馨提示，买家会感觉到更加人性化。

（四）店铺优惠券

优惠券的具体设置

选择“营销活动”→“店铺活动”→“店铺优惠券”→“领取型优惠券活动”或“定向发放型优惠券活动”，单击“添加优惠券”按钮，进入创建优惠券的活动页面，如图

13. 设置信息记录如下。
活动名称：________________。
活动开始时间：________________。
活动结束时间：________________。
满________减________。
如此设置的原因：________________________。

□ 14. 进入“领取型优惠券活动”的位置。

5–20 所示。

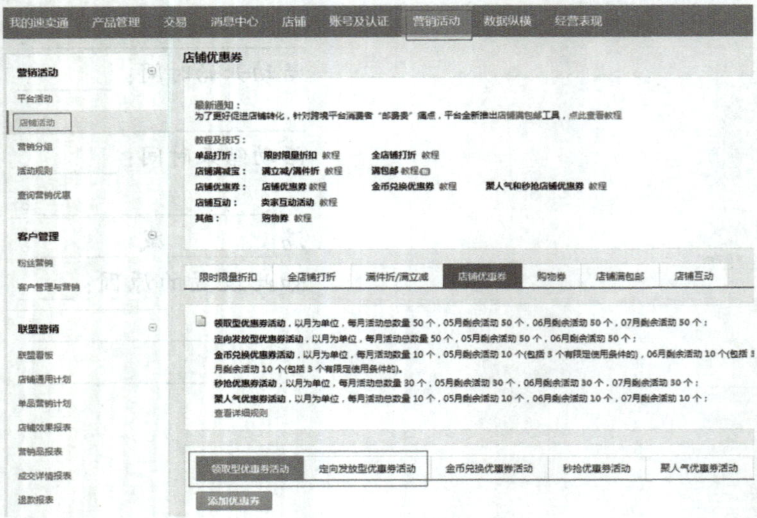

图 5–20　添加优惠券

领取型优惠券活动页面和定向发放型优惠券活动页面如图 5–21、图 5–22 所示，两个页面由三个板块构成：活动基本信息、优惠券规则设置、优惠券使用规则设置。

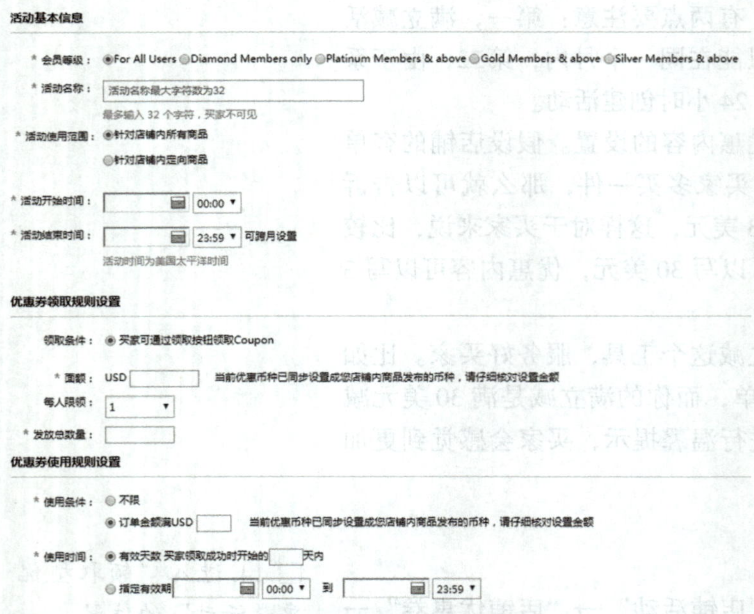

图 5–21　领取型优惠券活动页面

15. 设置信息记录如下：

□ 领取型优惠券活动

□ 定向发放型优惠券活动

活动名称：________________________。

活动开始时间：________________________。

活动结束时间：________________________。

面额：____________。

使用条件：____________。

如此设置的原因：____。

图 5-22 定向发放型优惠券活动页面

在领取型优惠券活动的基本信息中，活动名称要一目了然。假如这个店铺的客单价为 20 美元，为了提高客单价，可以设置满 30 美元就能使用 2 美元的优惠券。当然，店铺在可承受的范围内，也可以设置一个 2 美元不限条件的优惠券，不限条件的优惠券对买家的吸引力非常大，建议多做一些不限条件的优惠券，促进二次营销。对于活动开始时间和结束时间的设置，如果时间充足，建议设置优惠券的周期为 7~10 天。

定向发放型优惠券是速卖通在领取型优惠券基础上增添的新功能。凡是与店铺有过交易、加过购物车或者 wish list 的买家都可以作为定向发放的对象。只需创建优惠券活动、选择发放对象、点击发放三步操作便可利用优惠券实现新老买家的主动激活和维护。对于不同类型的买家，我们可以设置不同类的定向发放型优惠券，把累计交易金额从高到低进行排序，VIP 买家发放大面值的有条件的优惠券；小买家发放小面值的有条件的优惠券；对于加入购物车和 wish list 的买家，建议发放无条件的优惠券，促进购物车或者 wish list 的订单转化，达到二次营销的目的。

16. 你选择的是______型优惠券，选择的原因：____。

二、平台活动

（一）团购活动

俄罗斯是采用团购较活跃的国家，俄罗斯团购是速卖通国家团购项目中具有代表性的活动，团购活动流量可以达到整个俄文站全部流量的 15% 以上。速卖通俄文站首页和团购页面如图 5–23、图 5–24 所示。

□ 1. 进入速卖通俄文站页面，浏览团购信息。

图 5–23　速卖通俄文站首页

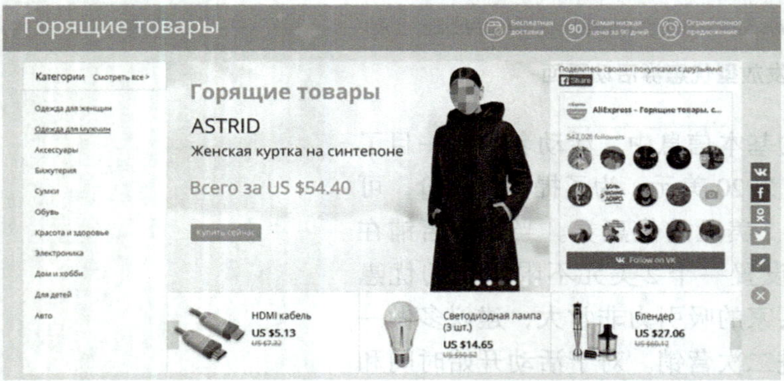

图 5–24　团购页面

团购活动可以分为爆品团、秒购团和精品团三种，根据不同的活动定位有不同的招商要求。

1）爆品团招商：店铺要求，好评率≥ 93%，DSR 如实描绘达到 4.6，其他达到 4.5；商品要求，俄语系国家近 30 天完成 20 个销量，以及商品得分 4.6 以上；折扣要求，在 90 天最低价的基础上实现减价 10%，手机平板类目减价 5%；物流要求，7 天内发货，俄罗斯、白俄罗斯、乌克兰三国包邮。

2）秒购团招商：店铺要求，好评率≥ 93%，DSR 如实描述达到 4.6，其他达到 4.5；折扣要求 90% 且销售价格在 2 美元以内；活动库存要求 100 以内；物流要求，3 天内发货，俄罗斯、白俄罗斯、乌克兰三国包邮。

爆款团（包括秒购团）招商，如图 5–25 所示。

图 5–25　爆款团（包括秒购团）招商

3）精品团招商：精品团招商如图 5–26 所示。

图 5–26　精品团招商

（二）平台大促与双十一

目前速卖通大促的类型主要有三种：年初的 325 购物节（Shopping Festival）；年中的 819 金秋盛宴（Supernova Sale）；年底的双十一大促（Double Eleven Carnival）。从大促的力度来讲，双十一是促销力度最大，也是流量最大的大促活动。

每次大促，速卖通平台都会花费大量资源引进巨额流量，所以活动效果超出其他所有的营销手段，大促的海量流量能使店铺及单品排名快速攀升。与淘宝、天猫不同，速卖通大促中产生的所有销量，都会计入物品销量，并参与物品搜索排名计分，实现大促后全店铺物品自然搜索排名和类目排名的飞跃式前进，所以历年的平台大促都是商家必争之地。

平台大促主要包含：秒杀活动、主会场五折活动、分会场活动、主题馆、优质店铺推广活动、全店铺折扣活动和“海景房”。

“海景房”是双十一大促推出的新型大促活动类型，位于主会场的顶端，占据双十一流量的大部分。但是“海景房”的审核标准非常高，每个展位每个小时自动更新一次，根据物品的销量来确定“海景房”活动中哪个物品该在这个时段被展示。适合大卖家去竞争，中小卖家难以符合条件。

其他类型的活动报名要求相对简单，其中以主会场五折活动流量最大，也是中小卖家重点竞争的展示位置。

2. 速卖通大促可以给店铺带来的好处：____。

三、联盟营销

（一）加入联盟计划

进入“我的速卖通”→“营销活动”→“联盟看板”页面，勾选“我已阅读并同意此协议”，如图 5–27 所示。单击“下一步”按钮，进入设置联盟佣金比例页面。设置好佣金比例后，单击“加入联盟计划”按钮，就可以正式加入联盟营销了。联盟看板页面如图 5–28 所示，出现此页面代表卖家已经加入联盟计划。

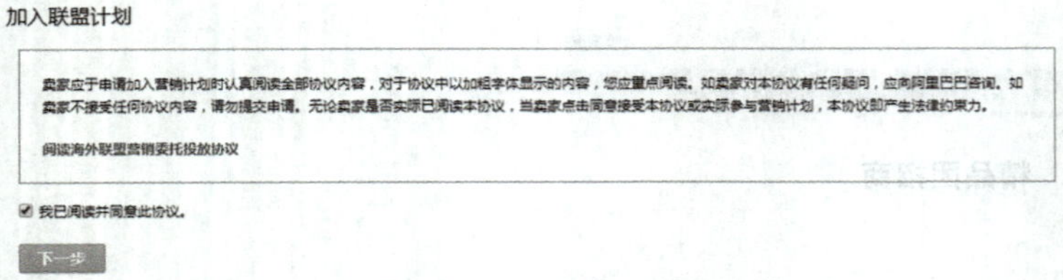

图 5–27　加入联盟计划

图 5–28　联盟看板页面

佣金比例要根据店铺利润来合理设置，产品在定价时要把联盟佣金的成本考虑进去，买家点击过的推广链接对该用户在 30 天内持续有效。如果想退出联盟营销，可以申请退出联盟营销，退出后 15 天内不能再加入联盟营销。

联盟营销的站长来自全球 100 多个国家，买家群体非常庞大，对店铺的营销和订单的增长有非常大的帮助。

（二）联盟营销的组成

联盟营销由 8 个部分组成：联盟看板、店铺通用计划、单品营销计划、店铺效果报表、营销品报表、成交详情报表、退款报表和我的操作记录，如图 5–29 所示。下面对主要模块进行讲解。

1. 联盟看板模块

首先打开“我的速卖通”→“营销活动”→“联盟看板”页面，如图 5–30 所示。

□ 1. 进入“加入联盟计划”的位置。

2. 联盟营销的组成有：

□ 联盟看板
□ 店铺通用计划
□ 单品营销计划
□ 店铺效果报表
□ 营销品报表
□ 成交详情报表
□ 退款报表
□ 我的操作记录

□ 3. 进入“联盟看板”的位置。

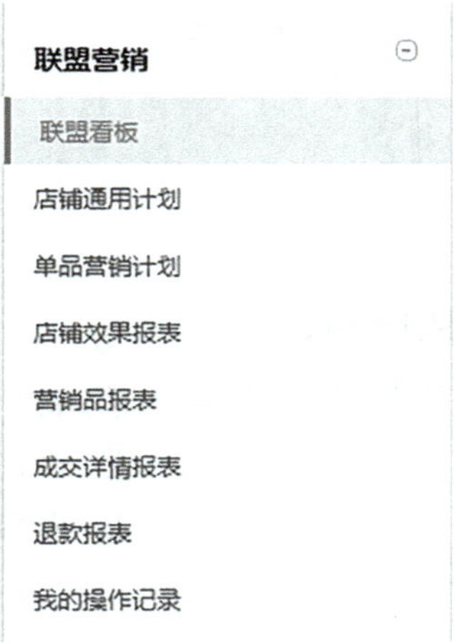

图 5-29　联盟营销的组成

图 5-30　联盟看板页面

4. 加入联盟营销，能够让__________、__________提升。

通过联盟看板页面，我们能清楚地知道联盟制定时间内的营销情况。如图 5-30 所示，可以看到，近七天内，联盟营销带来的订单金额为 1242.57 美元，而我们支付给平台的佣金是 120.44 美元，产出投入比为 10.32。联盟产出投入比 = 联盟下单销售金额 / 平台佣金。通过这个数据可以看到，加入联盟营销，不论是点击量还是店铺销售额都有很大提升。所以要充分利用好联盟营销，让联盟营销发挥应有的作用。

2. 基础操作模块

基础操作模块包括店铺通用计划和单品营销计划，卖家可在此处设置重点推广的单品和类目。

3. 报表模块

报表模块包括了推广为店铺整体带来的效果，也可以具体到重点推广的爆品或主推产品的效果情况。卖家可了解到店铺级别、店铺浏览量、总订单量、总成交额、佣金额等内容，报表模块包含店铺效果报表、营销品报表、成交详情报表和退款报表。也可以了解到具体爆品和主推产品的浏览量、订单量和交易额。

4. 操作记录模块

操作记录模块包括佣金率的增删改、店铺的加入和退出联盟操作。操作记录模块的各个操作在我的操作记录中实施完成。

四、邮件营销

（一）邮件营销的步骤

小刘可以在客户管理与营销页面勾选需要进行联系或者营销的买家，单击“客户营销”→“发送营销邮件”按钮，即进入营销邮件的编辑页面，如图 5–31 所示。

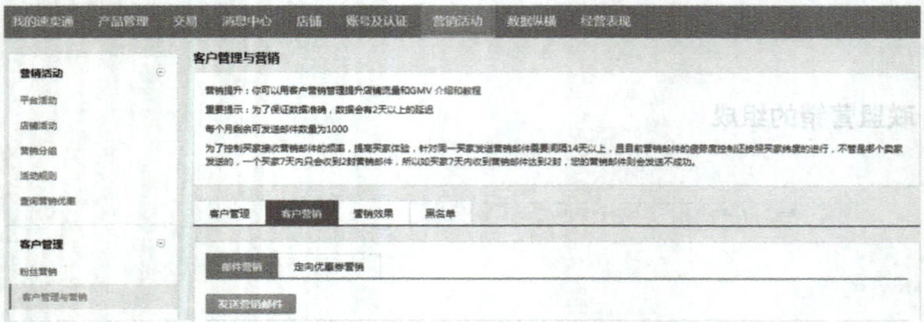

图 5–31　发送营销邮件

进入营销邮件的编辑页面之后，需要填写邮件标题和内容。向买家发送的内容可以是新产品上架情况、促销信息，或者售后满意度的调查问卷，以此来吸引老客户下单。但不能在短时间内对同一买家发送多次营销邮件，以免因过度骚扰引起买家的反感，影响交易的达成。

与此同时，可以单击“添加商品”按钮，进入产品添加页面，如图 5–32 所示。

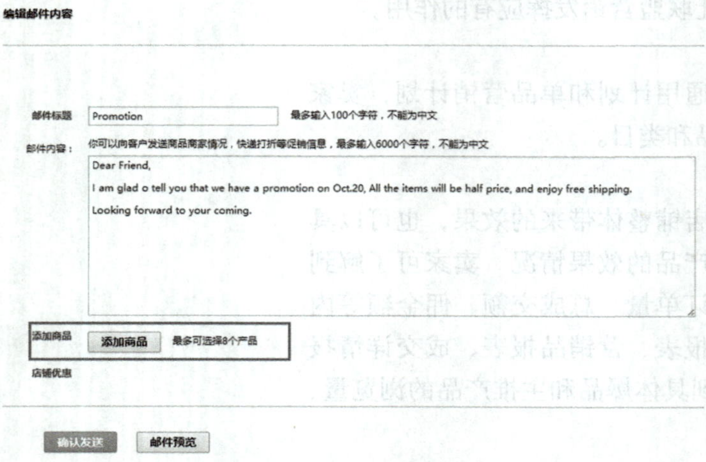

图 5–32　营销邮件编辑的页面

1. 向买家发送邮件，可以发送的内容有：

□ 新产品上架情况

□ 促销信息

□ 满意度调查问卷

2. 发送邮件的次数要求：

□ 定期（1 周以上）发送

□ 多次对同一个买家发送

勾选需要推荐的产品后，单击“插入产品”按钮，即可在邮件中插入推荐产品。

需要注意的是，关联营销推荐的产品最多可以添加 8 个，因此大家在推荐产品的时候，要有计划地去添加，尽量每次添加的产品都不一样，通过数据观察哪些产品比较适合买家需求，哪些产品可以带来订单。对于表现较好的产品，可以将它放到推荐产品关联中。

3. 关联营销推荐的产品最多可以添加______个，因此添加时要注意：____________。

（二）邮件营销的发送规则

为了控制买家接收邮件的频率，提高买家的感受，营销邮件对于发邮件的量级有一定控制。平台会根据“卖家星级”，每个月给予一定的营销邮件发送量，卖家等级越高，拥有的营销邮件数量就越多。

如图 5–33 所示，及格店铺可拥有 500 封营销邮件，而优秀店铺可以拥有 2000 封营销邮件，这对于卖家做客户管理营销或者平时通知买家是非常有利的。因此建议大家一定要做好店铺，减少不良体验订单，从而提高店铺等级，为店铺增加营销邮件的数量。

4. 为了能够获取更多的营销邮件数量，卖家需要做到：____________。

卖家服务等级详解

	不及格	及格	良好	优秀
定义描述	上月每日服务分均值小于60分	上月每日服务分均值大于等于60分且小于80分	上月每日服务分均值大于等于80分且小于90分	上月每日服务分均值大于等于90分
橱窗推荐数	无	无	1个	3个
特殊标识	无	无	无	有
平台活动权利	不允许参加	正常参加	正常参加	优先参加
营销邮件数量	0	500	1000	2000
直通车权利	无特权	无特权	开户金额返利15%，充值金额返利5%（需至直通车后台报名）	开户金额返利20%，充值金额返利10%（需至直通车后台报名）

不考核卖家享有的营销邮件数量为1000，其他权益与及格卖家享受同等的平台资源。
每日服务分数越高，对搜索排序越有利（排序受多个维度影响，服务分为其中一个影响因素）。同时关于影响搜索排序的其他因素点此查看

图 5–33　卖家等级与营销邮件数量

知识链接

一、设置限时限量折扣的注意事项

1）如果产品存在多个 SKU，则所有 SKU 的普通库存量非 0 且处于“正在销售”状态下的此产品均可参加到活动中。

2）目前全站活动和手机专享活动不支持独立库存，请卖家设置恰当的活动折扣率以避免预期外的损失。

3）同一产品必须先设置全站折扣后才能设置手机专享折扣。因此手机折扣率可不设置，若设置，则设置的手机专享

1. 设置限时限量折扣时需要注意的地方有：

□ SKU

□ 全站活动和手机专享活动支持独立库存

折扣需要低于全站折扣；若不设置，则手机端价格根据“全站折扣率”来售卖。

4）促销价必须要低于90天均价。这里要注意的是，90天均价是指根据产品当天往前推的90天内，按照现售价规则（现售价是指目前展示在网站上买家可直接下单购买的价格）计算的平均值。所以，在这里要提醒的是，平时的促销价格不要过低，不然该产品的90天均价会很低，不利于以后的促销活动和利润控制。

□ 同一产品必须先设置全站折扣后才能设置手机专享折扣

□ 促销价必须要低于30天均价

二、邮件营销的特点

邮件营销的特点在于：

1）精准高效。可以精确筛选发送对象，将特定的推广信息投递到特定的目标社群。

2）个性化定制。根据社群的差异，制定个性化内容，让卖家根据买家的需要提供有价值的信息。

3）信息丰富全面。文本、图片、动画、音频、视频、超级链接都可以在邮件中体现。

4）具备追踪分析能力。根据买家的行为、点击数量加以分析，获取销售线索。

2. 邮件营销的特点主要有：________、________、________和________。

工作结束 >>>

数据整理及备份： □ 完成 □ 未完成

关机检查： □ 正常 □ 强行关机 □ 未关机

整理桌面： □ 完成 □ 未完成

地面卫生检查： □ 完成 □ 未完成

整理椅子： □ 完成 □ 未完成

工作评价 >>>

类别	序号	考核项目	考核内容及要求	分值	学生自评	学生互评	教师测评	分数
技术考评（80分）	1	质量	能够运用店铺自主营销方式	20				
	2		了解平台活动	20				
	3		能够运用联盟营销	20				
	4		开展邮件营销	20				

（续）

类别	序号	考核项目	考核内容及要求	分值	学生自评	学生互评	教师测评	分数
非技术考评（20分）	5	态度	学习态度端正	5				
	6	纪律	遵守纪律	5				
	7	协作	有交流、团队合作	5				
	8	文明	保持安静，清理场所	5				
总分：								

任务三 流量引入和使用

工作准备

是否正常培训：（部门经理填） □ 到席 □ 请假 □ 旷工 原因：

是否遵守纪律：（部门经理填） □ 严格遵守 □ 迟到 □ 早退 □ 出位 □ 其他

检查计算机的完好性： □ 完好 □ 故障：报告值班经理并换机

工作过程

任务分析

除了速卖通平台的店铺自主营销、平台活动、联盟营销等平台内营销外，小刘还可以借助搜索引擎、社交媒体等平台外的渠道展开营销，积极为店铺引入更多流量。

任务实施

工作内容	工作记录
一、直通车推广 （一）建立直通车重点推广计划 打造直通车重点推广计划的目的是引入精准流量，提高产品的转化率、最大限度地提升产出投入比，如图 5-34 所示。	□ 1. 进入“直通车计划”的位置。

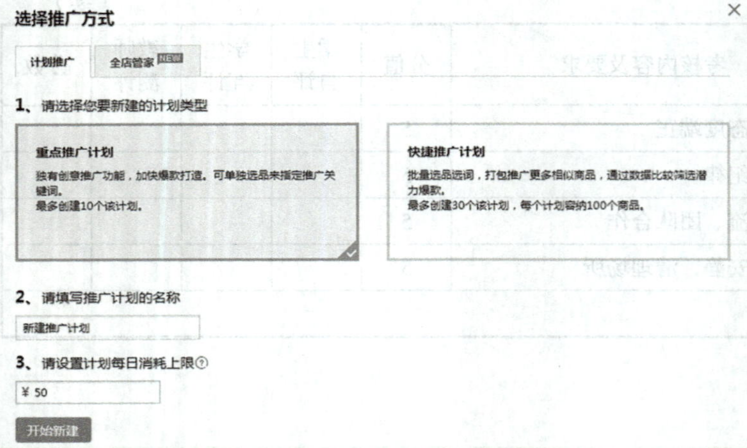

图 5-34 重点推广计划

2. 我们一般选择的直通车计划：

□ 重点推广计划

□ 快捷推广计划

原因是＿＿＿＿＿＿＿＿＿＿＿＿＿＿＿＿＿＿＿＿。

（二）增加推荐词

在直通车推广计划的“新增关键词”操作界面上，按“30 天搜索热度”进行从高到低的排序，选择热度高的词加入推广计划，如图 5–35 所示。

关键词	推荐理由	30天搜索热度	竞争度	市场平均价
backpack	高流量 高订单 小二推荐	779210	5266	¥0.81
men backpack	高流量 高订单 小二推荐	6464	1908	¥1.30
backpack school	高流量 高订单 小二推荐	5236	2064	¥1.22
travel backpack	高流量 高订单 小二推荐	3627	2159	¥1.37
minecraft backpack	高流量 高订单 小二推荐	1947	301	¥0.52
laptop backpack	高流量 高订单 小二推荐	8742	1225	¥1.13
plush backpack	高流量 高订单 小二推荐	4049	461	¥0.35

图 5–35 推荐关键词

3. 增加推荐关键词时，需要按照＿＿＿＿进行排序，然后选择＿＿＿天热度较高的词加入＿＿＿＿。因为系统推荐的词一般是＿＿＿＿＿＿＿＿＿＿＿＿＿＿＿＿＿＿＿＿。

系统统一推荐的关键词一般是系统根据商品的标题及相关属性推荐的，相关性强，精准度高。在采用了部分系统推荐的关键词后，如果依旧出现关键词偏少的情况，则需要通过关键词工具增加其他的关键词。

（三）调整出价

根据制定的出价策略为每个词调整出价。一般针对以下两类词需要适度提高出价：一是高精准词；二是当前基本出价距离“第一页右侧最低出价的词”较近的词。后者因为差距太小，所以不如适当调整出价，使该词的推广能出现在首

4. 需要适度提高出价的词是：

□ 高精准词

□ 当前基本出价距离“第一页右侧最低出价的词”较近的词

页右侧。比如当前某个词的原出价是 0.45 元，点击其出价框显示“第一页右侧最低出价的词”的出价是 0.48 元，因为差距只有 0.03 元，为获取首页更可观的曝光量，可将其出价调整为 0.48 元。

经过上述两项出价调整，有部分词已经能占据首页右侧的位置。然而，直通车的推广计划并没有结束，直通车后台管理可以添加两组“创意图片 + 创意标题”，借此功能可以明显地提高部分关键词的推广评分，一般只需要把选中的关键词放在创意标题中就可以实现。提升这两组创意推广的概率有两种方式：第一种是新建推广计划注入关键词，重点挑选一些热搜的词组合起来分别植入两组创意标题中，这样使得一开始这些热搜词就能提升推广评分；第二种是暂时不添加任何创意标题，而是经过为期 1~2 天的“推广试行期”后，通过观察点击量与曝光量，再决定将那些“值得进一步提升推广评分”的词组合起来放在创意标题里，以进一步提高推广评分，获得更可观的点击量。

经过调整，能够实现：

____

______________________。

二、搜索引擎优化（SEO）

（一）关键词

1. 速卖通搜索框

打开速卖通首页，在搜索框中输入 bracelet，搜索词 bracelet 后面会自动跳出 men、leather、shamballa 等词，这些是速卖通搜索引擎自动推荐的，速卖通不是无缘无故地让这些词出现在这里的，因为这是在速卖通里搜索词 bracelet 后面出现最多的词，如果卖家产品和这些词相关，设置商品标题时可以将这些词带上，这些词又叫热搜词，如图 5–36 所示。

1. 打开速卖通首页，搜索 bracelet，观察搜索框下方是否自动跳出 bracelet men、bracelet leather、bracelet shamballa 等词：

□ 相同

□ 不同

这些词统一称为：______，设置商品标题时是否需要尽可能的带上这些词？

□ 需要

□ 不需要

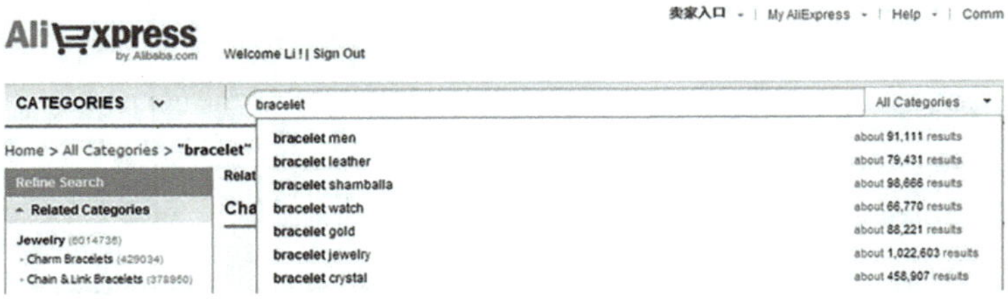

图 5–36　热搜词

如果卖家产品没销量和好评，相对同行卖家又没有价格优势，这样就需要选择长尾词。在搜索框中搜索 bracelet，按空格键，选择最长字符的这个词就是长尾词，这样的词搜索的人不多，但是对于刚起步的卖家，这种词的成交转化率相对较高，如图 5-37 所示。

图 5-37　选择长尾词

2. 类目找关键词

打开速卖通首页，找到卖家产品的所属类目，这些类目的词汇也是属于热搜词，如图 5-38、图 5-39 所示。

图 5-38　类目热搜词

2. 打开速卖通首页，搜索 bracelet，观察左边的 CATEGORIES 窗口，是否看到此产品所属类目：

□ 看到

□ 没看到

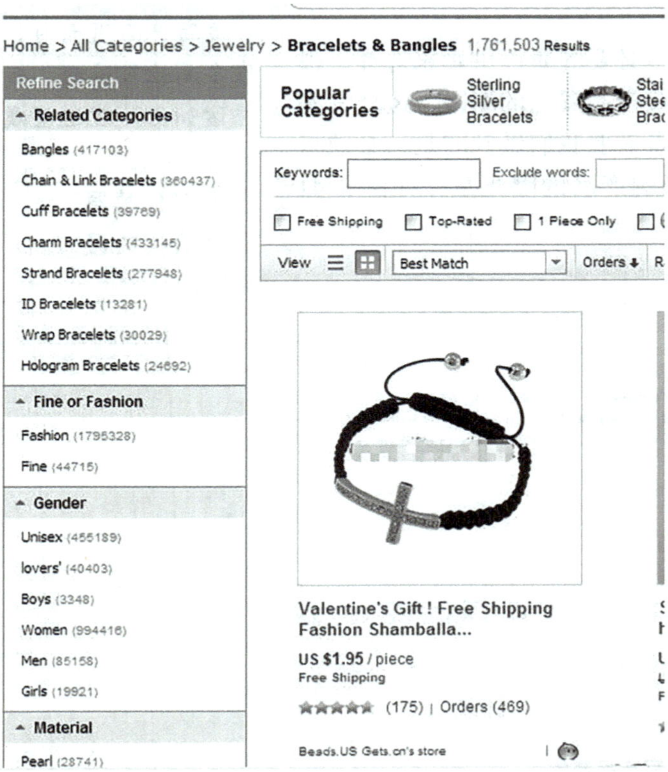

图 5–39　相关类目热搜词

3. 同类产品借鉴

通过竞争对手店铺寻找关键词，假如卖家的词是 bow bracelet，通过速卖通平台的搜索关键词功能查看其他竞争对手店铺的关键词设置，通过借鉴同类产品的关键词，对本店产品的关键词进行设置，如图 5–40 所示。

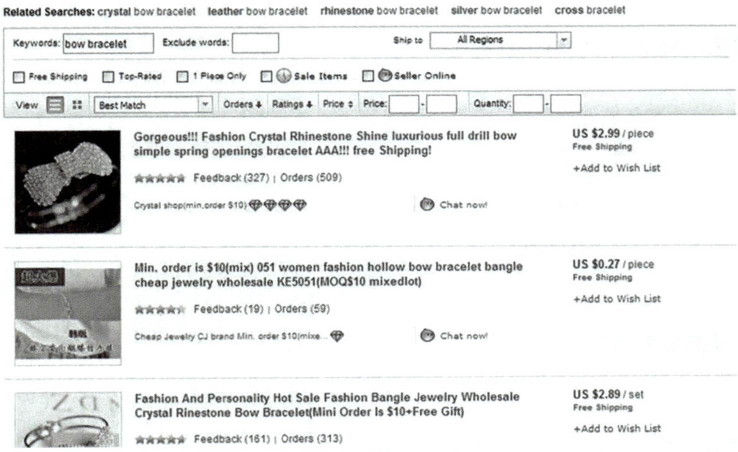

图 5–40　设置关键词

3. 打开速卖通首页，搜索 bracelet，从搜索结果中选择销量比较大的链接，单击进入商品页面，观察其所用的关键词，使用比较多的关键词有＿＿＿＿＿＿＿＿＿＿＿＿＿＿＿＿＿＿＿＿＿＿

这些关键词是否可用？

☐ 可酌情使用

☐ 不可用

（二）填写属性

速卖通编辑产品页面有很多必要的属性供卖家选择，很多人因为不了解产品而放弃一些产品属性的填写，这样其实不利于产品的展示，所以第一点需要我们做到的是：必须将产品属性全部填写，否则会影响产品的曝光量，如图 5–41 所示。

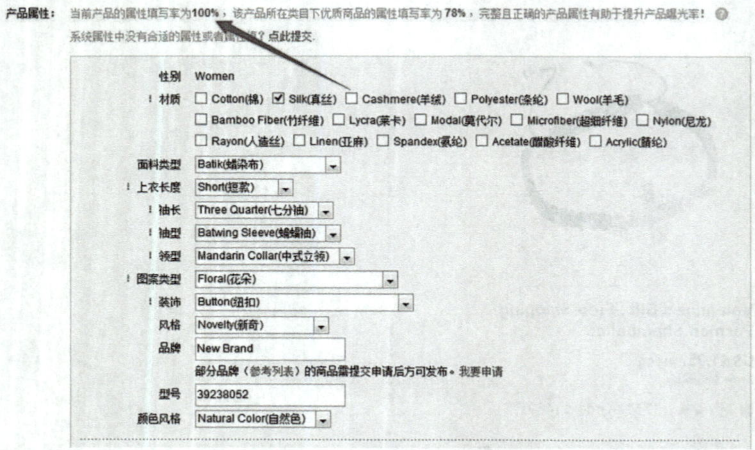

图 5–41　填写产品属性

关于自定义属性，这里虽然并没有强制卖家必须填写，但是一个好的产品，往往会有更多的补充属性，所以这里也需要根据产品的情况来适当补写额外属性，如颜色、尺寸等，如图 5–42 所示。

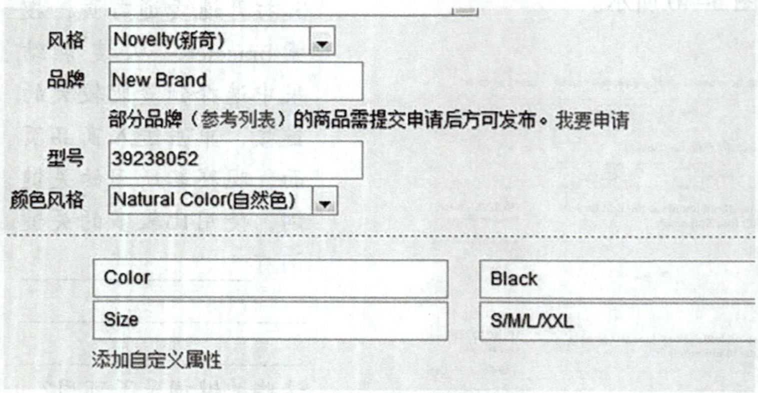

图 5–42　添加额外属性

（三）产品主图

产品主图上传尽量不低于 6 张，且尺寸为 500px × 500px。

4. 编写产品页面时，有很多属性可选择，我们应该如何处理这些属性的填写：

☐ 尽可能填写

☐ 不会写不写

原因：________________________。

产品标题与产品主图要提前准备好，如图 5-43 所示。

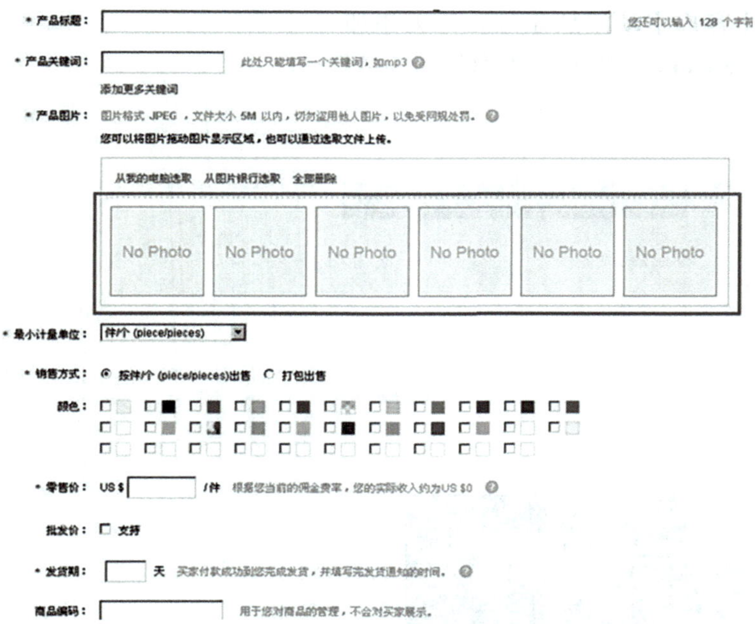

图 5-43　产品图片

（四）丰富描述

完善产品细节，文字描述也要齐全，英文、俄语，葡语等都要包括，因为观看页面的用户可能是各个国家的网民。

三、社交媒体营销

（一）社交网站老客户营销的具体步骤

第一，小刘需要在速卖通后台对老客户进行总结。按照客户的成交次数或者按照客户的成交金额进行筛选，从而确定优质客户。

如图 5-44 所示，分析客户成交金额与成交次数的界面，从而得出优质客户信息，进而找到客户的名字。

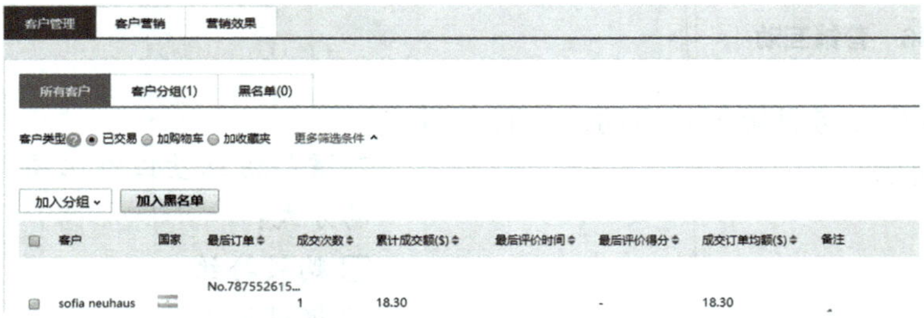

图 5-44　客户管理页面

5. 当我们填写产品细节时，用的文字可以是：

□ 英文

□ 俄语

□ 葡语

原因：________________________________。

1. 选择优质客户的方式：________________________________。

选择出的优质客户可以加入自己的：

□ Facebook

□ VK

□ Twitter

□ Pinterest

进入后可以进行________，也可以进行________。

第二，把筛选出来的客户加入自己的 Facebook、VK、Twitter 或者 Pinterest 等 SNS 账号中，使客户与自己成为好友，或者给客户发邮件，让客户主动添加账号。每天添加好友数量控制在 10—20 个。Facebook 加好友界面如图 5-45 所示。

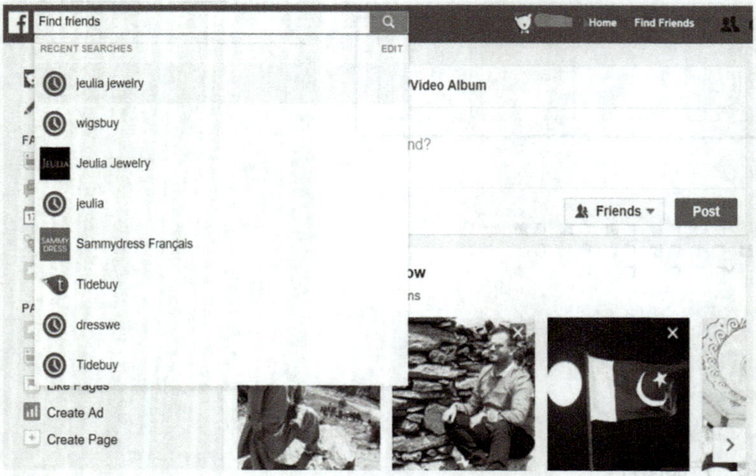

图 5-45　Facebook 加好友页面

第三，把老客户加入 SNS 推广渠道，进行营销互动，如图 5-46 所示。

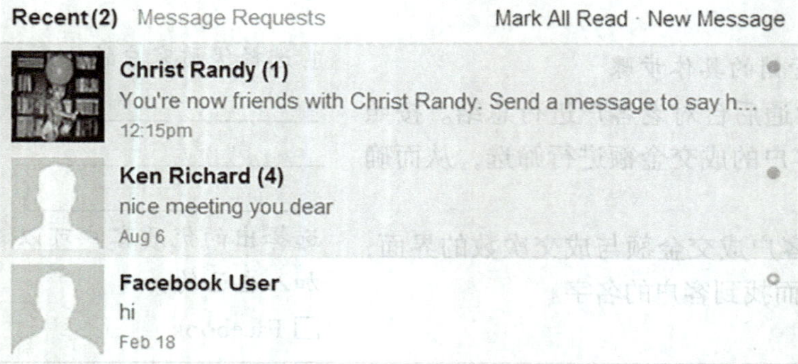

图 5-46　营销互动

第四，可以在 Facebook 中参考日历创建活动，从而定期举办促销活动，如图 5-47 所示。

2. 增加粉丝量性价比高的方式：

□ 购买粉丝

□ 通过搜索添加好友

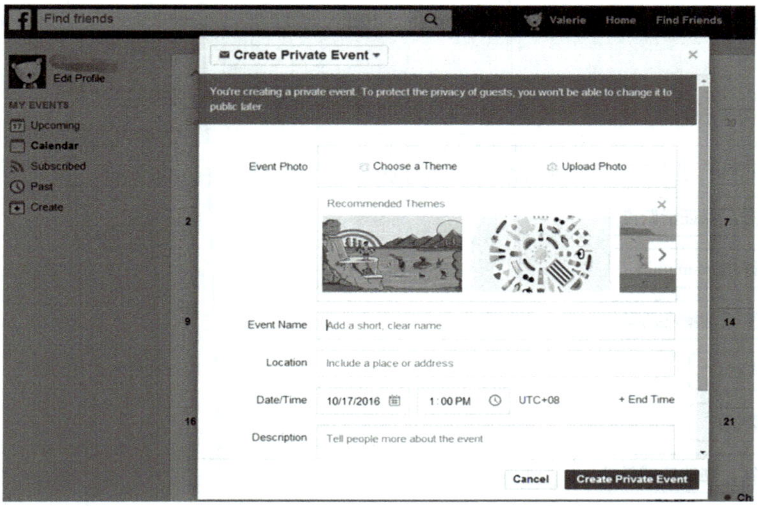

图 5-47　创建活动

（二）社交网站新客户开发策略

1. 增加粉丝

针对新客户开发最重要的操作就是增加粉丝量。下面介绍添加好友的方法，主要是通过添加没有过合作的客户为好友。

以 Facebook 为例，通过搜索添加好友，如图 5-48 所示。

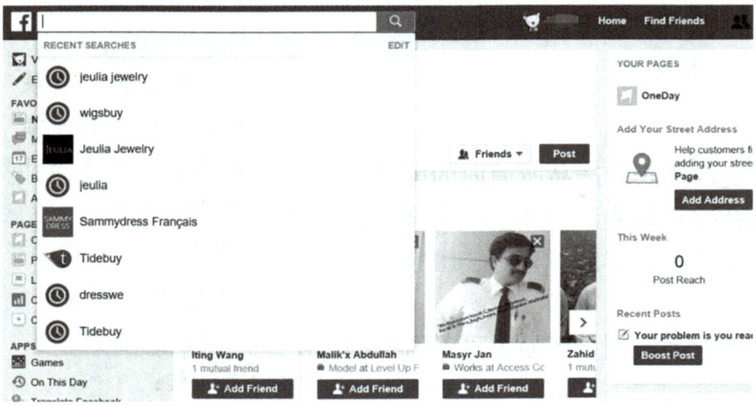

图 5-48　添加好友

2. 推广技巧

新买家 SNS 营销推广策略，主要体现在企业推广技巧上。下面以 Facebook 为例，讲解 SNS 营销推广技巧。Facebook 企业推广技巧（Facebook 是真实性个人社交网站）如图 5-49 所示。

Facebook 进行企业推广，首先需要准备公司和个人简介

3. 如果选用 Facebook 企业推广，需要准备的内容有：

（1）__________

（2）__________

（3）__________

（4）__________

（5）__________

（6）__________

（7）__________

信息，用于注册账号。Facebook 注册时需要准备的材料，如图 5-50 所示。

图 5-49　Facebook 企业推广技巧

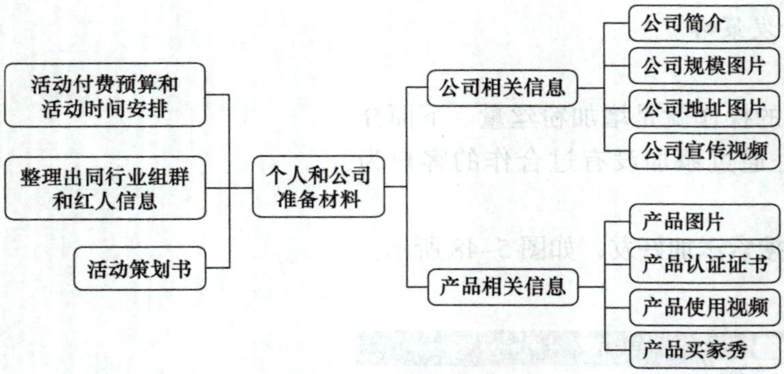

图 5-50　材料准备

（三）内容和互动策划

营销实施前，首先需要定位推广的产品所面向的国家和客户群体，从而根据他们的社交软件使用偏好去确定合适的社交平台。再根据客户群体的性别、年龄、喜好、国家文化去策划推广内容。

下面分享一个卖家的 SNS 营销案例，产品是可爱风格的裙子。

采用的活动方法如下：

1）give away（转发抽奖免费送产品）。

2）红人写评论文章，做评论视频。

3）举办比赛。

4）鼓励客户分享文章和视频。

5）让红人办 give away。

在开展活动前，需要选择参与活动的产品，通常将想要推

4. 策划推广内容需要根据客户群体的______________________来策划；开展活动前要先确定参与活动的产品，一般选用什么产品进行活动：

☐ 收藏多的

☐ 销量大的

☐ 流行款

活动要注意：

☐ 多发产品资料

☐ 晒客户评论

☐ 重视客户留言

☐ 鼓励员工参与互动

广的产品选为社交网站活动产品，而案例中卖家选择的是店铺中被收藏最多的那款产品。产品被收藏最多意味着喜欢这款裙子的客户很多，在做 SNS 营销活动时被传播的概率更大。

建议：为了调动老客户的积极性，可以为老客户设置一个特殊 winner 的奖项。

活动中的注意点：

1）社交重在互动，不要一味地发产品资料。

2）要把客户的真实评论晒出来。

3）如果社交平台有留言，一定要跟踪回复，不然客户会觉得自己不受重视。

4）鼓励员工注册社交账号，尤其是市场部的员工，并积极参与互动。

知识链接

一、辅助社交工具介绍

1. Hootsuite：这是一款可以统一管理多个社交网站账号的工具，能够实现管理用户评论、监控关键词等功能。

2. Google Shorter：可以将长链接缩短，还可以跟踪链接被点击的次数，了解站外推广的效果。举例：我想要推广自己的官网并了解推广效果，可以复制这个链接到 Google Shorter 生成短链接，再将这个链接加上文字发布到社交网站中。另外，如果发送邮件时不想让买家看到短链接，则可以使用图片插入外链。在短链接后添加一个 + 号，就可以看到这个链接被点击的次数、浏览器、移动端或者手机端、IP 地址、操作系统等信息。

3.Bit.ly：这个工具能实时跟踪我们分享的短链接的点击情况，如点击的用户来自哪里；用户在哪里点击了链接；用户点击了多少次等信息。

短链接的弊端在于，缩短之后的链接会变得很奇怪，降低了买家的信任感，但是如果不想让买家或者竞争对手跟踪到我们的数据，最好用短链接的形式做推广。

1. 开展 SNS 可以选择的辅助工具有：

□ Hootsuite

□ Google Shorter

□ Bit.ly

你认为是否有必要选择辅助工具？原因：______

______。

二、社交网站营销技巧

社交网站有三大营销技巧，主要包括：事件营销、红人营销、信息流与瀑布流营销。

事件营销：主要指店铺自主营销后，分享店铺及活动到

2. 开展 SNS 营销可以选择的三种营销方式：

______

______

______

Facebook 页面，如图 5–51 所示。

红人营销：主要通过模特的使用和试穿效果来体现产品效果，比如在 Youtube 上利用红人模特展示假发效果。

信息流与瀑布流营销：主要是指把速卖通上面的产品直接发布到 Pinterest 上面进行营销。

你会选择的方式：________，________

原因：________。

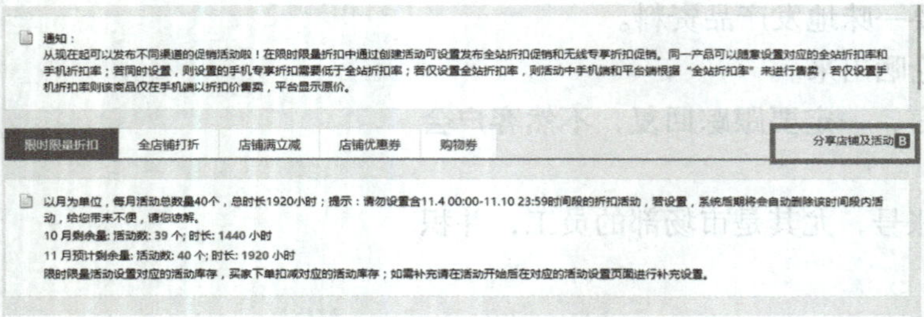

图 5–51　分享店铺及活动

工作结束 >>>

数据整理及备份：☐ 完成　☐ 未完成

关机检查：☐ 正常　☐ 强行关机　☐ 未关机

整理桌面：☐ 完成　☐ 未完成

地面卫生检查：☐ 完成　☐ 未完成

整理椅子：☐ 完成　☐ 未完成

工作评价 >>>

类别	序号	考核项目	考核内容及要求	分值	学生自评	学生互评	教师测评	分数
技术考评（80 分）	1	质量	运用直通车引流	25				
	2		运用搜索引擎优化提升排名	25				
	3		开展 SNS 营销	30				
非技术考评（20 分）	4	态度	学习态度端正	5				
	5	纪律	遵守纪律	5				
	6	协作	有交流、团队合作	5				
	7	文明	保持安静，清理场所	5				
总分：								

任务四 营销效果监测

工作准备 >>>

是否正常培训:(部门经理填) □ 到席 □ 请假 □ 旷工 原因:
是否遵守纪律:(部门经理填) □ 严格遵守 □ 迟到 □ 早退
□ 出位 □ 其他
检查计算机的完好性: □ 完好 □ 故障:报告值班经理并换机

工作过程 >>>

任务分析

小刘实施了各项营销活动后,还需要实时跟进、及时调整、改进活动中出现的问题,保证各项营销活动顺利进行,并根据店铺流量状况,合理调配资源,保证营销效果的最优化。

任务实施

工作内容	工作记录

一、营销活动

1. 报名平台营销活动

报名平台营销活动需要注意以下几点:

1)报名平台营销活动时首先要注意的是活动价格的申报。报名活动时的价格根据不同的活动类型有不同的要求,可以具体参考活动细则。

2)报名平台营销活动时还需要注意活动的库存设置。活动库存区别于产品发布时设置的产品库存,活动报名成功后,活动展示的 SKU 是全量展示,无论产品的普通库存是否为 0,活动都会继续进行展示,所以请谨慎设置活动的库存。活动库存目前只支持(除团购和秒杀以外)平台活动以及限时限量活动的库存补充功能。具体情况可以参考不同活动所要求

1. 开展营销活动前需要关注平台活动的报名情况,报名时需要注意的地方有:

□ 活动价格

□ 库存设置

□ 运费模板

□ 提前报名

的库存量进行设置。

3）报名产品后，需要再仔细检查一下运费模板是否符合活动要求。比如，根据俄罗斯团购要求对俄语系国家包邮，巴西团购要求对葡语系国家包邮等不同情况，尽快调整运费模板以符合活动报名要求，产品一旦锁定，运费模板就不能再进行更改了。

4）尽量第一时间报名平台营销活动。因为平台每期营销活动的运营资源有限，为了避免扎堆报名，应尽量提前报名，以提升入选概率。

2. 维护平台营销活动

1）产品报名成功后需要做好店铺装修、店招、海报、切片营销和关联营销，以实现平台活动最大化带动全店销售的效果。

2）做好定向优惠券营销、收藏夹和购物车营销等，以配合平台营销活动的开展，提升店铺转化率。

3）注意客服的及时性，提升客服的询盘回复速度，增加客服在线时长，以满足不同国家和地区的时差。

4）活动结束后应及时发货，做好售后服务，提升好评率，提升买家购买体验和服务体验，留住老买家。

一次优秀的平台营销活动可以为店铺带来极大的流量和订单，是速卖通平台最快捷有效的营销方式。

2. 成功报名平台营销活动后，需要完成的操作有：

□ 做好店铺视觉设计

□ 做好活动造势

□ 及时回复客户

你认为还需要做好哪些地方？

____

___________________。

二、流量分析与运营修复

1. 流量查询与分析

小刘想要监测营销效果，引入更多流量，可以通过速卖通后台的数据纵横展开分析。

首先，打开速卖通后台，单击“数据纵横”→“流量分析”，如图 5–52 所示。

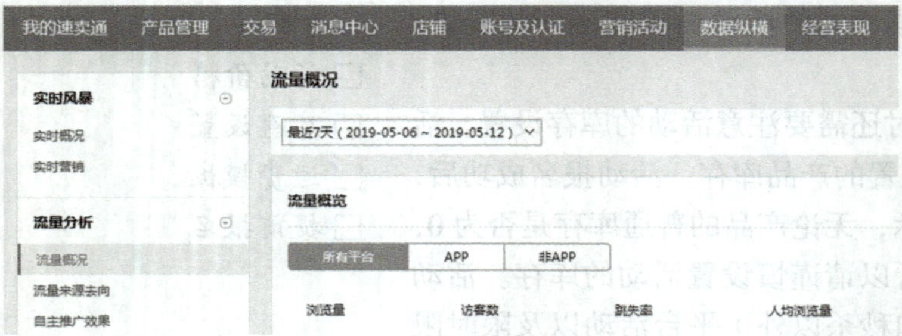

图 5–52 流量分析页面

1. 观察速卖通平台产品流量的入口是：

□ 数据纵横

□ 千牛平台

分析流量的方面涉及：

____

____

____

___________________。

通过流量概况小刘对自己店铺营销活动实施后的流量会有一个整体的把握，对流量趋势有整体的判断。核心指标全部为流量相关指标，少部分交易指标用于协助判断流量的健康度。卖家可利用流量概览和国家流量分布查询与分析流量。

（1）流量概览

流量概览模块可以对平台和国家进行选择，这里的国家是前 30 个核心的国家，平台分为三类：所有平台、APP 和非 APP，其中非 APP 包含 PC 端浏览器访问、手机和 Pad 端浏览器访问等。流量概览页面如图 5-53 所示。

图 5-53　流量概览页面

小刘通过对活动实施期间的访客数、跳失率、加购点击次数等进行统计，与活动实施前数据进行比较。

（2）国家流量分布

国家流量分布主要为了让卖家能够了解自己主要的流量来源于哪些国家，目前主要列出 TOP5 的国家数据，并对相应的指标提供了对应的趋势变化，国家使用标准的国家二字码显示。

2. 运营修复

小刘对营销活动实施期间网店的各项流量数据进行分析，发现店铺销量提升并不明显，他需要通过以下方面进行完善，持续为店铺引流。

1）在选品时需要综合考虑产品销售国家的习俗、爱好以及忌讳，比如，西班牙买家喜欢石榴花，卖家做西班牙市场时可以选择带有石榴花的物品。此外，西方人不喜欢 13 这个数字，在产品定价时尽量避免这个数字。

2）很多买家都是通过关键词来筛选产品的，属性参数的配置会对曝光率有很好的提高，但很多卖家在上传产品时不添加或者少写产品属性，无形中就降低了产品的搜索权重。产品属性一定要填写完整，自定义属性一般有 10 个，卖家尽量也全部填写。

2. 经过流量分析后需要对店铺运营进行修复，可以从以下几个方面考虑：

- □ 了解习俗避开忌讳
- □ 检查属性信息是否完整
- □ 检查产品图片是否齐全有吸引力
- □ 检查物流服务质量
- □ 检查橱窗运用情况

3）卖家在产品图片展示方面要重视，在上传产品图片时尽量多角度展示，如产品的细节展示、正面展示、侧面展示以及买家秀展示等。此外，保证图片的质量，主图清晰度要高，能够吸引人，要让买家看到后想要了解详细信息。

4）除产品质量外，买家还会考虑物流的问题，如物流是否便宜、速度是否快，这也是影响产品销量的一个因素。建议卖家多选择几种物流方式，让买家有选择的余地，在价格、时效性、覆盖范围方面都能满足买家需求。

5）速卖通所有产品销售周期一般是14天，即将下架的商品在速卖通中获取的流量比刚上架的商品更多，建议橱窗推荐产品可优先选择快要下架的产品，这样曝光率会更高。

知识链接

流量概览各项指标及其说明

浏览量：浏览店铺页面和商品页面的次数。

访客数：浏览店铺页面和商品页面的访客数，注意访客数只对天的数据进行去重，多天的数据直接加和。

跳失率：只访问了一个页面的访客数占所有访客数的比例。

人均浏览量：人均浏览的页面数。

平均停留时长：每个页面平均停留的时间，单位为秒。

客单价：店铺整体成交金额除以店铺成交的买家数。

加收藏夹人数：添加收藏夹的访客数。

加购人数：添加购物车的访客数。

下单转化率：下单买家数除以访客数。

支付转化率：支付买家数除以访客数。

新访客占比：第一次访问该卖家的访客数占比。

新买家占比：第一次在该卖家下单的买家数占比。

1. 如果要观察店铺被浏览的次数，可以查：

□ 访客数

□ 人均浏览量

□ 浏览量

2. 计算下单转化率的公式：________________。

工作结束

数据整理及备份：□ 完成　□ 未完成

关机检查：□ 正常　□ 强行关机　□ 未关机

整理桌面：□ 完成　□ 未完成

地面卫生检查：□ 完成　□ 未完成

整理椅子：□ 完成　□ 未完成

工作评价

类别	序号	考核项目	考核内容及要求	分值	学生自评	学生互评	教师测评	分数
技术考评（80分）	1	质量	熟悉各种运营数据的意义	10				
	2		报名平台营销活动	20				
	3		读取店铺运营数据	15				
	4		分析店铺数据	20				
	5		根据分析结果进行店铺修复	15				
非技术考评（20分）	6	态度	学习态度端正	5				
	7	纪律	遵守纪律	5				
	8	协作	有交流、团队合作	5				
	9	文明	保持安静，清理场所	5				
总分：								

项目六

06

跨境电商物流

知识目标

1. 认知国际物流的发展现状、运输方式及网规。
2. 了解海外仓。

技能目标

1. 能够独立设置物流模板。
2. 能够申请海外仓，并设置海外仓物流模板。

素养目标

1. 督促学生养成善于观察思考、精研业务、认真工作的习惯。
2. 培养学生大国工匠型职业修养，增强其大国自信和社会责任感。

任务分解

本项目包含了三个任务，具体为：

任务一 认知国际物流；

任务二 设置物流运费模板；

任务三 设置海外仓物流模板。

本项目旨在引导学生了解跨境电商物流的相关知识，包括国际物流运输方式、国际物流网规、物流运费模板的设置、海外仓的申请等，通过本任务学习，学生能够熟练掌握跨境电商平台物流设置相关技巧。

任务情境

小刘在速卖通上开通了网店，并完成了店铺装修、活动策划，现在需要解决的问题是，当用户下单后，选择什么运输方式、物流运费模板该如何设置、海外仓申请流程是怎样的。这些问题能否妥善解决，将直接影响到买家的售后体验。

任务一 认知国际物流

工作准备

是否正常培训：（部门经理填） □ 到席 □ 请假 □ 旷工 原因：
是否遵守纪律：（部门经理填） □ 严格遵守 □ 迟到 □ 早退
□ 出位 □ 其他
检查计算机的完好性： □ 完好 □ 故障：报告值班经理并换机

工作过程

任务分析

国际物流又叫全球物流，是国家之间的物流，比国内物流更加复杂，所涉及的内容更广，如关税、报税、物流标准、运输方式、物流网规等，小刘要了解国际物流，需要从其概念、运输方式、网规等方面进行学习。

任务实施

工作内容	工作记录

一、国际物流概述

国际物流，是指生产和消费的主体分别在两个或两个以上的国家独立进行时，为了解决生产和消费之间的空间与时间上的距离，对双方所需物资进行物理性移动的一项国际商品交易或交流活动，从而完成国际的商品交易。

国际物流的实质，是根据国际分工的原则，依照国际惯例及规定，利用国际化的物流网络、物流设施和物流技术，实现商品在国际的流动与交换，从而促进区域经济发展，优化世界资源配置，比如汽车制造供应链的上下游都需要物流进行流通。

国际物流业务运作流程图如图 6-1 所示。

1. 国际物流是为了解决生产和消费之间的______与______上的距离，完成的______商品交易。

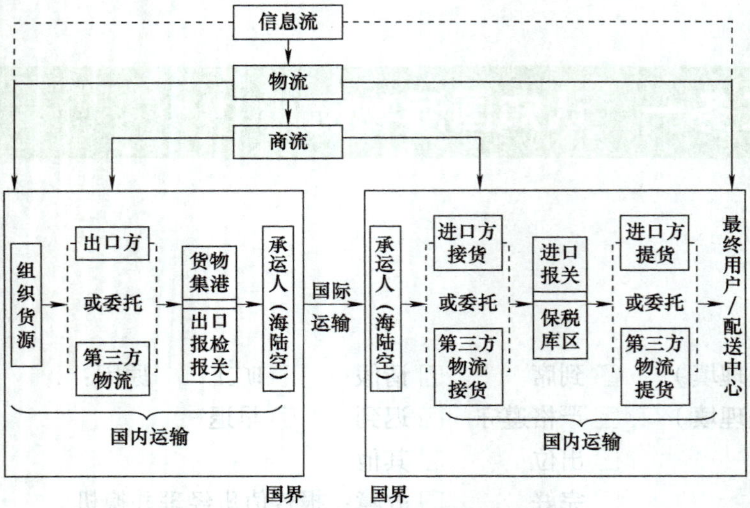

图 6-1　国际物流业务运作流程图

随着现代物流技术的发展，如 AR 技术、AI 技术、物联网技术等，国际物流发展也随之呈现出了一些新特点：

1. 物流系统更加集成化

各个国家为了适应经济全球化背景下的“物流无国界”发展需要，纷纷在国际上积极布局跨国物流园区建设，同时也帮助国内大型物流企业完成国际的资源整合，推动国内物流系统向国际化接轨。

2. 管理更加网络化

国际物流以现代信息技术为基础，强化资源整合和优化，推动信息化与标准化这两大关键技术的发展，使其可以实现跨国界、跨区域的信息共享，让物流信息的传递更加方便、快捷、准确，加强整个物流系统的信息连接，从而形成一个纵横交错、四通八达的物流网络。

3. 标准更加统一化

国际物流标准化主要体现在系统的标准化、作业的标准化，如制定系统内部设施、机械装备、专用工具等各个分系统的技术标准；制定各系统内分领域的包装、装卸、运输、配送等方面的工作标准，从而方便国际物流的快速流转、信息的有效沟通。

4. 配送更加精细化

市场需求瞬息万变，竞争环境也日趋激烈，对于物流企业与整个系统之间的协同配合能力提出了更高的要求，要求物流企业能够全面跟踪和监控客户的需求，及时、准确、高品质地将产品和服务递交给客户。在此背景下，国际物流要

2. 国际物流的管理网络化体现在____。

3. 国际物流标准化主要体现在________的标准化、________的标准化。

4. 国际物流标准化的作用是____。

做到零阻力、无时差的协同作业，需要加强业务流程之间的紧密集成，全球配送的精细化管理。

5. 运输更加现代化

国际物流要适应快节奏的竞争特点，就需要通过实现高度的机械化、自动化、标准化手段来提高物流的速度和销量，要求建立起海路、空运、铁路、公路为一体的“立体化”运输体系，达到快速便捷的“一条龙”服务目的。

5. “立体化”运输体系指的是________________________________。

二、物流运输方式的选择

在跨境电子商务物流中，常常被用到的物流运输方式有邮政物流、商业快递、专线物流、其他物流方式等，每一种物流运输方式所能适用的场景不同，小刘在速卖通上进行物流运输方式的选择时，需要对每一个运输方式进行详细了解，并结合自身产品特点、物流成本规划等进行综合选择。

（一）邮政物流

邮政物流包括各国的邮政航空大包、小包，以及中国邮政速递物流分公司的 EMS、ePacket 等。

1. EMS

EMS，即 Express Mail Service，特快专递邮件业务。该业务在各国邮政、海关、航空等部门均享有优先处理权，以高速度、高质量为用户传递国际紧急信函、文件资料、金融票据、商品货样等各类文件资料和物品，同时提供多种形式的邮件跟踪查询服务。EMS 还提供代客包装、代客报关、代办保险等一系列综合延伸服务。

1. 要传递国际紧急信函、文件资料会选择__________物流。

（1）EMS 的资费标准

EMS 快递的资费标准因区域不同、折扣不同而各不相同，可以经其官网进行查询，如图 6-2、图 6-3 所示。

2. 在 EMS 官网，查询从南宁寄 2 公斤的物品至广州，预计______元。

资费区	*起重500克及以内		续重500克或其零数
	文件	物品	
一区	90	130	30
二区	115	180	40
三区	130	190	45
四区	160	210	55
五区	180	240	75
六区	220	280	75
七区	240	300	80
八区	260	335	100
九区	370	445	120

图 6-2　特快专递、中速快件资费

收寄范围	通达范围	文件		物品	
		起重500克及以内	续重每500克或其零数	起重500克及以内	续重每500克或其零数
广东（不含深圳至香港、珠海至澳门）	香港、澳门	70	30	80	20
深圳	香港	60	30	70	20
珠海	澳门	60	30	70	20
福建	香港、澳门	70	30	80	20

图 6-3　部分边境（口岸）地区特快专递资费

（2）EMS 的参考时效

EMS 国际快递参考时效如表 6-1 所示。

表 6-1　EMS 国际快递参考时效

区域	时效 / 天
东南亚	3~8
美国、加拿大	5~8
澳大利亚、新西兰	5~9
欧洲	4~9
南亚	6~10
中东	7~12
南美	8~12
非洲	8~12

（3）EMS 优势

在国际物流中，EMS 主要有以下几个突出的优点：

1）邮政的投递网络强大，覆盖面广，价格比较合理。

2）不用提供商业发票就可以清关，而且具有优先通关的权利，即使通关不过的货物也可以免费运回国内，其他快递一般都要收费。

3）EMS 适合于发小件，而且对时效要求不高的货物，可走敏感货物流，不容易产生关税问题。

4）EMS 寄往南美国家及俄罗斯等国家有绝对优势。

（4）EMS 劣势

EMS 也存在着以下几个比较明显的缺点：

1）EMS 相比于商业快递来说，速递会偏慢一些。

2）查询网站信息滞后，一旦出现了问题只能做书面查询，查询时间较长。

3. 列举选择 EMS 的三个原因：

（1）________________________________。

（2）________________________________。

（3）________________________________。

3）EMS 不可以一票多件，大货价格偏高。

2. ePacket

ePacket 俗称 e 邮宝，又称 EUB，是中国邮政速递物流旗下的国际电子商务业务。ePacket 目前可发往美国、澳大利亚、英国、加拿大、法国、俄罗斯。

其中，美国、澳大利亚和加拿大 ePacket 业务提供全程时限跟踪查询，但不提供收件人签收证明；英国 ePacket 业务提供收寄、出口封发和进口接收信息，不提供投递确认信息。需要注意的是，e 邮宝业务不受理查单业务，不提供邮件丢失、延误赔偿。因此，e 邮宝并不适合寄递一些比较高价值的产品。

3. 中国邮政大包（China Post Air Parcel）

China Post Air Parcel 即中国邮政大包，俗称中邮大包。中国邮政大包除了航空大包外，还包括水陆运输、空运水陆路运输的大包，可寄达全球 200 多个国家，价格低廉，清关能力强，对时效性要求不高而重量稍重的货物，可选择此方式发货。

（1）中邮大包的优势

中邮大包拥有中国邮政的大部分优点，主要包括：

1）成本低。价格比 EMS 稍低，且和 EMS 一样不计算体积重量，没有偏远附加费，相对于其他运输方式（如 EMS、DHL、UPS、Fedex、TNT 等）来说，中国邮政大包服务有较好的价格优势。采用此种发货方式可最大限度地降低成本，提升价格竞争力。

2）交寄相对方便，可以到达全球各地，只要有邮局的地方都可以到达，且清关能力非常强。

3）方便，快捷，单一的运单，并由公司统一打印，减少了客户的麻烦。

（2）中邮大包的劣势

中邮大包也具有如下不足：

1）部分国家限重 10kg，最多只能寄 30kg。

2）妥投速递慢。

3）查询信息更新慢。

4. 中国邮政小包（China Post Air Mail）

中国邮政小包，俗称中邮小包、邮政小包、航空小包，及其他以收寄地市局命名的小包（如“北京小包”）。国际小包是指包裹重量在 2kg 以内（阿富汗为 1kg 以内），外包装长、宽、高之和小于 90cm，且最长边小于 60cm，通过邮政空邮服务寄往国外的小邮包。国际小包可以分为中国邮政平常小包（China Post Ordinary Small Packet Plus）和中国邮政挂

4. e 邮宝目前可发往的国家有______、______、______、______、______、______。

5. 对时效性要求不高而重量稍重的货物，可选择______物流方式。

6. 中邮大包最多只能寄______kg。

7. 中邮小包的规格要求是重量______、外包装____________。

号小包（China Post Registered Air Mail）两种。两者的主要区别在于挂号小包提供的物流跟踪条码能实时跟踪邮包在大部分目的国家的实时状态；平邮小包不受理查询，但能通过面单条码以电话查询形式查询到邮包在国内的状态。

（二）商业快递

速卖通平台常用的商业快递方式包括 TNT、UPS、FedEx、DHL、Toll、SF Express 等。不同的国际快递公司具有不同的渠道，在价格、服务、时效上都有所不同，如表 6–2 所示。

8. 速卖通平台常用的商业快递方式中，退件的费用需自理的是________________。

表 6–2 不同商业快递对比

商业快递	资费与跟踪查询	配送时效	优点	缺点
TNT	https://www.tnt.com	3~7 个工作日	1. 速度快 2. 通关能力强 3. 网络覆盖比较全 4. 可免费追踪、查询货物	1. 对所运货物限制比较多 2. 价格相对较高
UPS	https://www.ups.com	2~5 个工作日	1. 速度快 2. 服务好 3. 服务覆盖 220 个国家及地区 4. 可在线发货、上门取货 5. 全程追踪包裹信息	1. 运费较贵 2. 对托运物品的限制比较严格
FedEx	https://www.fedex.com.cn	2~6 个工作日	1. 南美洲的价格较有竞争力 2. 网站信息更新快 3. 网络覆盖全	1. 价格较贵 2. 对托运物品限制也比较严格
DHL	https://www.dhl.com	1~7 个工作日	1. 可送达国家网点比较多 2. 配送周期短 3. 货物状态更新及时	1. 递送小货价格较贵 2. 对托运物品的限制比较严格
Toll	https://tollgroup.com	3~5 个工作日	1. 网点遍及五大洲 2. 时效快 3. 价格优	1. 寄送限制较多 2. 退件的费用需自理
SF Express	https://www.sf-express.com	3~5 个工作日	1. 国内服务网点分布广 2. 收派服务队伍庞大 3. 价格有一定竞争力	顺丰开展国际快递业务较晚，开通线路有待增加

9. 如果你是速卖通的一个新手卖家，结合自身物流预算，你会选择的商业快递是________。原因是____________。

商业快递需要结合自身物流预算、商品特点、入驻平台的物流服务及推荐方案等综合进行选择。小刘则需结合速卖通后台了解商业快递，如图 6-4 所示。

图 6-4　速卖通物流服务及推荐方案

（三）专线物流

国际物流中常常会用到的专线物流，包括 Special Line-YW（航空专线 - 燕文）、Russian Air（中俄航空专线）、Aramex（中外运安迈世）、速优宝 - 芬兰邮政、中俄快递 -SPSR，每一种专线物流业务所覆盖的范围不同、配送时效不同、优势不同，如表 6-3 所示。

10. 如果想要有送货到门服务会选择的是________专线物流。

表 6-3　各个专线物流对比

专线物流	覆盖范围	配送时效	优势
Special Line-YW	美国、欧洲、澳大利亚、中东、南美	16~35 天	1. 时效快 2. 配送范围广泛 3. 有赔付保障
Russian Air	俄罗斯全境	15~25 天	1. 经济实惠 2. 可邮寄范围广泛 3. 运送时效快 4. 全程可追踪
Aramex	中东、北非、南亚等 20 多个国家	3~8 天	1. 运费价格是 DHL 的 60% 左右 2. 时效有保障 3. 无偏远优势 4. 包裹状态信息实时更新

（续）

专线物流	覆盖范围	配送时效	优势
速优宝－芬兰邮政	俄罗斯及白俄罗斯全境	35 天内必达	1. 运费价格较低 2. 时效有保障
中俄快递－SPSR	俄罗斯全境	14~32 天	1. 时效快 2. 物流信息可及时查询 3. 默认送货到门服务

11. 作为卖家选择其他物流方式的时候需要注意：选择______物流渠道；选择的专线物流必须____________。

（四）其他物流方式

使用其他物流方式多为两种情况。第一种情况是卖家使用的物流方式不能在运费模板内进行选择并设置，因此卖家需要手动增加物流方式；第二种情况是部分物流公司使用转运单号，该单号在卖家发货后即在物流公司网站上自动生成，或由物流公司相关人员提供，卖家可以在物流公司的网站跟踪到包裹信息。

这里要注意的是，从买家的购物体验方面考虑，平台建议卖家选择正规的、风险可控的物流渠道，对于卖家自行选择的专线物流，需要确保该物流有资质及有能力提供相应的物流服务，并在提供服务的过程中保障买家的体验，否则将承担对应的风险。对于无法核实真伪的物流跟踪信息，速卖通有权不予认可。

三、国际物流网规

卖家除了对各种常用的国际物流知识有一定的了解，能够设置适合自己的运费模版外，也需要对国际物流网规有一定的认识，避免因触犯规定而受到处罚。国际物流网规主要包括以下几个方面。

1. 过去 30 天内的小包“未收到货”纠纷______笔且小包“未收到货”纠纷率______的卖家会员，速卖通有权限制卖家使用______。

1）速卖通只支持卖家使用航空物流方式，支持的物流方式有 UPS、DHL、FedEx、TNT、EMS、顺丰、中国邮政及其他速卖通日后指定的其他物流方式。

2）卖家发货所用的物流方式必须是买家所选择的物流方式，未经买家同意，不得无故更改物流方式。虽然卖家出于好意更改了更快的物流方式，但仍需获得买家同意，以免后续产生纠纷风险。

3）卖家填写发货通知时，所填写的运单号必须真实并可查询。

4）过去 30 天内的小包“未收到货”纠纷大于等于两笔且小包“未收到货”纠纷率大于 15% 的卖家会员，速卖通有权限制卖家使用航空大、小包。

5）卖家需要谨慎选择物流发货渠道，平台鼓励卖家选择速卖通提供的线上发货物流渠道。速卖通只认可以下物流跟踪信息：线上发货物流跟踪信息、各国邮政官网、UPS 官网、DHL 官网、FedEx 官网、TNT 官网、Toll 官网、EMS 官网、顺丰官网提供的物流跟踪信息。

对于无法核实真伪的物流跟踪信息，速卖通有权不予认可。

知识链接

跨境电商物流模式

目前，跨境电商物流主要有五种模式。

第一种是国际小包。据不完全统计，中国跨境电商出口业务 70% 的包裹都通过邮政系统投递，其中中国邮政占据 50% 左右的份额。虽然邮政网络基本覆盖全球，但运输时间较长。

第二种是国际快递，主要由 UPS、Fedex、DHL、TNT 四大巨头包揽。国际快递速度快、客户体验好，但价格昂贵。例如使用 UPS 从中国寄包裹送到美国，最快可在 48 小时内到达。

第三种为海外仓。卖家先将货物存储到海外仓库，然后根据订单情况进行货物的分拣、包装以及规模化递送。虽然解决了邮寄成本高昂、配送周期漫长的问题，但也存在容易压货、运维成本高等问题。

第四种是跨境专线物流。一般是通过航空包舱方式将货物运输到国外，再通过合作公司进行目的地国国内的派送。这种方式通过规模效应降低成本，但在国内的揽收范围相对有限，覆盖地区有待扩大。

第五种是国内快递的国际化服务。申通、顺丰均在跨境物流方面早早布局。但由于并非专注跨境业务，覆盖的海外市场也比较有限。

1. 据不完全统计，中国跨境电商出口业务 70% 的包裹都通过________投递。

跨境电商物流主要有五种模式：

（1）________________。

（2）________________。

（3）________________。

（4）________________。

（5）________________。

工作结束 ›››

数据整理及备份：☐ 完成　☐ 未完成

关机检查：☐ 正常　☐ 强行关机　☐ 未关机

整理桌面：☐ 完成　☐ 未完成

地面卫生检查：☐ 完成　☐ 未完成

整理椅子：☐ 完成　☐ 未完成

工作评价

类别	序号	考核项目	考核内容及要求	分值	学生自评	学生互评	教师测评	分数
技术考评（80分）	1	质量	了解跨境物流的概念、实质及特点	15				
	2		掌握物流运输方式的选择、区分	20				
	3		通过官网查询资费	15				
	4		选择其他物流方式的注意事项	15				
	5		了解国际物流网规	15				
非技术考评（20分）	6	态度	学习态度端正	5				
	7	纪律	遵守纪律	5				
	8	协作	有交流、团队合作	5				
	9	文明	保持安静，清理场所	5				
总分：								

任务二　设置物流运费模板

工作准备

是否正常培训：（部门经理填）　□ 到席　□ 请假　□ 旷工　原因：

是否遵守纪律：（部门经理填）　□ 严格遵守　□ 迟到　□ 早退　□ 出位　□ 其他

检查计算机的完好性：　□ 完好　□ 故障：报告值班经理并换机

工作过程

任务分析

小刘了解了国际常用的物流运输方式后，结合速卖通平台及个人实际情况，最终选用了中国邮政承担物流运输任务。小刘在速卖通后台发布产品时，看到有“新手运费模板”“自定义的运费模板”两种选择，发现需要完成运费模板的设置任务。

任务实施

工作内容	工作记录

一、新手运费模板

步骤 1：登录速卖通店铺后台，选择“产品管理”→“模板管理”→“运费模板”，进入“管理运费模板”界面，如图 6-5 所示。

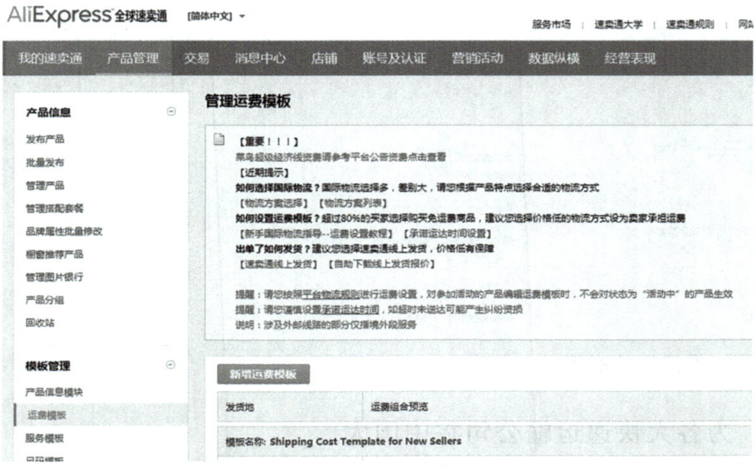

图 6-5　“管理运费模板”界面

步骤 2：单击“新增运费模板”下的“模板名称：Shipping Cost Template for New Sellers”，进入“查看运费模板：新手运费模板”界面，如图 6-6 所示。

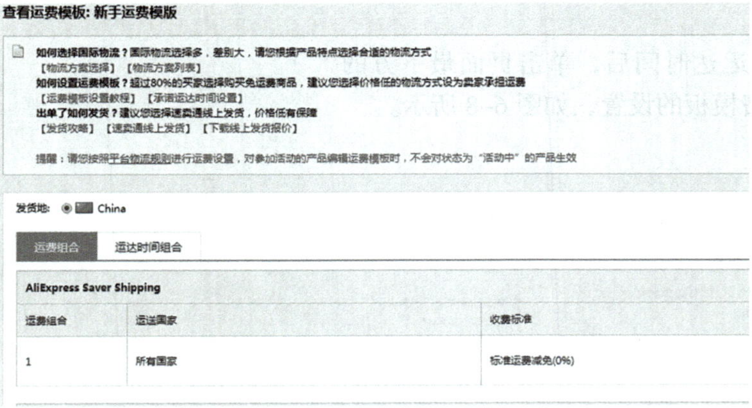

图 6-6　“查看运费模板：新手运费模板”界面

□ 1. 打开速卖通首页，https://www.aliexpress.com，进入“我的速卖通”；选择“产品管理”→“模板管理”→“运费模板”。

□ 2. 单击“新增运费模板”，设置运费组合和运达时间组合。

步骤 3：设置运费组合和运达时间组合，速卖通提供的运费组合包含了 AliExpress Saver Shipping、AliExpress Premium Shipping、AliExpress Standard Shipping、China Post Registered Air Mail、EMS、ePacket 等，单击页面最下方的“编辑”按钮，可对所选物流方式的运费及运达时间进行设置，如图 6-7 所示。

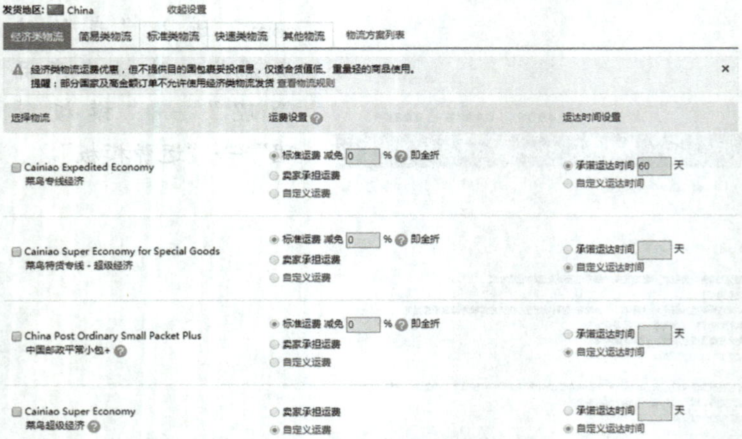

图 6-7　设置运费及运达时间

系统提供的标准运费，为各大快递运输公司在中国大陆地区公布的价格，对应的减免折扣率是根据目前速卖通平台与中国邮政洽谈的优惠折扣。平台显示的“其余国家”“不发货”包含了两重意思：一是部分国家或地区不通邮或邮路不够理想；二是部分国家或地区有更优惠的物流方式可选。

从“运达时间组合”上看，“承诺运达时间”为平台判断包裹寄到收件人所需的时间。

步骤 4：设置完运费及运达时间后，单击页面最下方的“保存”按钮，完成新手运费模板的设置，如图 6-8 所示。

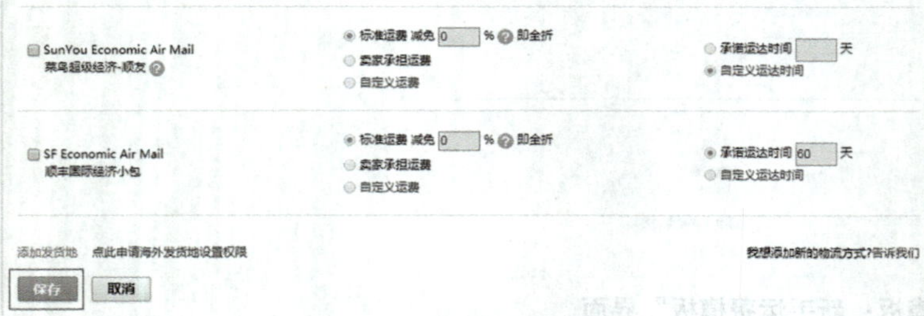

图 6-8　保存新手运费模板

3. 你选择的物流方式是________，运费设置为________，承诺运达时间是____天。

二、自定义运费模板

小刘在实际运营中发现，“新手运费模板”所能体现的物流运输并不能满足客户的个性化需求，这就需要用到“自定义运费模板”增加更多的物流运输服务商，提高用户的购物体验。

在设置“自定义运费模板”时，小刘分析了不同物流服务商的运送范围、揽收范围、时效承诺、禁限售商品、优惠政策等，经过洽谈，与适合店铺的物流服务商签订长期合约，接下来就需要在速卖通后台设置自己的个性化运费模板，具体操作如下。

□ 1. 进入速卖通后台，选择“产品管理”→“模板管理”→“运费模板”→“新增运费模板”→“自定义运费模板”→“编辑”设置模板名称。

步骤 1：进入速卖通后台，选择“产品管理”→“模板管理”→“运费模板”，进入“管理运费模板”界面，直接单击“新增运费模板”按钮，如图 6–9 所示。或者单击“编辑”按钮编辑新手运费模板，进入“自定义运费模板”设置界面。

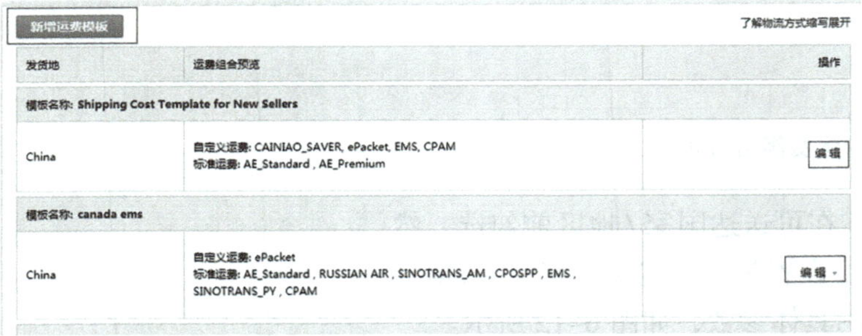

图 6–9　新增运费模板

□ 2. 单击“展开设置”，勾选运费模板，选择送达地区，单击运费设置栏中的“自定义运费”。

步骤 2：输入运费模板名称，保存生成新的自定义模板，如图 6–10 所示。

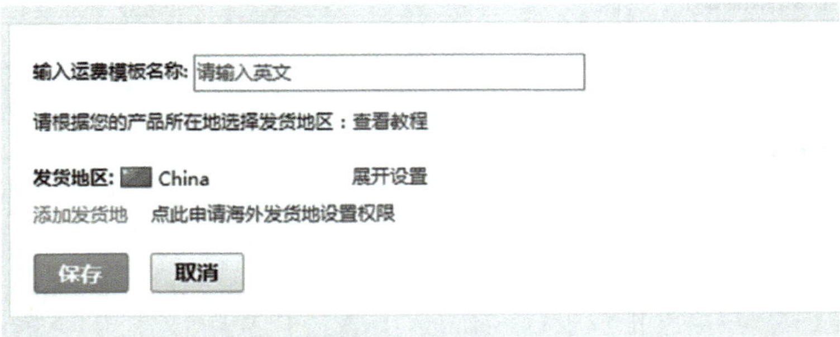

图 6–10　输入运费模板名称

□ 3. 选择刚刚设置的自定义运费模板的“自定义运达时间”，进行运达时间设置。

步骤 3：单击发货地区后面的“展开设置”，勾选刚刚设置的运费模板，单击运费设置栏中的“自定义运费”，进入自定义运费组合设置，如图 6–11 所示。

4. 你设置的模板名称是________，承诺运达时间是____天。

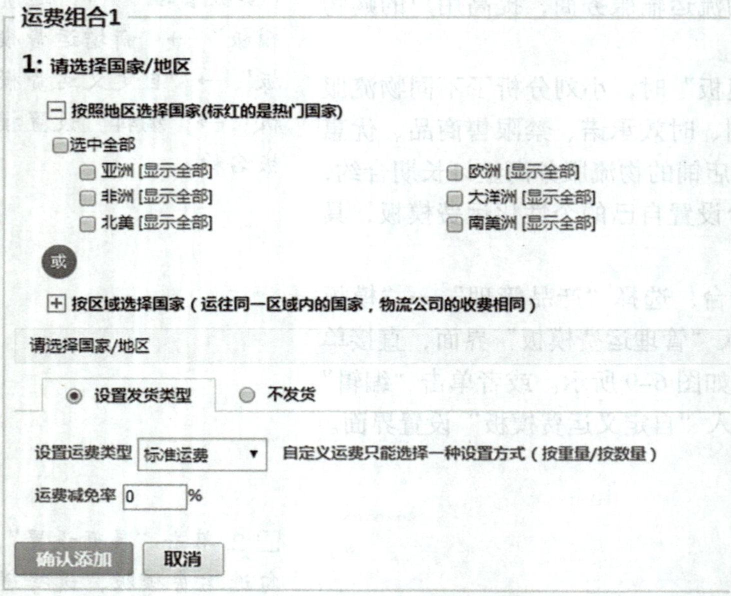

图 6–11　运费组合设置

步骤 4：选择送达地区，在可送达国家 / 地区前勾选，然后设置发货类型，将运费类型设置为“自定义运费”，根据合约设置“按重量设置运费”的具体参数，如图 6–12 所示。

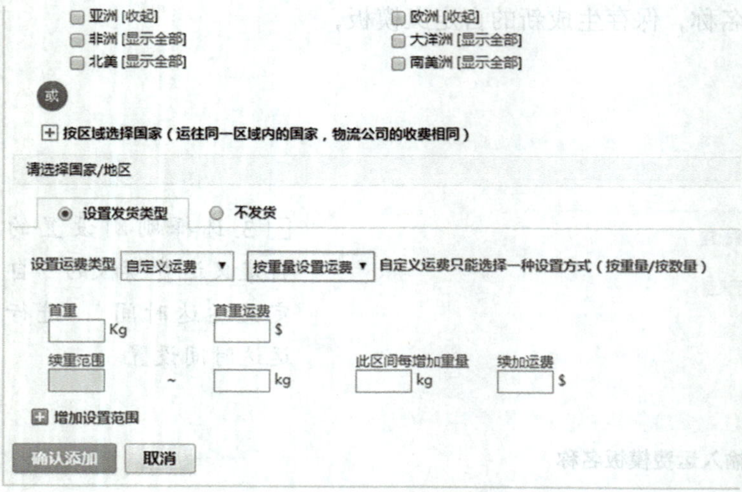

图 6–12　设置发货类型

步骤 5：选择刚刚设置的自定义运费模板后的“自定义运达时间”，进入运达时间组合页面，进行运达时间组合设置，如图 6–13 所示。

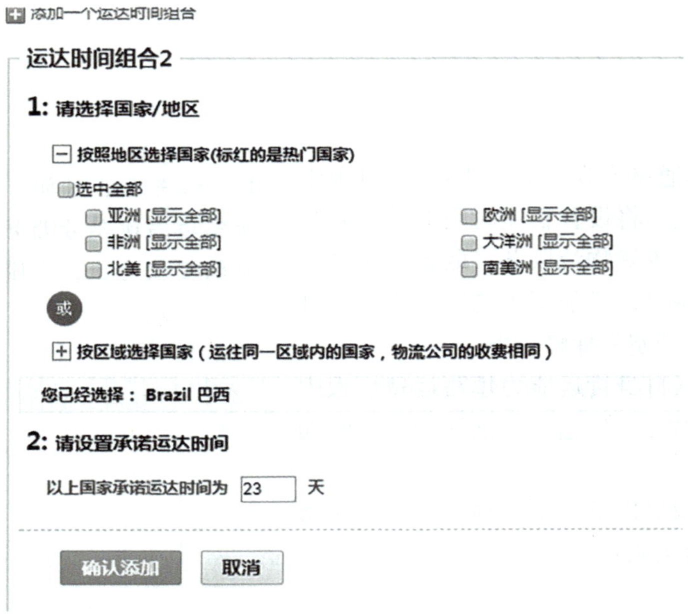

图 6–13　设置运达时间组合

商品在运输过程中，有的卖家为了提高营业额，故意把运达时间提前，或者不按实际情况随意自定义时间，结果产生了不必要纠纷。买家会因为商品没有按时到达，而提起纠纷。速卖通的规则是，因物流引起的纠纷，归卖家承担。这对于卖家和买家来说，都是得不偿失。

“承诺运达时间”实际上不是包裹从出发到买家签收的时间。为了更好地保障买家和卖家的权益，卖家应该在以下三个因素上寻求一个平衡点：第一是买家的购买感受；第二是邮路的实际情况；第三是卖家的自身利益。因此卖家需要根据实际情况适当地修改承诺运达时间。

步骤 6：设置完成后，单击“确认添加”，完成运达时间组合设置，并保存好已经设置好的“自定义运费模板”。设置完成的自定义运费模板如图 6–14 所示。

图 6–14　设置完成的自定义运费模板

在设置自定义运费模板时，切忌盲目模仿他人。因为国际物流受国家政策、物流资费、极端天气、政治原因、邮路状况等多种因素影响，不同的时期，卖家应该设置不同的运费模版。

知识链接

“承诺运达时间”的规则

“承诺运达时间”是速卖通平台在原有“大小包 60 天未妥投纠纷退款规则”的基础上，将设置物流时间的功能开放给卖家，让有能力为买家提供更好物流服务、敢于对买家承诺物流服务的卖家优势得到突显，增强买家购物信心，提升买家购物后保障而推出的一项消费者保障服务。

速卖通平台要求卖家根据自身货运能力填写运费模板中“承诺运达时间”，对不同运输方式到达不同国家的运达时间进行保障。

一旦发生纠纷，若同时满足以下 3 个条件，经过速卖通平台仲裁后，货款将全部退给买家：

1）货物超时未到达。

2）买家提起超时赔付纠纷。

3）买卖双方沟通后无法达成协议。

所以，只要卖家能够与买家保持良好的沟通，处理好因为客观原因导致的超时问题，获取买家的理解和支持，就不必担心超时退款的问题了。

“承诺运达时间”从卖家填写运单号开始到货物妥投为止，上限为 60 天，与现行大小包纠纷规则一致，比现行商业快递（23 天）、EMS（27 天）纠纷退款规则在时间上更为宽裕。

“大小包 60 天未妥投纠纷退款规则”是速卖通现行的一项针对大小包纠纷的退款规则：当买家以“未收到货”提起纠纷，买卖双方沟通后无法达成协议，且卖家无法在发货后 60 天内提供物流妥投证明的情况下，平台执行全额退款给买家的规则。

1. “承诺运达时间”从卖家填写运单号开始到货物妥投为止，上限为______天。

2. “大小包 60 天未妥投纠纷退款规则”是____。

工作结束 >>>

数据整理及备份：☐ 完成　☐ 未完成

关机检查：☐ 正常　☐ 强行关机　☐ 未关机

整理桌面：　□ 完成　□ 未完成
地面卫生检查：　□ 完成　□ 未完成
整理椅子：　□ 完成　□ 未完成

工作评价

类别	序号	考核项目	考核内容及要求	分值	学生自评	学生互评	教师测评	分数
技术考评（80分）	1	质量	设置新手运费模板	15				
	2		设置自定义运费模板	20				
	3		设置运费组合和运达时间组合	15				
	4		设置发货类型	15				
	5		了解“承诺运达时间”的规则	15				
非技术考评（20分）	6	态度	学习态度端正	5				
	7	纪律	遵守纪律	5				
	8	协作	有交流、团队合作	5				
	9	文明	保持安静，清理场所	5				
总分：								

任务三　设置海外仓物流模板

工作准备

是否正常培训：（部门经理填）　□ 到席　□ 请假　□ 旷工　原因：
是否遵守纪律：（部门经理填）　□ 严格遵守　□ 迟到　□ 早退　□ 出位　□ 其他
检查计算机的完好性：　□ 完好　□ 故障：报告值班经理并换机

工作过程

任务分析

小刘了解到跨境电子商务涉及海外仓的作业，如清关、报税、本地配送、扫描上架等，同时，速卖通平台为了改善买家的购物体验，鼓励第三方物流公司以海外仓的形式给众多卖家提供服务。速卖通平台虽然不直接参与海外仓的建设，但对于使用海外仓的卖家会予以特别的标识，对于当地的买家来说，他们会选择使用海外仓服务的卖家来缩短送货时间。

任务实施

工作内容	工作记录

一、了解海外仓

（一）海外仓概述

海外仓也叫海外仓储，是随着电商的发展而成长起来的一种跨境物流模式，一般是企业在商品输入国预先建设或租赁仓库，采用输入国的物流直接从仓库发货，最终配送给国外的消费者。

海外仓的发展可追溯到2000年左右，最早是留学生通过“蚂蚁搬家”的方式把国内商品带到美国的网上销售，当时将这些商品存放在留学生公寓、车库等，这便是海外仓的雏形。随着电商的发展，跨境电商的规模也逐渐成熟，专业的第三方海外仓也发展起来，如出口易、递四方等。随着跨境电商规模剧增，自建海外仓、第三方海外仓等大量崛起、高速发展，逐渐出现了很多模式，如虚拟海外仓、海外仓COD模式、仓中仓等。速卖通海外仓服务商如图6–15所示。

图6–15 速卖通海外仓服务商

1. 海外仓的分类

根据运营主体不同，海外仓可以分为自营海外仓和第三方公共服务海外仓两种。

自营海外仓模式是指由出口跨境电商企业建设并运营的海外仓库，仅为本企业销售的商品提供仓储、配送等物流服

工作记录：

1. 海外仓储的优势是____。

2. 仅为本企业销售的商品提供仓储、配送等物流服务的物流模式是________________________。

3. 第三方公共服务海外仓模式可以提供的服务：____

务的物流模式，也就是整个跨境电商物流体系是由出口跨境电商企业自身控制的。

第三方公共服务海外仓模式是指由第三方物流企业建设并运营的海外仓库，并且可以为众多的出口跨境电商企业提供清关、入库质检、接收订单、订单分拣、多渠道发货、后续运输等物流服务的物流模式，也就是整个跨境电商物流体系是由第三方物流企业控制的。

2. 海外仓优劣势

海外仓优劣势如表 6–4 所示。

表 6–4 海外仓优劣势

优势	劣势
1. 降低物流成本及清关费用 2. 缩短配送时间，提升客户满意度 3. 可以退换货，提高海外买家的购物体验 4. 有助于扩大产品 SKU，提升市场占有率 5. 能使卖家更严谨地对待选品问题 6. 缩短贸易流程，降低贸易风险 7. 能有效避免物流高峰	1. 对于第三方公共服务海外仓，卖家无法像管理自己的仓库一样管理海外仓 2. 库存压力大，仓储成本高，资金周转不便

（二）海外仓选品

海外仓集货物流是指为卖家在销售目的地进行仓储、分拣、包装及派送的一站式控制及管理服务。确切地说，海外仓集货物流包括了预定船期、头程国内运输、头程海运或头程空运、当地清关及报税、当地联系二程拖车、当地使用二程拖车运输送到目的地仓库并扫描上架和本地配送这几个部分。

适合做海外仓的产品，大致可以分为以下几种情况：

1）尺寸、重量大的产品。因为此类产品的重量跟尺寸都已经超出了小包规格的界限，直接用国际快递的话，费用昂贵，使用海外仓刚好弥补了这一缺点。

2）单价和利润高的产品。海外仓的本地配送服务相比于国际快递，丢包率跟破损率都可以控制在一个较低的水平，对于卖家而言，可以降低高价值产品的意外损失率。

3）高人气产品。这一类产品由于受到本地市场的热捧，使用海外仓可以使货物的周转率加快，货物积仓的风险减小，而卖家也能更快地回笼资金。

4. 列举适合做海外仓的产品。

（1）__________

（2）__________

（3）__________

（三）FBA

对于做跨境电商的卖家来说，物流很重要，亚马逊非常看重卖家的物流配送能力，所以 FBA（Fulfillment by Amazon）是 Amazon 平台运营的核心内容，如图 6-16 所示。

图 6-16　FBA

5. 选择 FBA 的原因是________________________。

1. FBA 概念

FBA 是 Amazon 提供的代发货服务，卖家把货物发往 FBA 的仓库，Amazon 提供包括仓储、拣货、打包、派送、收款、客服、退货处理一系列服务。对于做跨境电商的卖家来说，尤其是欧洲市场，国内寄往欧洲的物流时间长、费用高，如果卖家不能保证买家在 7~10 天内收到包裹，那么会严重影响综合评分。所以，这时候选择 FBA 是明智之举。

6. 通过搜索引擎搜索不同国家的 FBA 的订单处理费用：

美国站____________、

英国站____________、

德国站____________。

2. FBA 费用

FBA 费用主要包括：

1）Order Handling（订单处理费）。

2）Pick & Pack（商品挑选打包费）。

3）Weight Handling（称重费）。

4）Inventory Storage（仓储费）。

二、申请海外仓

小刘需要对自己的速卖通店铺开通海外仓服务，就先得在后台申请开通海外仓，具体操作如下。

步骤 1：进入速卖通卖家店铺后台，选择导航栏中的“交易”，单击“我有海外仓”，如图 6-17 所示。

□ 1. 登录速卖通店铺后台，单击“交易”→“我有海外仓”→“申请菜鸟认证仓”。

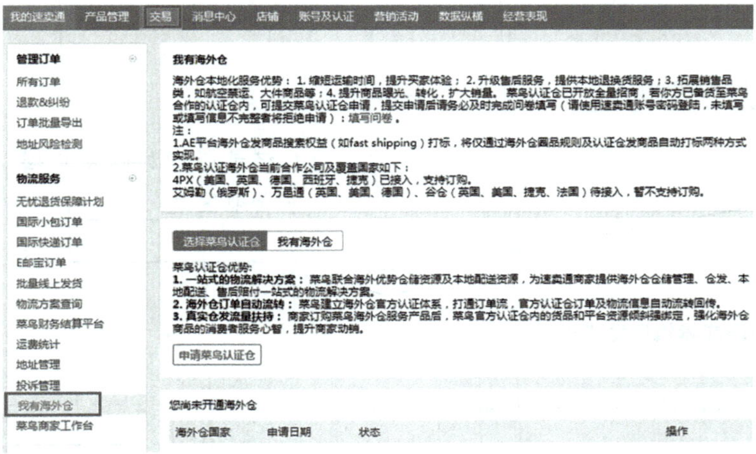

图 6–17 “我有海外仓”界面

步骤 2：选择“申请菜鸟认证仓”或者“申请第三方海外仓”，进入海外仓申请资料提交页面，依次经过申请发货地设置权限、资料审核、签署协议、申请成功四步，完成海外仓申请，如图 6–18 所示。

图 6–18 申请海外仓

速卖通海外仓运费模板设置与自定义运费模板设置操作基本相似，具体操作如下。

步骤 1：进入速卖通店铺后台，选择“产品管理”→“模板管理”→“运费模板”，单击“新增运费模板”按钮或者选择现有运费模板进行编辑，如图 6–19 所示。

步骤 2：单击“增加发货地”，勾选需要设置的发货国家，单击“确认”按钮，同一运费模板可以同时设置多个发货国家和地区，如图 6–20、图 6–21 所示。

2. 申请发货地设置权限所填写的资料如下。
联系人：__________。
联系手机：__________。
联系邮箱：__________。
公司名称：__________。
海外仓国家：__________。
仓库类型：__________。

□ 3. 进入速卖通店铺后台，选择“产品管理”→“模板管理”→“运费模板”→“新增运费模板”→“新增发货地”，设置自定义运费及运达时间。

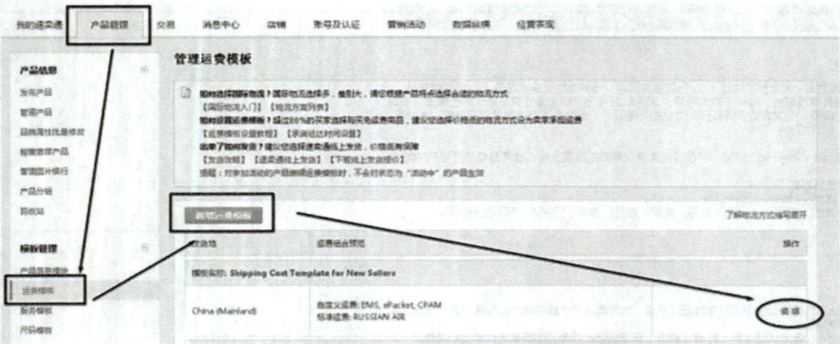

图 6-19　新增或编辑运费模板

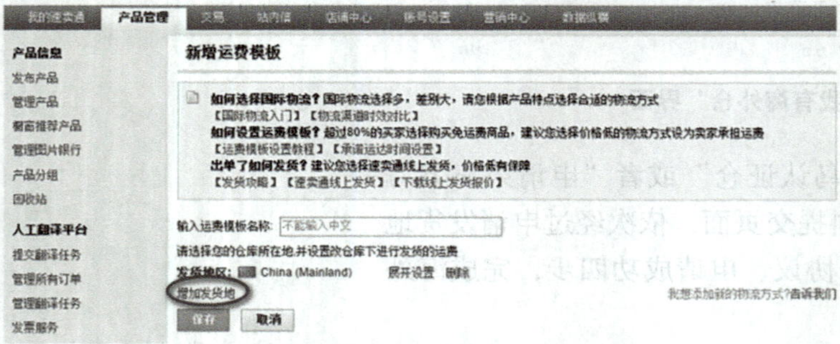

图 6-20　增加发货地

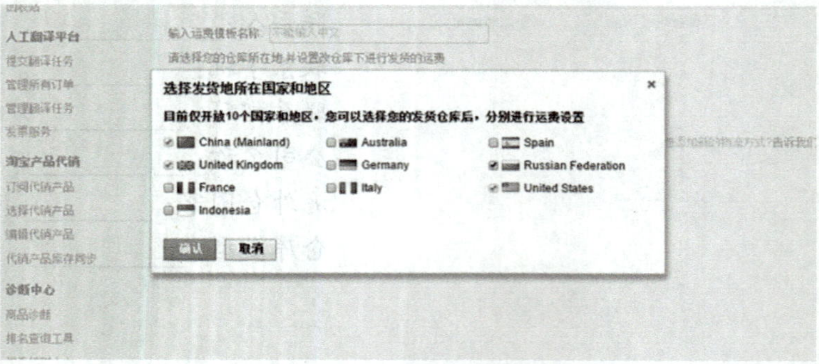

图 6-21　选择发货国家和地区

步骤 3：设置自定义运费及运达时间，具体操作可见自定义运费模板的设置步骤。

完成以上操作后，单击“保存”，即可完成海外仓运费模板的设置。

4. 记录所增加的发货国家和地区是__________________________。

知识链接

一、菜鸟认证仓的优势

1）一站式的物流解决方案。菜鸟联合海外优势仓储资源及本地配送资源，为速卖通商家提供海外仓仓储管理、发货、本地配送、售后赔付一站式的物流解决方案。

2）海外仓订单自动流转。菜鸟建立海外仓官方认证体系，打通订单流，实现官方认证仓订单及物流信息自动流转回传。

3）真实仓发流量扶持。商家订购菜鸟海外仓服务后，菜鸟官方认证仓内的货品，平台资源倾斜强绑定，提升商家动销率。

1. 菜鸟认证仓的优势：
（1）________。
（2）________。
（3）________。

二、海外仓费用结构的概况

不同国家的海外仓的仓储成本费用不同，卖家在选择海外仓的时候一定要计算清楚成本费用，与自己目前发货方式所需要的成本对比后进行选择。建议卖家可以在旺季的时候使用海外仓储服务。海外仓费用结构如表 6–5 所示。

2. 海外仓费用中订单处理费是按______计费。

表 6–5 海外仓费用结构

头程费用	费用结构
空运方式	运费 + 清关费 + 报关费 + 其他费（文档费、拖车费、送货费）
海运方式	集装箱拼箱：以实际体积计算费用，体积会分层计算，1CBM 起运 集装箱整箱：以集装箱数量计算运费

三、海外仓商品涉及的增值税

VAT（Value Added Tax），是欧盟的一种税制，即销售增值税，是指货物售价的利润税。它适用于在欧盟国家境内产生的进口、商业交易以及服务行为。VAT（销售增值税）和进口税是两个独立缴纳的税项。商品进口到欧盟国家的海外仓会产生商品的进口税，而商品在境内销售时会产生销售增值税。

3.VAT 税号具有__________，只适用于注册当事人。

如果卖家使用欧盟国家本地仓储进行发货，就属于销售增值税的应缴范畴，即便卖家所选的海外仓储服务是由第三方物流公司提供，从未在当地开设办公室或者聘用当地员工，也需要缴纳 VAT。

4. 商品进口到欧盟国家的海外仓会产生商品的进口税，而商品在境内销售时会产生____税。

为了能依法缴纳销售增值税，卖家需要向海外仓本地的税务局申请 VAT 税号。VAT 税号具有唯一性，只适用于注册当事人。当然卖家也可以授权给代理公司或者中介协助注册 VAT 税号。

5. 卖家使用欧盟国家本地仓储进行发货，就需要缴纳__________。

工作结束 >>>

数据整理及备份：□ 完成　□ 未完成
关机检查：□ 正常　□ 强行关机　□ 未关机
整理桌面：□ 完成　□ 未完成
地面卫生检查：□ 完成　□ 未完成
整理椅子：□ 完成　□ 未完成

工作评价 >>>

类别	序号	考核项目	考核内容及要求	分值	学生自评	学生互评	教师测评	分数
技术考评（80分）	1	质量	了解海外仓及其选品	15				
	2		了解 FBA 及其收费	15				
	3		申请海外仓	20				
	4		了解菜鸟认证仓优势	15				
	5		了解海外仓费用结构及增值税	15				
非技术考评（20分）	6	态度	学习态度端正	5				
	7	纪律	遵守纪律	5				
	8	协作	有交流、团队合作	5				
	9	文明	保持安静，清理场所	5				
总分：								

项目七

07

数据分析

知识目标

1. 了解行业数据分析的主要内容。
2. 了解店铺经营分析的要点。
3. 明确店铺流量的主要来源。
4. 明确提高商品转化率的方法。
5. 明确移动端店铺数据分析的主要内容。

技能目标

1. 熟练掌握行业数据分析的过程。
2. 掌握店铺经营分析的实施步骤。
3. 能够借助速卖通后台“数据纵横”进行店铺数据分析。
4. 掌握店铺优化策略。

素养目标

1. 培养学生勇于创新、吃苦耐劳的精神。
2. 培养学生获取信息并利用信息的能力。

任务分解

本项目包含了三个任务，具体为：

任务一 行业数据分析；

任务二 店铺经营分析；

任务三 移动端店铺数据分析。

本项目针对速卖通平台讲解数据分析，包括行业数据分析、店铺经营分析以及移动端店铺数据分析。通过本项目的学习，学生可以掌握速卖通平台数据分析的相关知识与技能，并将其应用在具体的实践中。

任务情境

数据分析有利于优化店铺多项指标，同时对店铺的流量以及转化都有所帮助。对于跨境电商来说，利用数据分析工具分析行业、买家行为及需求对于提高店铺产品销量显得尤为重要。为此，“小鲜范”店主小刘准备利用速卖通平台自身提供的“数据纵横”工具开展数据分析，找出店铺面临的问题，并进一步做针对性优化，以求改善店铺经营现状。

任务一　行业数据分析

工作准备

是否正常培训：（部门经理填）　□ 到席　□ 请假　□ 旷工　原因：

是否遵守纪律：（部门经理填）　□ 严格遵守　□ 迟到　□ 早退

□ 出位　□ 其他

检查计算机的完好性：　□ 完好　□ 故障：报告值班经理并换机

工作过程

任务分析

速卖通卖家后台提供了“数据纵横”工具，其中有庞大的行业数据，能够根据不同指标对所在行业具体数据进行分析，确定产品及店铺的发展方向。小刘准备通过“数据纵横”工具中的行业情报对店铺所在行业进行分析，具体包括获知行业概况、寻找蓝海行业、分析搜索词三个方面。

任务实施

工作内容	工作记录
一、获知行业概况 要进行网店数据分析，首先要了解网店产品所在行业的相关概况。小刘进入速卖通后台，单击“数据纵横”，如图 7–1 所示。随后进入如图 7–2 所示的页面，该页面包含了商机发现和经营分析两大模块，其中“行业情报”具体包括行业流量、成交、竞争度、蓝海市场四个部分。 为了了解行业概况，小刘单击“行业情报”，进入如图 7–3 所示的页面，接着选择店铺产品芒果所在的行业以及时间，可查看最近 7 天、30 天、90 天的行业数据、行业趋势以及行业国家分布，下面就这三个部分进行详细讲解。	□ 1. 进入速卖通后台，单击“数据纵横”。

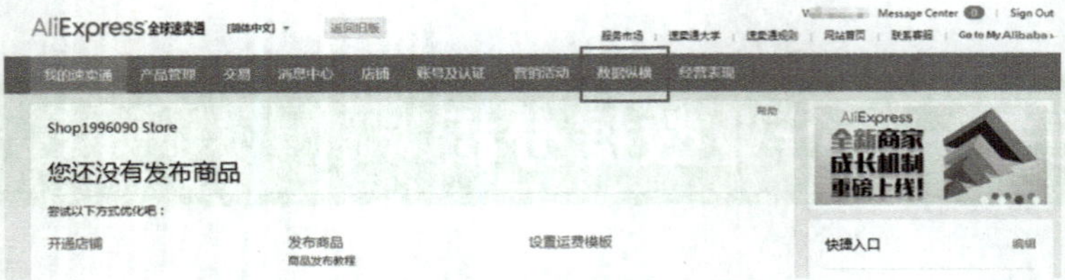

图 7–1　数据纵横

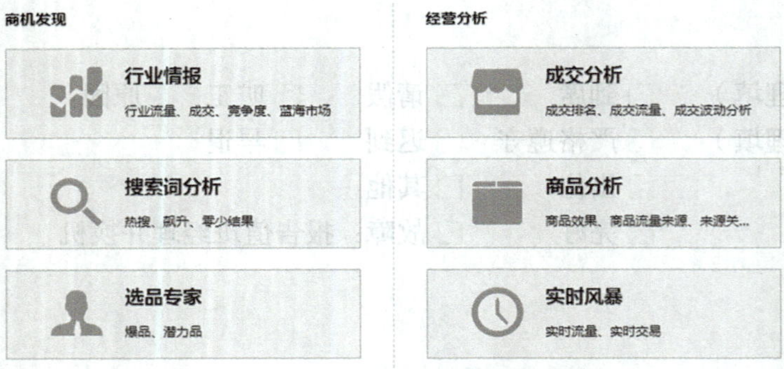

图 7–2　商机发现与经营分析页面

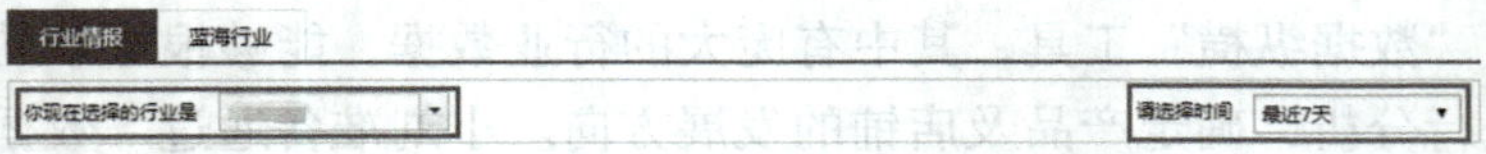

图 7–3　选择行业和时间

（一）行业数据

行业数据分析包含了流量分析、成交转化分析、市场规模分析三部分，其中流量分析包括访客数占比和浏览量占比；成交转化分析包括支付金额占比和支付订单数占比；市场规模分析主要指供需指数分析。

以广西芒果为例进行分析，进入行业概况页面，选择相应行业，可以发现该行业最近 90 天的流量数据、成交转化数据都处于下滑状态，而供需指数却上涨 0.57%，如图 7–4 所示。

行业数据

	流量分析		成交转化分析		市场规模分析
	访客数占比	浏览量占比	支付金额占比	支付订单数占比	供需指数
最近90天均值	40.09%	28.01%	28.03%	21.61%	168.84%
环比周涨幅	↓ -1.55%	↓ -2.54%	↓ -1.89%	↓ -1.59%	↑ 0.57%

图 7–4　行业数据分析

□ 2. 单击“商机发现”模块下的“行业情报”版块。

□ 3. 选择店铺产品所在的行业以及时间，查看最近 7 天、30 天、90 天的行业数据、行业趋势以及行业国家分布。

4. 行业数据分析包括：

________、
________、
________。

5. 流量分析包括：

________、
________。

6. 成交转化分析包括：

________、
________。

（二）行业趋势

在锁定芒果后，小刘接下来要进行芒果的行业趋势分析。从行业趋势图的访客数占比波动可以看出，该行业的访客量在随着季节变化，所以应该根据季节来调整店铺内商品，迎合访客购买需求。而在一周内的数据中访客数最低通常在周六、周日两天，因此店铺在周末可以做一些促销活动进行引流，如图 7–5 所示。

☐ 7. 进入行业概况页面，选择相应行业，查看该行业最近 90 天的流量数据、成交转化数据。

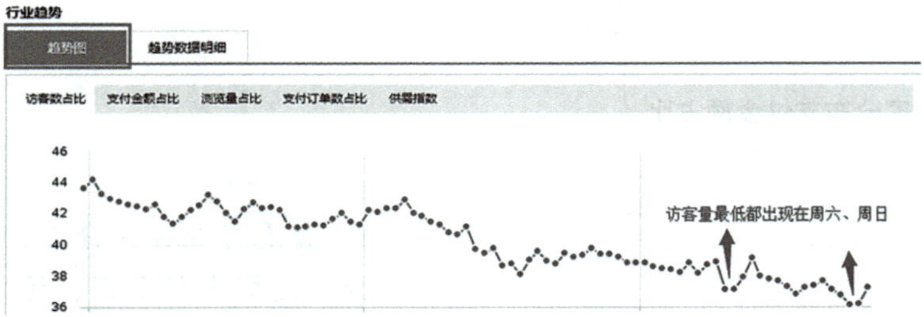

图 7–5　行业趋势图

8. 查看产品的行业趋势图，并根据数据波动调整店铺的运营策略。

____
____
______________________。

接着单击查看最近 7 天的趋势数据明细，根据趋势数据明细中每日的访客数占比、浏览量占比、支付金额占比等数据来判断店铺经营情况，并根据实际情况做出相应调整，如图 7–6 所示。

行业趋势

趋势图　趋势数据明细　下载

	流量分析		成交转化分析		市场规模分析
	访客数占比	浏览量占比	支付金额占比	支付订单数占比	供需指数
2019-04-27	0%	0%	0%	0%	0%
2019-04-28	0%	0%	0%	0%	0%
2019-04-29	0%	0%	0%	0%	0%
2019-04-30	0%	0%	0%	0%	0%
2019-05-01	0%	0%	0%	0%	0%

图 7–6　趋势数据明细

（三）行业国家分布

通过行业国家分布可以看出芒果在不同国家支付金额和访客数两个数值的占比，分别选择支付金额、访客数，分析芒果的买家国家分布，如图 7–7、图 7–8 所示。根据行业国家分布的数据，可以确定芒果的主要需求国家为俄罗斯、美国、西班牙、巴西，接下来店铺应面向目标国家做针对性营销。

9. 查看行业最近 7 天的趋势数据明细，根据数据的实际情况店铺可以做出哪些调整？

____
____
______________________。

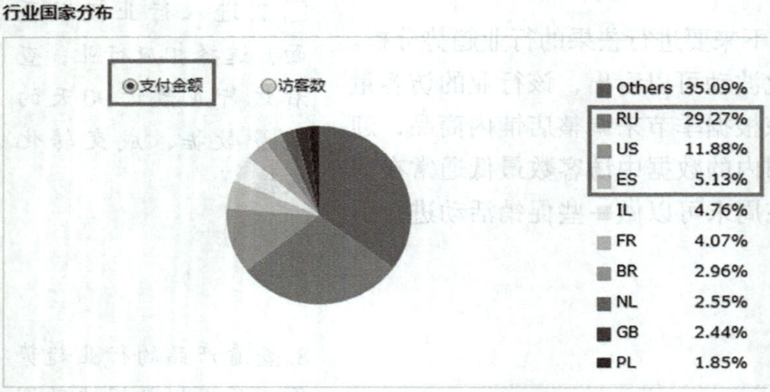

图 7-7　行业国家分布支付金额占比

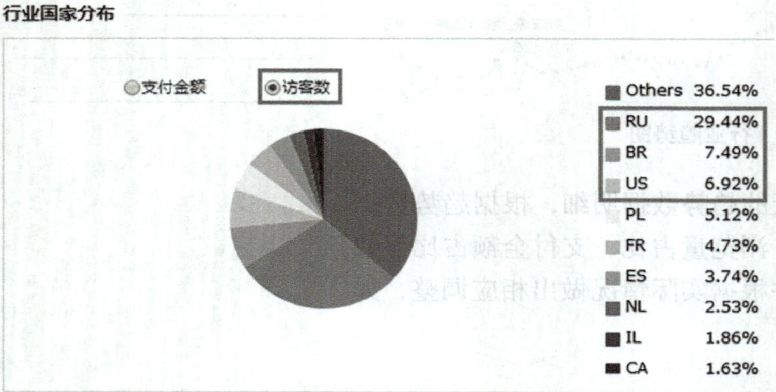

图 7-8　行业国家分布访客数占比

10. 查看行业国家分布，分别选择支付金额、访客数，分析产品的买家国家分布，确定产品的主要需求国家是________、________、________和________。

二、寻找蓝海行业

蓝海指的是未知的有待开拓的市场空间，蓝海行业指那些竞争不大，但又充满买家需求的行业，蓝海行业充满新的商机和机会。在对不同行业进行对比后，寻找蓝海行业是每一个卖家心中的期盼。

为了店铺有充分的空间和时间去发展团队，并且把店铺做精做强立于不败之地，在做好当前经营品类的前提下，小刘还需要结合市场需求及供应状况挖掘蓝海产品。速卖通平台推荐了 9 个一级蓝海行业，如图 7-9 所示。

如何在速卖通平台上生存，如何在市场中寻找到蓝海行业，小刘需要不断观察数据的趋势，迎接挑战，拥抱变化。

1. 店铺应面向目标国家做哪些针对性营销？

________、________、________。

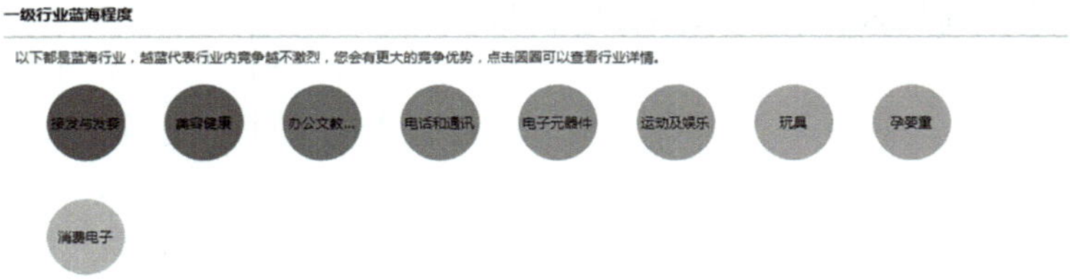

图 7–9　一级行业蓝海程度

2. 蓝海行业的特点是＿＿＿＿＿＿＿＿＿＿＿＿、＿＿＿＿＿＿＿＿＿＿＿＿。

三、分析搜索词

速卖通平台的热搜词数据库是制作产品标题的利器。标题是系统排序时对于关键词进行匹配的重要内容，专业的标题能提升卖家的可信度。在选择关键词的时候，需注意该关键词是否为品牌原词，品牌商品必须拿到授权才能销售，发布属于禁限售的商品会被处罚。

利用速卖通平台提供的搜索词分析功能，小刘可以对店铺内产品关键词进行选择优化。搜索词分析页面提供了热搜词、飙升词、零少词的直观表单展示，表格中的效果字段可以排序，例如搜索“mango”，按搜索指数降序排列可以找“mango”前几位的搜索热词。

（一）热搜词—优化标题

热搜词是指近段时间买家搜索指数较高的词。如图 7–10 所示，以全球为维度，选择最近 30 天的数据，搜索关键词“mango”，以“浏览 – 支付转化率”降序排列可以看到排在第一名的是“fruit mango”，是支付转化率最高的，同时搜索人气、搜索指数都比较高，竞争指数达到了 234。因此，在做此类产品标题的时候应注意加入前缀描述词，优化标题，增加搜索概率，同时可以选择竞争指数较低的产品为店铺新增产品。

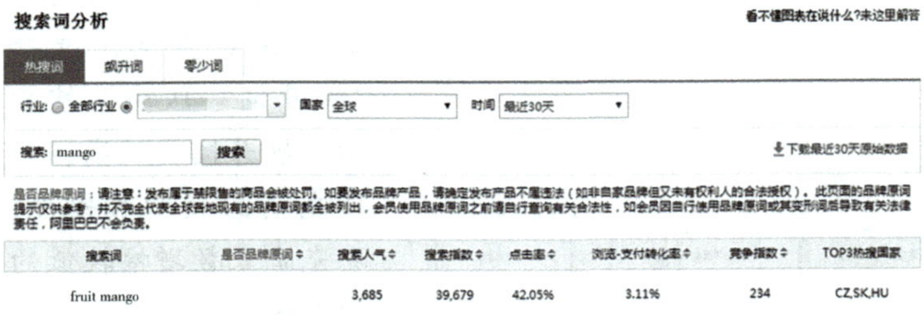

图 7–10　热搜词分析

1. 进入速卖通平台的搜索词分析页面，选择“热搜词”，输入产品的关键词，以“浏览 – 支付转化率”降序排列可以看到排在第一名的是＿＿＿＿＿＿＿＿＿＿＿＿。

如图 7–11 所示，以“fruit mango”为例，进入速卖通买家平台搜索“fruit mango”进行验证，按销量排列第一位的产品的订单量为 1846 个，订单量也相对较大。小刘在售卖

mango 的时候应该把“fruit”关键词加入，优化产品标题，从而增加产品搜索概率。

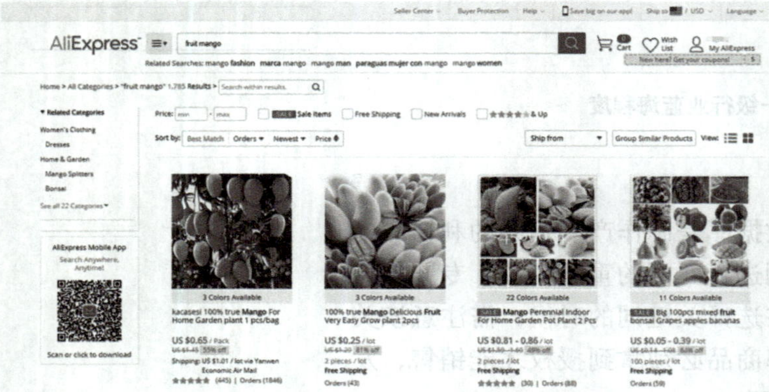

图 7–11　fruit mango 的搜索结果

用户可以同时下载最近 30 天的热搜词表格进行订单指数分析，通过筛选去掉转化率为 0 的数据，接着加入一列“订单指数”，将其公式设为“= 搜索指数 × 点击率 × 浏览支付转化率”就可以得到订单指数的具体数值。

（二）飙升词—优化产品属性

飙升词是指搜索指数同比上一个时间段累计搜索指数的增长幅度。在销售过程中，系统热搜词在卖家的产品中也有“水土不服”的现象，这是关键词严重同质化造成的，所有卖家都想用最热的关键词，但是关键词竞争度高了，被搜索到的概率反而小了，这时候应该更多地运用飙升词库提供的数据来优化产品属性。选择搜索指数飙升幅度较高，而曝光商品数增长幅度、曝光卖家数增幅较低的搜索词来优化产品属性描述。飙升词分析页面如图 7–12 所示。

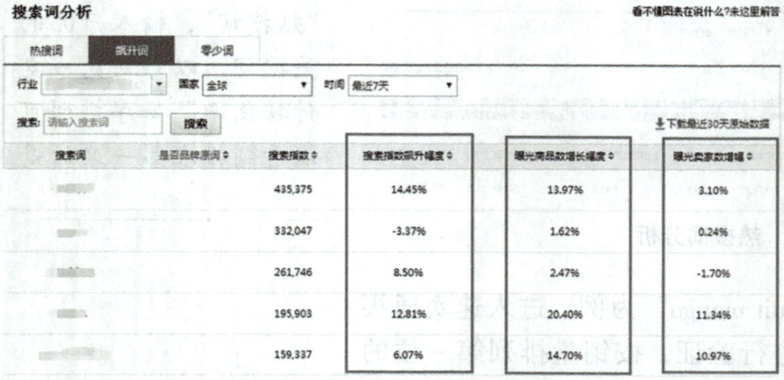

图 7–12　飙升词分析页面

2. 下载最近 30 天的热搜词表格，通过筛选去掉转化率为 0 的数据，接着加入一列“订单指数”，其中“订单指数”= ________________________，订单指数最高的关键词是________________。

3. 进入速卖通平台的搜索词分析页面，选择“飙升词”版块，搜索指数飙升幅度较高，而曝光商品数增长幅度、曝光卖家数增幅较低的搜索词：
________________、
________________。

（三）零少词—蓝海开发

零少词是指具备一定相关搜索热度，但供应商发布产品较少，通常该词对应的精确匹配产品数量不超过 1 页，并且在同行业中竞争度较低的关键词，通过零少词的查询可以进行行业的蓝海开发。

例如，在速卖通买家平台水果类目下搜索“kacasesi 100% true Mango”，如图 7-13 所示，仅出现了 6 个搜索结果，因此卖家可以根据店铺自身情况考虑添加带相关元素的产品为店铺新增产品。

图 7-13 “kacasesi 100% true Mango”页面

4. 优化后的产品标题：

____

____

____________________。

知识链接

一、行业情报指标说明

访客数占比：在统计时间段内行业访客数占上级行业访客数的比例。一级行业占比为该行业占全网比例。

浏览量占比：在统计时间段内行业浏览量占上级行业浏

览量的比例。一级行业占比为该行业占全网比例。

成交额占比：在统计时间段内行业支付成功金额（排风控）占上级行业支付成功金额（排风控）的比例。一级行业占比为该行业占全网比例。

支付订单数占比：在统计时间段内行业支付成功订单数（排风控）占上级行业支付成功订单数（排风控）的比例。一级行业占比为该行业占全网比例。

供需指数：在统计时间段内，供需指数为行业下商品指数 / 流量指数。供需指数越小，竞争越小。

二、搜索词分析指标说明

是否品牌原词：如果是禁限售，销售此类商品将会被处罚，对于品牌商品，如果拿到授权可以进行销售。

搜索指数：搜索该关键词的次数经过数据处理后得到的对应指数。

搜索人气：搜索该关键词的人数经过数据处理后得到的对应指数。

点击率：搜索该关键词后并进入商品页面的次数。

浏览—支付转化率：关键词带来的成交转化率。

竞争指数：供需比经过指数化处理后的结果。

TOP3 热搜国家：在所选时间段内搜索量最高的 3 个国家。

搜索指数飙升幅度：在所选时间段内累计搜索指数同比上一个时间段内累计搜索指数的增长幅度。

曝光商品数增长幅度：在所选时间段内每天平均曝光商品数同比上一个时间段内每天平均曝光商品数的增长幅度。

工作结束 >>>

数据整理及备份：☐ 完成　☐ 未完成
关机检查：☐ 正常　☐ 强行关机　☐ 未关机
整理桌面：☐ 完成　☐ 未完成
地面卫生检查：☐ 完成　☐ 未完成
整理椅子：☐ 完成　☐ 未完成

工作评价

类别	序号	考核项目	考核内容及要求	分值	学生自评	学生互评	教师测评	分数
技术考评（80分）	1	质量	根据行业趋势调整店铺经营策略	20				
	2		分析数据，筛选出产品的热搜词	20				
	3		分析数据，筛选出产品的飙升词	20				
	4		分析搜索词，优化产品标题	20				
非技术考评（20分）	5	态度	学习态度端正	5				
	6	纪律	遵守纪律	5				
	7	协作	有交流、团队合作	5				
	8	文明	保持安静，清理场所	5				
总分：								

任务二　店铺经营分析

工作准备

是否正常培训:（部门经理填）　□ 到席　□ 请假　□ 旷工　原因:

是否遵守纪律:（部门经理填）　□ 严格遵守　□ 迟到　□ 早退　□ 出位　□ 其他

检查计算机的完好性:　□ 完好　□ 故障：报告值班经理并换机

工作过程

任务分析

通过行业数据分析，小刘已经了解了产品所在行业的基本情况。接下来，要进行网店经营分析，网店经营分析主要是通过店铺实时概况、成交概况、店铺流量来源、装修效果、商品和营销助手这六个方面对店铺的经营状况进行详细分析，全面了解店铺，掌握网店经营的方法，从而提高网店的品质。

任务实施

工作内容	工作记录

一、店铺实时概况

要进行店铺经营分析，第一步要了解店铺的实时概况。小刘通过以下步骤，对店铺实时概况进行了解。

步骤1：登录速卖通卖家后台，单击“数据纵横”，然后单击下拉菜单中的“实时概况”，进入店铺实时概况页面，如图7–14所示。

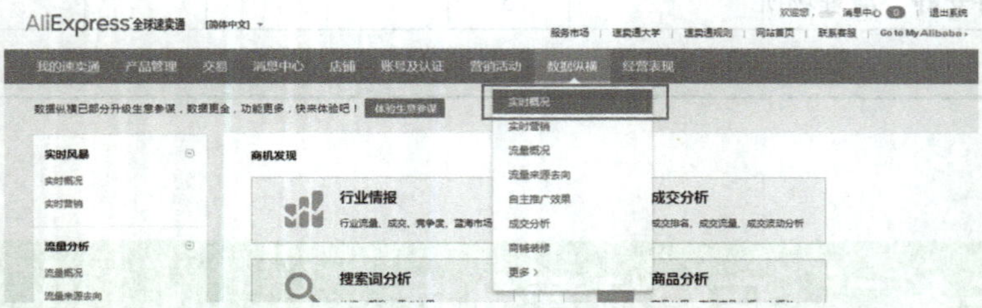

图7–14　店铺实时概况页面

步骤2：通过实时排名查看店铺的排名情况，以便后期进行经营调整，如图7–15所示。

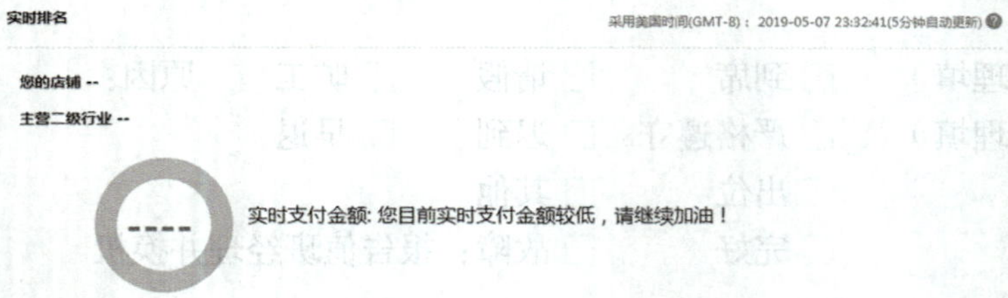

图7–15　实时排名

步骤3：在实时概况栏，选择回放日期和对比日期，查看所选日期内店铺浏览量、店铺访客数、下单订单数、支付订单数以及支付金额等情况，如图7–16所示。

步骤4：单击实时商品，选择指标，选定其他限定条件，便可查看指定商品的实时概况，用同样的方法可了解实时访客情况，如图7–17所示。

工作记录

□ 1. 按照以下步骤进入店铺实时概况页面：登录速卖通卖家后台→“数据纵横”→“实时概况”。

2. 店铺的实时排名是________________。

3. 店铺在回放日期的店铺访客数、支付订单数以及支付金额分别是________________________。

图 7-16 实时概况

4. 查看指定商品的实时访客情况。

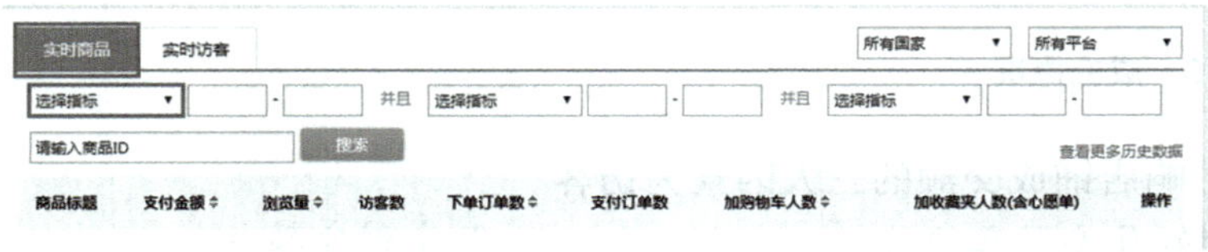

图 7-17 查看实时商品

二、成交分析

小刘通过“经营分析”→“成交分析”工具来查看店铺的整体数据，包括商铺排名、成交概况、成交分布、成交核心指标分析和成交波动分析。

（一）店铺排名

这部分数据呈现了通过店铺在近 30 天内跟同行业同层级的其他卖家的总成交额对比算出的分层排名情况，清晰地反映了当前店铺的排名情况，如图 7-18 所示。

1. 店铺近 30 天支付金额较前日超过______%同行同层级卖家，较上周同日超过______%同行同层级卖家。

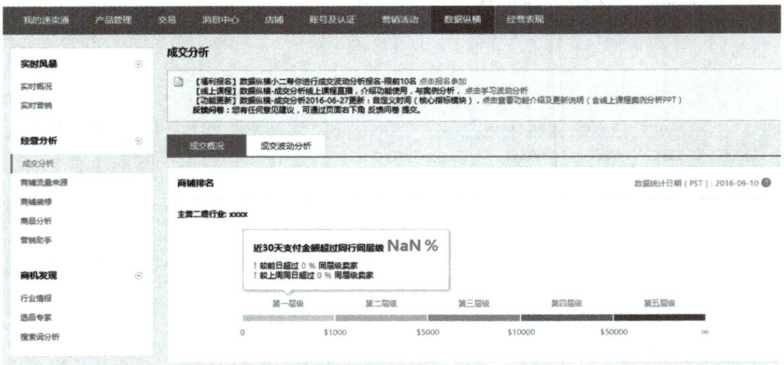

图 7-18 店铺排名

2. 最近 7 天全店的支付金额为________。

（二）成交概况

这部分数据呈现了全部、APP 以及非 APP 成交的核心数据，三部分分开统计，可以分 1 天、7 天、30 天和自然日、周、月进行统计，如图 7–19 所示。

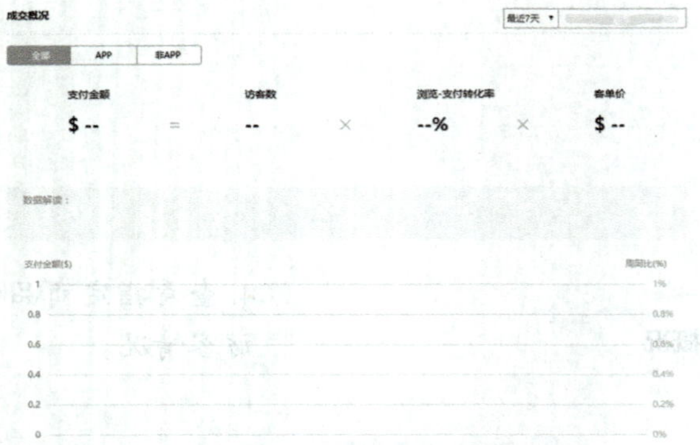

图 7–19　成交概况

图 7–19 中数据表明：影响店铺成交额的三大因素为访客数（进店流量）、浏览—支付转化率及客单价。

支付金额 = 访客数 × 浏览—支付转化率 × 客单价

浏览—支付转化率 = 下单买家数 / 商品页访客数

客单价：指店铺每一个顾客平均购买商品的金额，即平均交易金额。

小刘需要时常关注自己的店铺跟同行同层级卖家的对比分析，当数据有显著变化时，要及时分析背后的原因，从而有针对性地改善店铺经营策略。

（三）成交分布

成交分布展示了店铺主要客户来源情况，图 7–20 是店铺最近 7 天的 GMV 分析，从中可以看出“小鲜范”店铺目前主要的买家来源包括国家、平台、行业、商品、价格带、新老买家和 90 天回头购买。

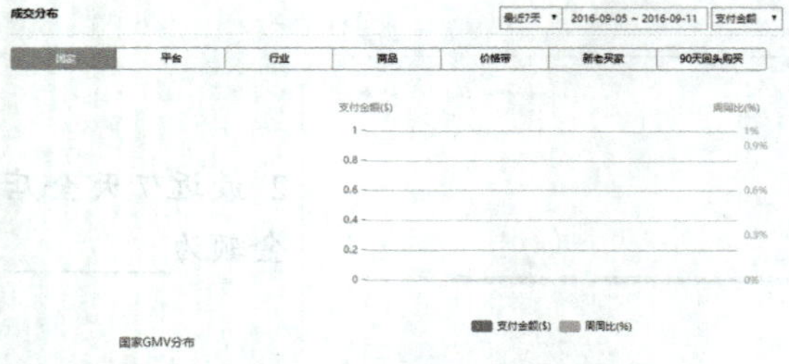

图 7–20　店铺最近 7 天的 GMV 分析

3. 支付金额 = ____。

4. 浏览—支付转化率 = ____________________。

全店铺 GMV：全店铺的成交金额（不包含退款金额）。

（四）成交核心指标分析

成交核心指标分析界面也是从全部、APP 和非 APP 三个维度来进行分析，主要分析搜索曝光量、店铺浏览量、店铺访客数和浏览—下单转化率的详细数据，进而明确店铺的提升点。同样，这些数据可以分 1 天、7 天、30 天、自定义日 / 周 / 月，按全球 / 国家（目前支持店铺成交排名前五的国家）统计，从“上期同比”“同行同层级均值对比”以及“同行下层均值对比”三个维度来分析数据。选好筛选范围后，可以单击表格右上角的“下载”按钮导出 Excel 表格，方便进行数据分析，如图 7–21 所示。

图 7–21　成交核心指标分析界面

（五）成交波动分析

成交波动分析通过多维度、多视角分析成交波动的原因。通过成交概况的数据进行单维度波动原因分析，如某个国家影响波动上涨 90%，可查看该国家哪些商品成交上涨；也可通过公式分析成交波动的原因，查看是流量上涨—做了营销或引流，还是客单上涨—大金额订单，或是转化率上涨—做了营销或老客户回头。成交波动分析界面如图 7–22 所示。

图 7–22　成交波动分析界面

5. 全店铺 GMV：______________________________。

6. 下载全店铺最近 7 天成交核心指标的 Excel 表格，进行数据分析，并提出相应的优化策略：__________、__________、__________。

7. 根据“支付金额”的公式分析成交波动原因：__________、__________、__________。

三、分析流量来源

要进行店铺流量来源分析，卖家可以查看店铺内流量构成，分析不同渠道的流量占比和走势，从而了解和优化店铺流量来源，提升店铺流量，店铺流量来源表如表 7-1 所示。

表 7-1　店铺流量来源表

来源	渠道	详细说明	特别说明
站内	站内搜索	通过搜索框搜索后单击本店铺产品	仅限英语主站来源
	类目浏览	浏览类目页面后单击店铺产品	仅限英语主站来源
	活动	报名参加的平台活动，非报名的活动，Fashion 频道	—
	直通车	P4P 流量	付费流量
	购物车	—	—
	收藏夹	收藏的产品链接	—
	直接访问	直接输入链接	不含直接访问店铺首页
	站内其他	包含店铺首页、分组页、卖家后台订单历史页	非英语主站的大多数流量来源
站外	站外合计	非速卖通网站链接来的流量	—

小刘通过“数据纵横”→“商铺流量来源”进入“商铺来源排行”以及“详细数据”页面，在这里可以查看店铺最近一段时间的流量来源渠道。单击选项栏，可以切换展示浏览量占比、访客数、新访客占比、平均访问深度、跳失率这几个维度的数据，进而了解店铺流量来源以及优化提升店铺流量，如图 7-23 所示。

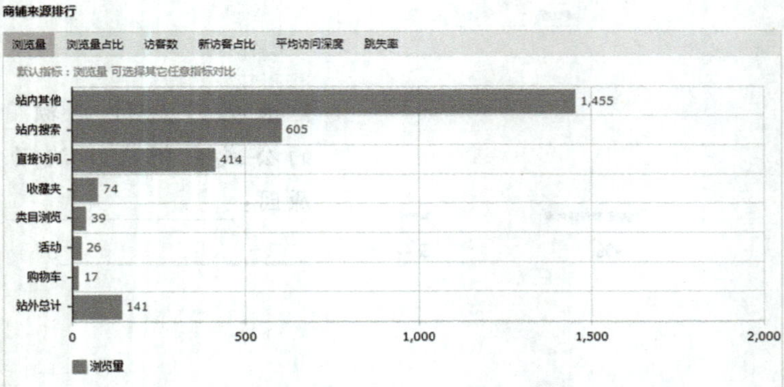

图 7-23　“商铺来源排行”页面

1. 店铺的站内流量来源：

________、
________、
________、
________、
________、
________、
________。

2. 商铺流量来源中，排名前三的流量来源：

________、
________、
________。

对应的详细数据可以单击“下载最近 30 天原始数据”按钮导出 Excel 来进行系统分析。同时，将鼠标移到趋势图标上，会展示渠道变化趋势，单击趋势图标可以链接到该渠道的详情页面。最后，在图 7-24 的最右边一栏中有对应的提升流量秘籍，单击蓝色字体，就能链接到相关小二整理的干货帖，可参考干货帖进行店铺引流。

3. 分析店铺的流量来源详细数据，店铺可以采用的引流策略：
________、
________、
________。

详细数据　　　　下载最近30天原始数据

来源	浏览量	浏览量占比	访客数	新访客数	新访客占比	平均访问深度	跳失率	提升秘籍
全部	3,827	100.00%	1,810	1,770	97.79%	2.11	85.37%	
站内总计	3,686	96.32%	1,732	1,692	97.69%	2.13	84.88%	
站内其他	1,455	38.02%	1,007	973	96.62%	1.44	76.13%	
站内搜索	605	15.81%	467	464	99.36%	1.3	80.21%	
直接访问	414	10.82%	227	219	96.48%	1.82	71.60%	
收藏夹	74	1.93%	37	35	94.59%	2	62.50%	引导买家收藏商铺商品
类目浏览	39	1.02%	31	31	100.00%	1.26	81.82%	
活动	26	0.68%	22	22	100.00%	1.18	81.82%	
购物车	17	0.44%	10	10	100.00%	1.7	80.00%	引导买家添加购物车
站外总计	141	3.68%	110	108	98.18%	1.28	81.58%	

图 7-24　“详细数据”页面

如图 7-25 所示，最长可以查看最近 30 天的流量来源，在下面的详细数据报表中可以查看近 30 天每个渠道的流量趋势。

图 7-25　日期选择最近 30 天

还可以通过自定义时间选择查看最近 30 天内某一天的流量情况，从而方便店铺分析在某一天做了引流操作后的效果（例如设置了店铺活动，参加平台活动等操作带来的具体日期的流量变化），如图 7-26 所示。

图 7-26　日期选择自定义时间

查看最近一个月店铺内浏览量位于 TOP3 的国家，分别为俄罗斯、乌克兰、美国，如图 7-27 所示，可以选中任意一个国家进行进一步的流量来源分析，这里选择全球，进一步查看某个渠道的具体流量来源，单击数据表格中蓝色的链接，查看站内其他 URL 详情，如图 7–28 所示，主要包含了促销活动、订单管理页及店铺分组页带来的流量。

图 7–27　国家选择列表

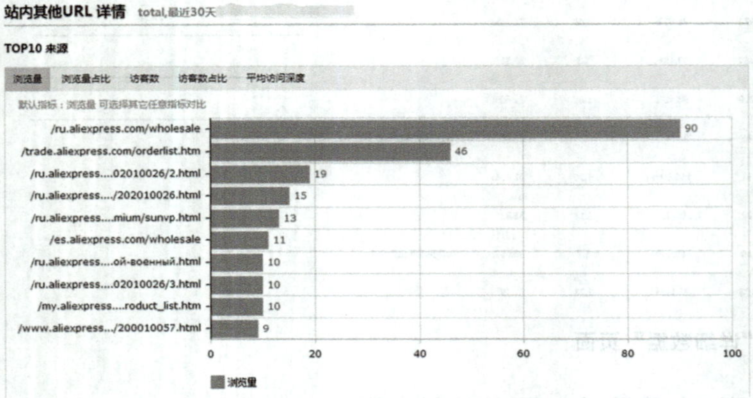

图 7–28　站内其他 URL 详情

四、分析装修效果

要想进行装修效果分析，卖家可以查看在最近 30 天内，哪些天做过店铺装修，装修后店铺的流量、访问深度、访问时长及跳失率的变化，以此来衡量店铺装修效果。

装修效果分析指标说明如下。

平均访问深度：该来源带来的访客每次入店后在店铺内的平均访问页面数，即人均访问页面数。

平均访问时间：访问时间为用户在一次访问内访问店铺页面的时长。

跳失率：只访问了该店铺一个页面就离开的次数占总入店次数的比例。

购买率：访问该页面的访客中当天下单的访客数 / 访问该页面的总访客数。

装修事件：是否装修。装修效果趋势图如图 7–29 所示。

1. 平均访问深度：________________________________。

2. 平均访问时间：________________________________。

3. 跳失率：________________________________。

4. 购买率 =________________________________。

图 7–29　装修效果趋势图

五、商品分析

商品分析是通过对搜索曝光量、点击率、转化率、停留时间等各项指标进行对比分析，找出店铺商品的缺陷，给出解决方案。商品分析关键指标如表 7–2 所示。

1. 影响曝光量的因素：____________，提高曝光量的解决方案：____________、____________。

表 7–2　商品分析关键指标

关键指标	因素	解决方案
搜索曝光量	Listing 排名（搜索、类目）	优化标题，优化结构化描述（属性）
点击率	主图	优化主图
转化率	价格	优化供应链
停留时间	商品详情页	丰富详情页，主要是图片

2. 影响点击率的因素：____________，提高点击率的解决方案：____________。

通过批量导出所有店铺商品的数据进行分析，各个关键指标项根据需要选取商品的 TOP10 平均值作为参照指标，如图 7–30 所示，这里对店铺内 10 个商品做了问题点评和操作建议。

3. 影响转化率的因素：____________，提高转化率的解决方案：____________。

序号	售价	搜索曝光量	浏览量	访客数	订单数	成交金额	点击率	转化率	存在问题	操作建议
1	$10.37-$10.47	53478	3235	2458	133	$1,850.26	4.06%	5.41%	流量偏低	优化标题属性
2	$9.03-$10.00	69228	2786	2221	130	$1,231.21	3.21%	5.85%	点击偏少	优化图片
3	$8.47-$8.49	56952	3656	2910	108	$1,005.43	5.11%	3.71%	流量偏低，转化低	优化标题属性，打折促销
4	$7.44-$7.44	29214	1955	1494	99	$915.80	5.11%	6.63%	曝光不够	潜力产品，平台活动
5	$7.77-$8.51	104980	3229	2583	81	$660.40	2.46%	3.14%	点击偏少，转化低	优化图片
6	$10.47-$11.52	90445	3838	3246	70	$657.50	3.59%	2.16%	点击偏少，转化低	优化图片
7	$7.59-$8.26	29197	1712	1442	69	$630.41	4.94%	4.79%	曝光不够	优化标题属性
8	$11.93-$12.94	131533	3040	2399	68	$850.51	1.82%	2.83%	点击偏少，转化低	更换图片
9	$9.87-$10.85	57539	2006	1670	68	$933.97	2.90%	4.07%	点击很低	优化图片
10	$14.47-$17.56	97945	4672	3607	67	$1,147.36	3.68%	1.86%	转化差	打折促销
	平均值	72051	3013	2403	N/A	N/A	3.74%	4.04%	N/A	N/A

图 7–30　商品分析表

六、营销助手分析

营销助手分析可以更好地帮助卖家分析各类营销活动效果，提供活动商品必要的数据支持，提升卖家选择活动商品的效率，帮助卖家结合数据有效地选择活动与判断活动效果。小刘通过“经营分析”→“营销助手”查看如图 7–31、图 7–32 所示的页面，即店铺营销概况页面、店铺活动页面。

1. 批量导出店铺的所有商品，进行数据分析，指出每个商品存在的问题及优化建议。

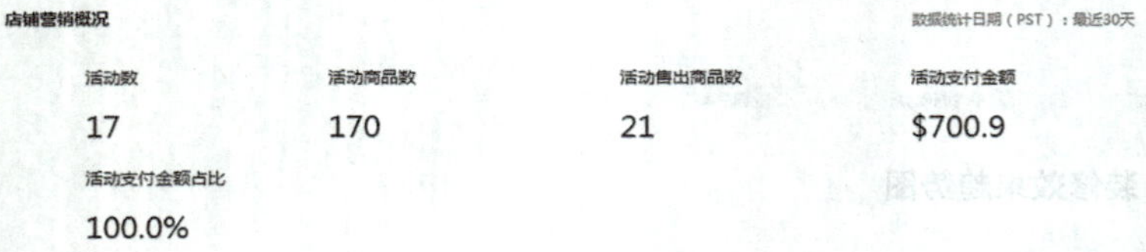

图 7–31　店铺营销概况页面

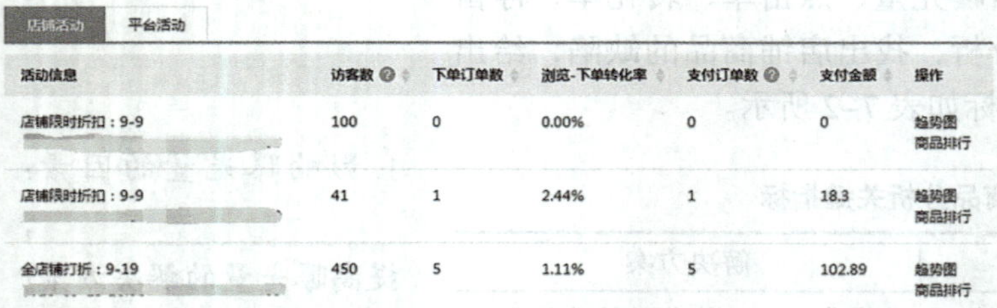

店铺活动 | 平台活动

活动信息	访客数	下单订单数	浏览-下单转化率	支付订单数	支付金额	操作
店铺限时折扣：9-9	100	0	0.00%	0	0	趋势图 商品排行
店铺限时折扣：9-9	41	1	2.44%	1	18.3	趋势图 商品排行
全店铺打折：9-19	450	5	1.11%	5	102.89	趋势图 商品排行

图 7–32　店铺活动页面

单击图 7–32“趋势图”选项，能看到细分数据，如图 7–33 所示，可以发现活动期间访客数呈增长趋势，较上周同日访客数也有所增加。

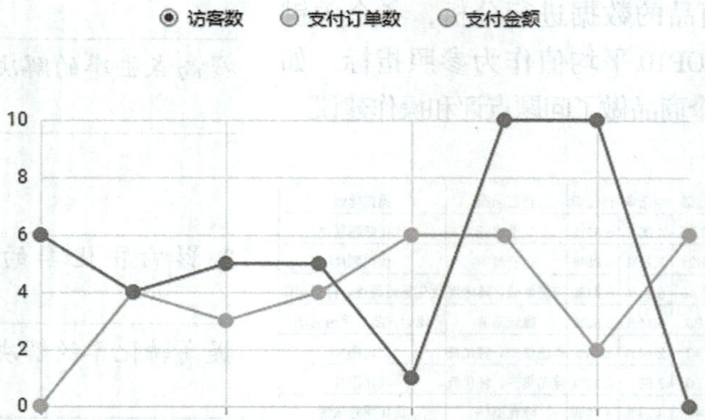

图 7–33　活动期间访客数趋势图

2. 分别查看商品在活动期间的支付订单数趋势图、支付金额趋势图。

如果店铺成功报名参加了平台活动，则参加活动的商品的趋势图会有相应的数据变化，具体了解商品在活动期间的表现，为商品优化和商品分类做基础。

知识链接

商品分析指标说明

搜索曝光量：在搜索或者类目浏览下的曝光次数。

商品页浏览量：该商品被买家浏览的次数。

商品页访客数：浏览过该商品的买家数。

搜索点击率：商品在搜索或者类目曝光后被点击的比率，等于浏览量 / 曝光量。

访客数：访问该商品的买家总数。

成交订单数：该商品在选定时间范围内支付成功的订单数 - 选定时间范围内风控系统关闭的订单数。

成交买家数：该商品在选定时间范围有过成功交易的买家数。

成交金额：该商品在选定时间范围内产生的交易额。

询盘次数：买家通过该商品单击旺旺与站内信的次数。

成交转化率：该商品有过成功交易的买家数占访客数的比率，等于成交买家数 / 访客数。

平均停留时间：买家访问该产品所有详情页面的平均停留时间。

添加购物车次数：该商品被买家添加到购物车的次数。

添加收藏次数：该商品被买家收藏的次数。

No-Pay 比率：该商品在选定时间范围内未成功支付的订单数 / 创建成功的订单数。

工作结束 》》》

数据整理及备份：□ 完成 □ 未完成

关机检查：□ 正常 □ 强行关机 □ 未关机

整理桌面：□ 完成 □ 未完成

地面卫生检查：□ 完成 □ 未完成

整理椅子：□ 完成 □ 未完成

工作评价

类别	序号	考核项目	考核内容及要求	分值	学生自评	学生互评	教师测评	分数
技术考评（80分）	1	质量	分析店铺的成交情况，有针对性地改善店铺经营策略	25				
	2		分析店铺流量来源，优化提升店铺流量	25				
	3		运用相关指标来分析店铺的装修效果	15				
	4		分析店铺各类营销活动的效果	15				
非技术考评（20分）	5	态度	学习态度端正	5				
	6	纪律	遵守纪律	5				
	7	协作	有交流、团队合作	5				
	8	文明	保持安静，清理场所	5				
总分：								

任务三　移动端店铺数据分析

工作准备

是否正常培训：（部门经理填）　☐ 到席　☐ 请假　☐ 旷工　原因：
是否遵守纪律：（部门经理填）　☐ 严格遵守　☐ 迟到　☐ 早退
☐ 出位　☐ 其他
检查计算机的完好性：　☐ 完好　☐ 故障：报告值班经理并换机

工作过程

任务分析

通过前面两个任务的学习，小刘已经了解行业的基本概况，并且对 PC 端店铺的经营情况进行了系统分析。随着越来越多的客户转向移动端消费，移动端数据的分析也变得尤为重要。于是，小刘准备从以下三方面入手进行移动端店铺的数据分析：移动端店铺流量来源、移动端店铺数据分析、移动端优化策略。

任务实施

工作内容	工作记录

一、移动端店铺流量来源

速卖通移动端（无线端）在最近几年呈现飞速增长的态势，那么卖家怎样才能轻松获取移动端店铺流量呢？小刘从以下几点入手，分析移动端店铺流量来源。

移动端流量渠道分为站内渠道和站外渠道，具体如图 7–34 所示。下面主要就站内渠道中的搜索、频道和活动进行介绍。

1. 搜索

影响搜索的因素如下。

1）商品信息质量：主要包括类目、属性、关键词、图片质量等。

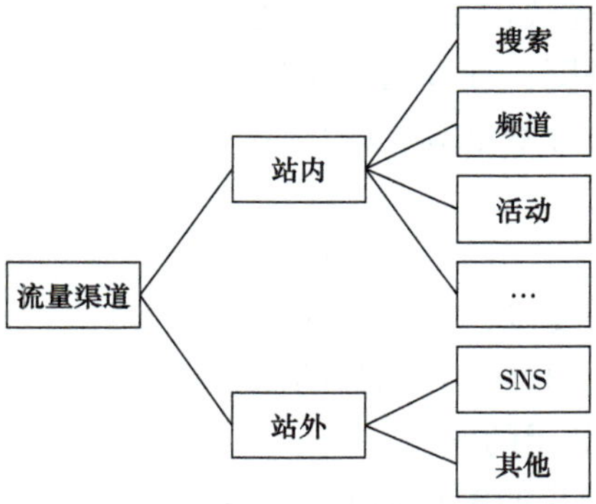

图 7–34　移动端流量渠道

2）商品转化能力：买家评价、服务的确定性、转化率、手机专享价。

3）卖家服务能力：服务相应速度、退款、纠纷情况、DSR 评分等。

4）搜索作弊情况。

2. 频道

移动端特有的频道主要有 8 个。

1）金币频道。金币频道是 APP 上流量最高，买家黏度最高的频道，入口位置很好。目前卖家可以通过两种方式获

1. 移动端站内流量渠道主要有：

（1）________。

（2）________。

（3）________。

2. 影响搜索的因素有：

（1）________。

（2）________。

（3）________。

（4）________。

3. 移动端特有的频道主要有：

（1）________。

（2）________。

取金币频道的流量。一是报名金币全额兑换商品的活动，目前仅针对金牌/银牌卖家开放报名；二是通过卖家后台设置金额兑换店铺无门槛优惠券，频道将通过个性化的算法，推荐给到达金币频道的买家，这个针对所有卖家开放。

2）试用频道。该频道占据首页重点入口位置，聚集了上百万个中国优质商品的试用机会以及全球两百多个国家的千万消费者对各类商品最全面真实客观的试用体验报告，为消费者提供购买决策。

3）无线抢购。该频道入口位置显著，抢购普通场，针对所有卖家招商，招商要求为：店铺等级1星以上，店铺描述得分大于等于4.5，店铺90天好评率95%以上，商品评分大于等于4.5。

4）关注频道。该频道展示与买家有关的店铺（收藏店铺/商品、加购、购买及好评），通过该频道买家可以看到店铺的动态信息。

5）新品频道。主推新品：每日主推一个品牌上新，面向金银牌卖家开放申请；普通新品：由算法计算产生（新发布商品、图片质量、买家个性化）。

6）好店推荐。商品图片质量必须符合如下的要求：纯色背景、无水印、无边框、无文字、不拼图；计算店铺金银牌各方面数据的相似性，数据越接近的，分数越高，排序越靠前。

7）晒图频道。内容来自买家购买商品后真实的带图评价。被评价的商品和店铺必须符合一定的要求，好评率超过95%，DSR高于4.5，评价必须在三星以上且带图；图片的质量和图片的点赞数、评价的内容都会影响展示的顺序。

8）有好货。该频道有精选的评论；商品的图片必须符合相应的要求。

3. 活动

主要是平台和店铺的活动，在设置折扣的时候，要把移动端的专享价格勾选出来。

(3) ________________。
(4) ________________。
(5) ________________。
(6) ________________。
(7) ________________。
(8) ________________。

二、移动端店铺数据分析

了解了移动端店铺数据来源，接下来，小刘要对移动端店铺进行数据分析。具体操作如下。

登录移动端卖家后台，单击“数据纵横”→“商铺概况”，可以看到移动端店铺数据的指标：商铺经营GMV看板、平台分布及趋势看板、商铺核心指标分析、商铺访客全球分布。

1. 商铺经营 GMV 看板

通过这个版块可以查看速卖通移动端的访客数、购买率、客单价的数据，还可以筛选查看具体国家的移动端数据，如图 7-35 所示。

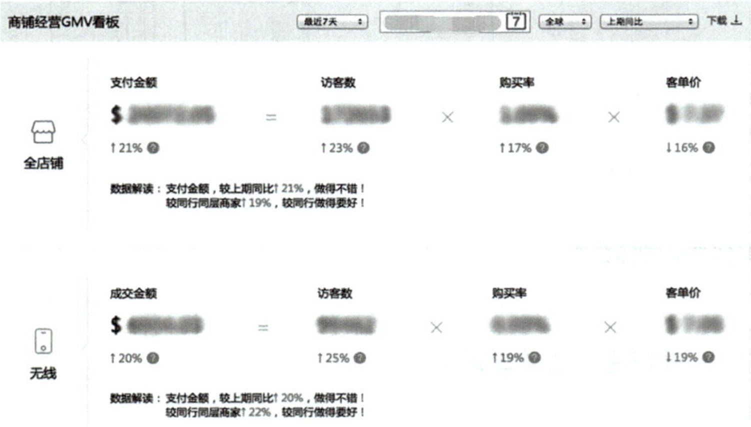

图 7-35 商铺经营 GMV 看板

2. 平台分布及趋势看板

通过这个版块可以查看 PC 端和移动端的流量、成交金额的分布情况，同样也可以筛选具体的国家进行查看，如图 7-36 所示。

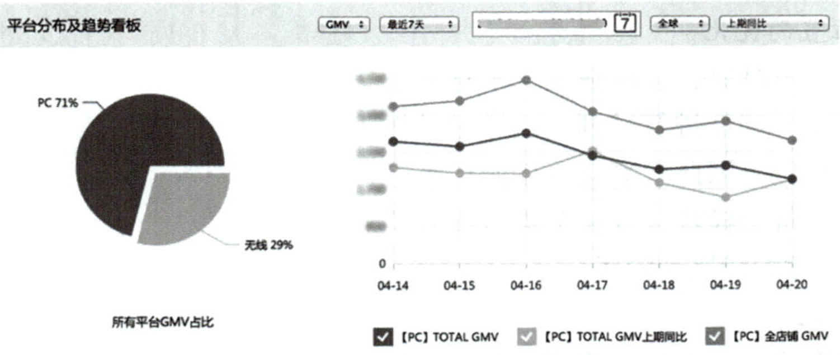

图 7-36 平台分布及趋势看板

3. 商铺核心指标分析

通过这个版块可以查看速卖通移动端店铺的访客数、支付买家数、支付金额等指标，如图 7-37 所示。

1. 移动端的成交金额是____________________。

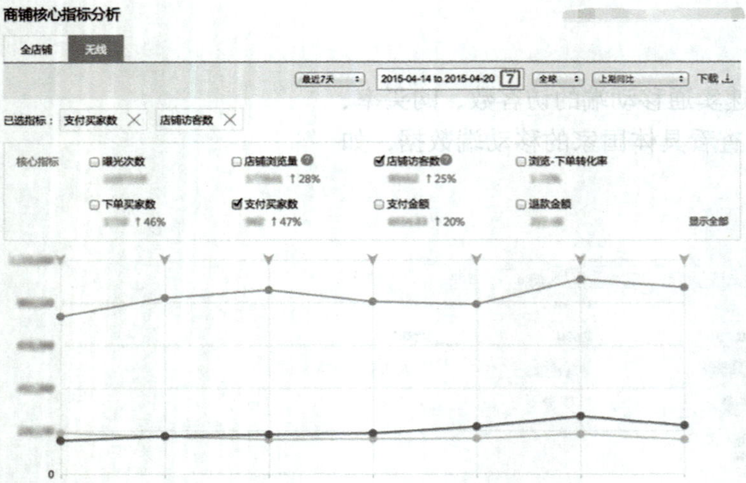

图 7–37　商铺核心指标分析

4. 商铺访客全球分布

通过这个版块，可以直观地看到速卖通移动端流量的国家分布情况。

2. PC端和移动端的GMV占比分别是______________%、______________%。

三、移动端优化策略

（一）店招、轮播图的优化

第一种方法是推荐不放轮播图，直接放产品。轮播图一共可以放 6 张左右，1~2 张就会占据手机的一个屏幕，用户需要翻几页才能看到产品，严重消耗用户的耐心。

第二种方法是用少数轮播图，把图片链接到产品分组。

（二）模块中产品摆放位置的优化

一般而言，店铺有几百个产品时，会出现位置不够的情况，很多卖家都是按照销量从高到低进行排列，这样做虽然方便简单，但是不利于用户浏览。因此卖家应该按照产品进行分类，分成几个小的模块，每个模块只放一个类目或者类目周边的产品，这样更加方便用户浏览和购买。

（三）产品详情页面的优化

移动端详情页面主要包含主图、标题、描述、关联模块推荐、评价，这些对无线流量的转化是至关重要的。

1）主图。主图的效果直接影响能不能留住移动端用户，因此主图一定要清晰干净，像素要满足平台要求（宽度为 480~640px，高度不大于 960px），6 张图放满，同时注意细节和控制拼图，要第一时间抓住用户眼球。

2）标题。移动端标题撰写时，要把买家注意的关键字或重点描述部分放在速卖通标题最前面，其他的放在稍微靠后的位置。

3）描述。描述页面要保证图片清晰，另外移动端相关联的图片应该有重点的划分，移动端与 PC 端不同，顾客第一时间需要寻找与产品信息相关的内容。除此之外，还可以考虑做双语描述，如俄语、英语等。

4）关联模块推荐。图 1+ 文字详情 + 图 2+ 关联模块。控制关联模块产品的数量，不要抢了主产品的风头，关联的模块不要放在前面，因为手机屏幕很小，如果放在前面，一个关联模块可能占到 2 页多，容易让用户失去耐心。

5）评价。引导买家写一些正面的评价以及晒单，最好可以附带图片。

（四）增加客户黏度

引导客户添加 WhatsApp、Facebook 等主要的社交软件，增加客户黏度，将小客户发展成大客户，可以推新产品以及开展店铺活动。

移动端产品详情页面的优化主要包括：

（1）________________。

（2）________________。

（3）________________。

（4）________________。

（5）________________。

知识链接

移动端数据权重的流量转化解析

1. 数据权重

速卖通移动端的数据权重主要来源于 APP 本身的流量权重，服务数据等这类店铺数据的升降会影响数据权重的大小。

卖家可以通过速卖通平台上店铺的销售数据和其他单个数据的对比，参考同行、同层级卖家的数据分析，明确店铺发展的不足，借由数据权重的优劣匹配，有计划、有步骤地制定层级进阶的目标。

2. 流量来源

店铺主体的数据权重是获取流量的主要手段，卖家店铺层级越高得到的露出场景也会更加多样化，对应获取的流量也会更多。卖家应该熟悉店铺流量的获取来源，将海量流量转换为单量。

总体而言，移动端 APP 综合了搜索排序和个性推送，店铺好评率是移动端 APP 推送的重要指标，APP 会将高好评率的店铺优先推送。

卖家需要根据所营产品做明确的类目划分，确保产品属性完整、拥有丰富流量的搜索长尾词，致力于 APP 搜索的顶级流量抓取，从而在关键词上找到较高的流量入口。借由长期流量的优势，最终实现搜索量、浏览量和下单量之间的合理转换。

工作结束

数据整理及备份：☐ 完成 ☐ 未完成

关机检查：☐ 正常 ☐ 强行关机 ☐ 未关机

整理桌面：☐ 完成 ☐ 未完成

地面卫生检查：☐ 完成 ☐ 未完成

整理椅子：☐ 完成 ☐ 未完成

工作评价

类别	序号	考核项目	考核内容及要求	分值	学生自评	学生互评	教师测评	分数
技术考评（80分）	1	质量	分析移动端店铺流量来源，制定移动端引流策略	20				
	2		分析移动端的成交金额数据，制定相应的优化策略	20				
	3		对移动端的产品详情页进行优化	20				
	4		对店招、轮播图进行优化	10				
	5		对模块中产品摆放位置进行优化	10				
非技术考评（20分）	6	态度	学习态度端正	5				
	7	纪律	遵守纪律	5				
	8	协作	有交流、团队合作	5				
	9	文明	保持安静，清理场所	5				
总分：								

项目八

08

跨境电商客户服务

知识目标

1. 了解跨境电商客户询盘分析及回复的基本内容。
2. 明确跨境电商客户服务的工作内容。
3. 明确跨境电商客户纠纷处理的要点。
4. 了解跨境电商客户纠纷处理的基本工作流程。

技能目标

1. 掌握跨境电商客户询盘分析方法及回复技巧。
2. 掌握跨境电商客户纠纷处理的技巧。
3. 具备跨境电商客服岗位的学习能力。
4. 掌握跨境电商客服沟通工具的操作方法。

素养目标

1. 培养学生善于观察思考、精研业务、认真工作的习惯。
2. 培养学生主动坦诚、关爱客户、诚实守信的品质。
3. 提高学生人际关系处理能力，以及团队合作意识。

任务分解

本项目包含了三个任务，具体为：

任务一 跨境电商询盘；

任务二 客户服务；

任务三 纠纷处理。

本项目针对速卖通平台讲解客户服务，包括跨境电商询盘、客户服务以及纠纷处理。通过本项目的学习，学生可以掌握速卖通平台客户服务的相关知识与技能，并将其应用在具体的客服实践中。

任务情境

跨境电子商务平台除了日常的管理和数据分析外，客户服务也是很关键的工作内容，其中客服的技巧对于促进跨境电商平台的交易量有着很大的作用。认识到这一点之后，“小鲜范”店主小刘准备通过提高客服技巧，给予顾客更好的购物体验，减少销售和物流过程中带来的纠纷。

任务一　跨境电商询盘

工作准备

是否正常培训：（部门经理填）	□ 到席	□ 请假	□ 旷工	原因：
是否遵守纪律：（部门经理填）	□ 严格遵守	□ 迟到	□ 早退	
	□ 出位	□ 其他		
检查计算机的完好性：	□ 完好	□ 故障：报告值班经理并换机		

工作过程

任务分析

在整个客户服务流程中，做好售前客户询盘的分析与回复工作，有利于在客户心目中逐步树立起店铺的良好形象，也为促进后期交易量奠定了基础。小刘准备从“小鲜范”店铺的客户服务着手，来了解跨境电商询盘的相关内容，具体包括：客户询盘分析、客户询盘回复两个方面。

任务实施

工作内容	工作记录
一、客户询盘分析 小刘从以下三个方面对客户询盘进行分析，包括询盘内容、客户联系方式、询盘 IP 地址。 （一）询盘内容 当收到一封询盘邮件时，客户有没有实单、订单大小、需求缓急等信息可以通过询盘的内容或一两次的沟通看出来。主要涉及以下几个方面的内容。 1）邮件标题：可以体现客户的态度，也可以分析客户是群发的询盘还是单独发给自家的询盘。 2）产品名称：如果询盘中提到具体产品型号、功能、技术参数、颜色、包装等细节，说明客户非常有诚意。	1. 对客户询盘进行分析，包括： ____________________ ____________________ ____________________。 2. 从客户的询盘邮件中，看出客户对产品细节和数量需求的是______ ____________________、

3）订单数量：如果问到最小订单量、价格，一般来说，该客户的初始订单量不大，但有明确的需求。

4）产品认证：客户对产品认证很关心，询问有没有通过他提出的认证，说明客户可能走超市或其他渠道，订单量应该不少。

5）关键功能：说明客户有明确需求，目前在寻找供应商。

6）交货时间：如果客户明确问到交货时间、付款方式，也可看出是客户有实单在手，而且可能比较着急。

除此之外，通过邮件的细节可以判断出顾客的心理状况，在保证“内容为王”的前提下，还可以从客户心理入手进行分析。

（二）客户联系方式

1）公司名称：如果想进一步确定是哪个公司，可以在网上进行查询，如果查不到，说明该公司可能刚起步，或者可能不注重电子商务方面的业务。

2）联系电话：如果电话、传真是同一号码，说明公司可能比较小，一般情况下，大一点的公司，传真与电话的号码是不一样的。

3）办公地址：如果公司地址写得清清楚楚，包括几栋几号，可以看出这是一家相对正规的公司，试着通过地图查一下，即可看出公司大小。

4）网站信息：一般来说，正规公司会用企业邮箱，除非客户不想让卖家知道。卖家可以通过企业邮箱或网址去了解客户，这个办法可以初步判断出公司实力、产品范围、销售渠道等。

（三）询盘 IP 地址

一般从速卖通网站上收到的询盘，大都有 IP 地址，通过下面的网址可以测出来发邮件的客户来自哪个国家：

http：//whois.webmasterhome.cn

二、客户询盘回复

一个恰到好处的询盘回复可以大大提升订单交易的成功率，那么当客户询盘时，应该如何应对呢？

1. 客户询盘时，要及时回复

（1）根据时间差重点回复

日、韩、澳大利亚马上回复；印度上午 11 点之前回复；中东下午 1 点前回复；欧洲下午 3 点前回复；美国、加拿大、

______________；看出客户比较着急订货的是______________；看出客户比较有交易诚意的是______________。

3. 查询客户公司名称能说明公司______________；办公地址能说明公司______________；网站信息能判断出______________、______________、______________。

4. 客户公司的网址为 kmds.com.cn，请查询该网址的客户公司名称是______________；国家是______________。

1. 客户询盘时，你要做到______________、______________。

2. 日本客户回复时间比较合适的是______________。

墨西哥及美洲、拉美国家，下午下班之前回复。

（2）不能回复或不能完整回复的

对于由于种种原因暂时不能回复的，应尽量通过站内信告知可以什么时候回复客户提出的问题，而不是置之不理。对于不能完整回复的，应把可以回复的问题先向客户解答，对于未能解答的问题，告知客户确切答复日期。

2. 站内信的回复要全面、完整、专业

（1）读完询盘对以下要素有一个整体概念

1）国家和地区。

欧洲、美国：对质量要求比较严格，可以承受较高的价格，不喜欢讨价还价。

印度、巴基斯坦：对质量要求较低，只要价格优惠，就可能成交，可以承受的价格低。

中东、拉美：对质量有一定要求，价格也比较挑剔，但可以承受比印巴略高的价格。

2）中间商和最终用户：确定对方是一个进出口公司还是一家经营此产品的批发商、分销商或者零售商。

3）产品和用途：即使完全相同的产品，由于用途不同，价格也不同，用来焊轿车和铁壶的两块同样的焊铁价格可能差十几倍甚至几十倍。

（2）回答客户提出的问题

1）主题：

Quotation about ×××（产品）。

Price about ××××（产品）。

2）正文：应清晰、简练、有条理，最好在最前方插入发送邮件的时间。

（3）深入了解自己的产品

深入了解自己的产品才可以为客户提供全面的产品介绍，让客户更加了解这个产品是不是自己需要的。

3. 报价

（1）高价法

适用于欧美的客户，新产品，或者是对方迫切想通过一次生意来了解这个行业或者产品。

（2）低价法

适用于印巴的客户，普通产品，或者是常年在中国国内采购的中国通，他们对产品价格非常熟悉，又比较在意。

（3）一般报价法

一般报价法是对所有客户都可以采用的报价方法。

3. 不能回复客户提出问题的时候，应该__________________。

4. 读完询盘站内信息应该对客户有的印象是：______、______、______、______。

5. Quotation about 翻译成中文：________；Price about 翻译成中文：________。

6. 印巴客户适合采用______法，原因是__________________。

4. 询盘回复的原则

1）亮点突出，吸引客人。

2）语言简练，表达清楚。

3）首尾呼应，诚恳礼貌。

5. 询盘回复的要素

1）题目。

2）开头。

3）正文：简单自我介绍、报价、品名、规格、包装、价格条款、有效期、起定量/订单量、交货期、付款方式、单证要求（必要时可附上产品图片）。

4）结尾。

6. 心理分析

（1）采购商

客人一般不会马上下单，对完全陌生的公司，自然要通过较长时间的相互了解，了解公司的实力与产品质量，而这一切都是靠一个专业的业务员来完成的。

（2）供应商的心态

耐心、恒心、专心、注重交流。

（3）要不断跟踪发过询盘的客户

定期发送新产品给客户；节假日向客户发送问候和节日卡片。

7. 询盘回复的要素中，正文最为重要，一定不能缺少产品的＿＿＿＿＿＿＿＿＿＿＿＿＿＿＿＿。

8. 列出三个促成交易的注意事项：＿＿＿＿＿＿＿＿＿＿＿＿＿＿＿＿。

知识链接

一、如何有效地跟进询盘

1. 区分“大小”买家，识别“好坏”询盘

看询价的方式，看询价的内容，看询盘中的小细节，通过三方面综合考虑，从而更好识别买家、询盘，找到合适的买家。

2. 把握询盘技巧、及时跟进

在回复新买家时，除了在邮件中解答买家关心的问题，最好同时将公司的其他情况和公司的网站介绍给该买家，让买家能够更全面透彻地了解公司。对外商的询盘一定要快、准，遵循准确、全面、具体、清楚、礼貌的要诀。对于询盘，一定要保持跟进，在跟进过程中，更重要的是细细体会各种可能发生的情况，积极采取相应措施，激发、把握买家购买意图，达成合作。

1. 有效跟进询盘的要点是＿＿＿＿＿＿＿＿＿＿＿＿＿＿＿＿。

2. 说说你作为卖家或是买家，讨价还价的经历。＿＿＿＿＿＿＿＿＿＿＿＿＿＿＿＿。

3. 与买家讨价还价

外贸过程中，产品价格和质量是决定整个订单成交的核心，几乎所有的新买家在第一次联系的时候都有一个价格周旋的进程。在报价中应注意以下几点：

1）不要轻易报价，讲究报价方式。

2）即使价格能接受，也要表现得比较委屈和勉强。

3）买家还价时，不要急于松口。

4）不要在买家面前显示出急躁的态度。

5）关于价格的谈判，未必要当天回复，可以等一两天再回复。

报价技巧：与买家的讨价还价有时候是一种心理战，把自己想象成买家，多揣测一下买家的心态，换位思考，会有意想不到的收获。

4. 勿以单小而不为

因为小订单经常是麻烦多、收益少，所以很多供应商会对小订单加以限制或者规定最小起订量，或者在付款方式上有特别的要求。

小订单承接技巧：根据企业的自身状况，决定对小订单的处理方案。对于任何小订单，运作程序务必善始善终，做好全面的记录和存档，包括给买家提供样品。保持积极良好的心态，耐心琢磨买家的询盘，发挥出应有的水平，给买家留下最好的印象，让小订单尽快转化成大订单。

3. 承担小订单的技巧是

________________________。

二、客户询盘回复的要点

（一）回复的专业度

客服在回复邮件时，对客户提到的关于产品参数、功能、认证、方案等是否有一个清晰的了解，如果一个客服对产品都不熟悉，就无法让客户信服，客服人员必须掌握客户的心理。

4. 怎么回复才能让客户信任？

____

____

________________________。

（二）制造亮点

如果在回复邮件时没有什么突出的亮点，那如何在众多的邮件中给客户留下深刻印象？专业化、个性化、与众不同的产品才能给客户留下深刻印象。客服在回复邮件时，要制造亮点，重点注意以下几个方面。

1）公司介绍：在介绍公司时，把公司规模、基本情况、知名客户、研发能力、认证情况全都“亮”出来，这些都是可以给公司加分的点。

5. 回复时怎么制造亮点？

____

____

________________________。

2）专业报价：不同国家、不同身份客户对价格敏感度不同，报价时要具体情况具体对待，根据订单量、交货时间、季节的不同，采用贸易术语给出个性化的报价，当然报价也要留有一定的余地。

3）清晰图片：客户要图片时，一定要发送比较清晰的、不同方位的图片，“一张好的图片就是一个无声的销售员”，同时要注意图片容量大小，方便客户浏览与接收。

4）设置签名档：把公司的网址、电话、邮箱、店铺 Logo 做一个签名档，高度体现专业度。单凭这一点就可以给客户留下与众不同的印象。

（三）注意礼貌

1. 格式规范：忽视邮件的字体大小、格式排列等，就好比一个人穿衣，不注意整体形象，随意搭配，会给人不好的印象，同样一封邮件不考虑浏览者的感受，客户会反感的。

2）主题明确：如果不注意回复邮件时的标题，会导致客户以为回复邮件是垃圾邮件，可用店铺名 + 产品名称等作为邮件标题。

3）语气礼貌：做生意要讲究“和气生财”，所谓先交朋友再做生意，语气不要太生硬，学会用一些祈使句来委婉表达，另外在称呼上也要注意，毕竟有些客户是很在意的。对于有些满足不了的客户需求，不要一口气回绝，也不要避而不谈，而应该委婉表达，或是给客户一个合理的解释。

6. 格式规范要注意：____________________。

7. 请罗列三条，礼貌问候客户的话术：____________________。

工作结束

数据整理及备份：	□ 完成	□ 未完成	
关机检查：	□ 正常	□ 强行关机	□ 未关机
整理桌面：	□ 完成	□ 未完成	
地面卫生检查：	□ 完成	□ 未完成	
整理椅子：	□ 完成	□ 未完成	

工作评价 >>>

类别	序号	考核项目	考核内容及要求	分值	学生自评	学生互评	教师测评	分数
技术考评（80分）	1	质量	能够对客户询盘内容进行分析	15				
	2		能够对客户联系方式进行分析	20				
	3		能够回复客户询盘提出的问题	15				
	4		能够有礼貌应对客户的询盘	15				
	5		掌握报价的方法	15				
非技术考评（20分）	6	态度	学习态度端正	5				
	7	纪律	遵守纪律	5				
	8	协作	有交流、团队合作	5				
	9	文明	保持安静，清理场所	5				
总分：								

任务二 客户服务

工作准备 >>>

是否正常培训：（部门经理填） □ 到席 □ 请假 □ 旷工 原因：

是否遵守纪律：（部门经理填） □ 严格遵守 □ 迟到 □ 早退 □ 出位 □ 其他

检查计算机的完好性： □ 完好 □ 故障：报告值班经理并换机

工作过程 >>>

任务分析

小刘已经初步掌握了客户询盘分析与客户询盘回复的相关知识。接下来，小刘要进入客户服务相关内容的学习，包括与客户的沟通技巧、具体问题沟通方案、解决差评问题等，努力营造一个良好的与客户沟通的氛围，促成交易。

任务实施

工作内容	工作记录
一、沟通技巧 1. 当买家光顾店铺，询问产品信息 跟买家初次打招呼时要亲切、自然，并表达出热情，尽量在初步沟通时把产品情况介绍清楚。 Hello，my dear friend.Thank you for your visiting to my store，you can find the products you need from my store.If there is not what you need，you can tell us，and we can help you to find the source，please feel free to buy anything!Thanks again.（你好，亲爱的朋友。很感谢您光顾我的店铺，在这里你可以找到你需要的货物。如果这里没有你需要的，你可以告诉我们，我们可以帮助你找到货源，请随意购买物品！再次感谢。）	1. 有人进店打招呼，应该用英文回复______________________________________。
2. 鼓励买家提高订单金额和订单数量，提醒买家尽快确认订单 Thank you for your patronage，if you confirm the order as soon as possible，I will send some gifts. A good news：Recently there are a lot of activities in our store.If the value of goods you buy counts to a certain amount，we will give you a satisfied discount.（谢谢您的惠顾，如果您尽快确认订单，我会送一些礼物。好消息：最近在我们的店铺有很多活动。如果你买的商品的价值达到一定量，我们会给你一个满意的折扣。）	2. 让买家尽快下单，应用英文回复______________________________________。
3. 发货之后提醒买家已经发货 模板1：Dear friend，your package has been send out，the tracking NO. is ××××via DHL，please keep an eye on it，hope you love our goods and wish to do more business with you in the future. Good luck!（亲爱的朋友，你的包裹已经发出，订单号为××××，请密切关注它，希望你喜欢我们的商品，并希望在未来与你有更多的业务联系。祝你好运！） 模板2：Dear customer，we have sent out the goods today，and we can receive the tracking number after 12 hours later，we will send you message when we receive it.（亲爱的顾客，我们今天已经发货了，12个小时后我们会收到订单号，如果收到订单号，我们会发送信息通知您。） 模板3：The goods you need had been sent to you. It is on	3. 将回复话术翻译成英文：亲爱的朋友，你的包裹已经发出，请注意尽快签收，如果有任何问题，请随时与我们联系。真诚希望你喜欢它。 ________________________

the way now.Please pay attention to the delivery and sign as soon as possible.If you have any questions, please feel free to contact me.（您购买的商品已经发送了，现在正在运送途中。请注意邮件的递送，并尽快签收，如果有任何问题，请随时与我们联系。）

4. 当完成交易时，对买家表示感谢，并希望能够再次回购

Thank you for your purchase, I have prepared you some gifts, which will be sent to you along with the goods.Sincerely hope you like it.I will give you a discount, if you like to purchase other products.（谢谢你的购买，我已经准备好一些礼物，将随货物一起给你。真诚希望你喜欢它。如果你购买其他产品，我会给你一个折扣。）

5. 推广新产品，在采购季节根据经验可以给买家推荐热销的产品

Hi friend,（朋友你好）

Christmas is coming, and Christmas gifts have a large potential market.Many buyers bought them for resale in their own store, it is high profit margin product, here is our Christmas gift link, Please click to check them, if you want to buy more than 10 pieces, we also can help you get a wholesale price.Thanks.（圣诞节即将到来，圣诞礼品有很大的潜在市场。很多买家在自己的商店买了之后转售，它是高利润率的产品，这里是我们的圣诞礼物链接，请点击查看，如果你购买超过 10 件，我们也可以帮助你得到批发价格。谢谢。）

Regards（诚挚的问候）

6. 对于已经下单却还未支付的订单

模板 1：Dear, thank you for your support! We will send out the package as soon as possible after your payment.（亲爱的，谢谢你的支持！我们将在你支付成功后尽快发货。）

模板 2：Friend, best wishes to you! Besides, we have two shipping methods here：DHL and UPS both can be delivered within 3–5days, if you only accept DHL, just note it under the order. If you prefer UPS, note it under your order as well. Thank you.（朋友，致以美好的祝福！此外，我们有两种送货方式：DHL 和 UPS 都可以在 3~5 天内交货，如果你只接受 DHL，只需在订单下面注明，如果你更喜欢 UPS，也请在您的订单注明。谢谢。）

7. 订单被 AliExpress 关闭时

Dear, you order has been closed because your credit card has

____

____

____

______________________。

4. 请你用英文给客户发一段生日祝贺语。

____

____

____

______________________。

5. 客户下单后订单被 AliExpress 关闭时，你会指导客户怎么做？用英文回复______________

not been approved by the Aliexpress. If you want the goods now, you can put a new order. Besides, you can pay through western union, T/T payment or money bookers payment too. Also, please contact with the Ali initiatively! Good luck!（亲爱的，你的订单已经关闭，因为你的信用卡还没有通过 Aliexpress 的批准。如果你现在想要商品，你可以下一个新的订单。除此之外，你可以通过西联支付、电汇支付或钞票预订支付。另外，请主动联系阿里！祝你好运！）

8. 大量订购、询问价格时

若是赶上采购季节一定要抓住机会，回复一定要详尽，内容一般包括商品的价格、样式、采购量等。这个报价建议是包括运费的，而且价格要相对有优势，让买家感受到优惠。

Hi friends.Thank you for your inquiry. We very much hope to complete the order with you, here is the products link you need, if you buy 100 pieces, we can give you a wholesale price, \$25/piece. If you have any idea, please let us know, we will try our best to help you. Look forward to your reply.（你好，朋友。谢谢你的询价。我非常希望完成您的订单，这是你需要的产品链接，如果你买 100 件，我们可以给你一个批发价格，25 美元 / 件。如果你有任何想法，请让我们知道，我们会尽力帮助你。期待你的回复。）

Regards（诚挚的问候）

9. 海关问题

由于某些国家海关的严格检查可能造成货物的延误，建议及时通知买家。及时的沟通会让买家了解到，卖家一直在跟踪货物的状态，能避免造成误会。

Dear friends,（亲爱的朋友）

We received notice of logistics company, now your customs for large parcel periodically inspected strictly, in order to make the goods sent to you safety, we suggest that the delay in shipment, wish you a consent to agree.Please let us know as soon as possible Thanks.（我们接到物流公司通知，现在贵国的海关对于大型包裹进行定期的严格检查，为了使商品安全寄达贵处，我们建议推迟发货，希望你同意。请尽快让我们知道，谢谢。）

10. 退换货问题

Dear friend, I am sorry for the inconvenience.If you are

____

____

______________________________。

6. 客户对订单价格有异议，讨价还价的时候，用英文回复______________

____

____

______________________________。

7. 遇上海关问题，延迟发货，用英文回复______________

____

____

______________________________。

not satisfied with the products, you can return the goods back to us.（亲爱的朋友，对不便之处，我们深表歉意。如果您对产品不满意，可以将商品退还给我们。）

When we receive the goods, we will give you a replacement or give you a full refund.We hope to do business with you for a long time.（当我们收到货物，我们会给你更换或完全退款。我们希望与你做长期的业务。）

We will give you a big discount in your next order.（当你下次交易时，我们会给你一个大的折扣。）

Best regards（诚挚的问候）

8. 客户需要退换衣服的尺码，怎么回复客户？用英文回复____。

二、具体问题沟通方案

（一）货物发出后，客户发邮件反馈未收到货

订单交易日期：11 月 20 日

客户邮件发送日期：12 月 5 日

客户反馈问题：Hi, When did you ship the item? I did not get it yet. Thanks.

客服回复日期：12 月 5 日

客服回复模板 1：Dear valued customer,

Your item has been sent by Hong Kong Airmail Service on Nov 21th. It usually takes 10–20 workdays to reach you, so please be patient.

If you haven't received your package in these days, please contact us.

Hope you would love this item, and have a nice day!

Best regards,

Seller name or id

1. 将客服回复模板 1 的英文话术翻译成中文____。

客户回复日期：12 月 9 日

客户回复：Hi, I have received the package, thank you. I love it and will buy again. Thanks.

2. 货物发出后，客户发邮件反馈未收到货，沟通的要点是____。

一般沟通：及时回复；回复的邮件内容一定要写明什么时候发的货、用什么货运方式、大约到达时间等。

分析：一般卖家都发 EMS，时间较长，所以客户在等了十天左右还没收到货物，来信询问很正常，这时一定要及时回复邮件，否则很容易引来客户投诉或者差评；如果发货后

25天，客户还没收到货物，客户可能根据自己物品的价值大小可以选择重发或者退款。

（二）客户收货后，反馈收到的货同广告的描述不一致，要求退款

交易日期：11月27日

客户邮件发送日期：12月16日

客户问题：My friend the item has arrived. However the face place glass insert is all scratches. It's impossible to see the screen. I would like my money back.

客服回复日期：12月6日

客服回复模板2：Hello，**！

First of all，we are so sorry that you are not happy with this purchase.

If you don't mind，can you take a digital photo to us for investigation? If this is our mistake，we can send a new one to you or we can refund all your payment.We apologize to you once again.

Best regards

客户回复日期：12月17日

分析客户回复：客户的邮件附带了图片，通过图片了解到客户反馈的问题是客户不会使用产品造成的。

客服回复日期：12月17日

客服回复模板3：Hello，**！

I just received the photo you sent to us. There are double screen protector films from both sides，you need to remove these screen protector films. After you do that，you will see the clear screen.

If you have any question，please feel free to contact us.

Have a good day!

Best regards

客户回复日期：12月18日

客户回复：Hi，yes，you are right，I just removed the screen protector，the screen is ok now.

Thank you for your help.

客服回复日期：12月18日

客服回复模板4：Hello，**！

3. 将客服回复模板2的英文话术翻译成中文____。

4. 将客服回复模板3的英文话术翻译成中文____。

You are welcome! Hope you would love this item, and hope we can do business again.

Best wishes

一般沟通：及时回复；回复的邮件内容首先要表示抱歉，然后再让客户拍照片发到你的站内邮箱，同客户讲明如果确实是发错货，我们愿意重发或者退款。

分析：在圣诞旺季，经常会遇到发错货的情况，这种情况下可以跟客户沟通，让客户提供相应照片，然后一一解决。

三、解决差评问题

1. 由于质量问题产生的差评

对于单纯由于质量问题产生的差评比较好解决。首先，收到差评之后及时和买家联系，询问不满意的具体原因。在此基础上，让买家提供相应的照片；此外，卖家需要到出货记录中查找相同时间范围内其他产品的反馈，分析库存的货物质量。如果确实存在买家反映的问题，应及时积极解决。通过退款或换货的方式，让买家满意并且修改评价。

2. 由于买家个人使用不当产生的差评

如果在沟通调查中发现是由于买家个人使用不当产生的差评，有两种解决方案：第一，如果以消除差评为主要目的，应该和买家仔细解释为什么会出现这样的质量问题，在使用操作过程中存在哪些不正确的地方，最后和买家商量以何种方式可以使其满意并修改差评；第二，如果是由于买家个人原因导致的质量问题，可以选择差评回复并附上产品的使用说明及事项，这种方法可能是大多数卖家在无法解决差评时采取的办法。

3. 买家在下单前的细节要求没有得到满足产生的差评

很多买家下单时会在订单里留言，如“这是为我的婚礼准备的，请你不要让我失望”。遇到这样的订单时，首先应该交代出货的人员特别注意该订单的质量和包装；其次，如果这个客户买了一个非常便宜的产品，但是从询盘的态度上又可以看出他很期待，在这种情况下为了避免差评，应该考虑以低成本去满足客户的心理预期。

1. 差评分为几种情况？

____。

2. 遇到质量问题的差评应该怎么处理比较妥当？

____。

知识链接

一、跨境电商与传统贸易在沟通上的不同

1. 无法预知竞争

在传统贸易中我们可以和自己的对手做更多的交流，与对方进行比较，能够清楚地看到自己的不足和对手的实力。但是在跨境交易平台上，每天都有成千上万的卖家在自己的店铺里进行着大小动作，往往无法及时对新出现的商情做出反应。当卖家在效仿和跟风的时候，已经慢人一步。

2. 终端消费者居多

这是由电子商务零售平台的特点决定的。我们的客户是有网上购物经验，或者愿意尝试网购的消费者，他们购物的目的很简单，即自己购买自己使用。因此，在产品的质量和价格上和传统贸易要求会有不同，在询盘沟通中应该抓住客户的群体特征。

3. 更加注重人性化服务

以人为本是电子商务交易沟通的“生命线”。随着竞争的日益激烈，我们往往不是在拼价格、拼质量，更多的是在拼服务。所以要提供人性化的服务，从最初的询盘到最后的下单，每一步都时刻关注着客户的心情、要求及顾虑。

二、可能导致中、差评的因素

1. 商品图片与实物存在差异

有时候为了使产品看起来比较吸引眼球，卖家会在图片处理上或多或少添加一些产品本身没有的效果，这样会给客户一个美好的心理预期，提高客户的期望值。然而，一旦收到实物后与图片对比差别过大，买家就会非常失望，通常买家会在第一时间询问，为什么在颜色或者形状上有差别?

对于这类询问要更加主动地向买家解释，并提供原有的图片。如果只是因小部分修图处理造成的色差，合理的解释还是可以赢得客户的信任的。在这个过程中要多表现对买家的重视，适当地给予下次订单的优惠和折扣。真诚的道歉可以将小事化了，向买家争取好评。

卖家在上传产品图片的时候可以多一些角度的细节图，或者使用一张没有处理过的图片，尽量让买家有全面的视觉印象，避免不必要的投诉和差评。

1. 跨境电商与客户沟通的特点是____________________________________。

2. 商品图片与实物存在差异，客户不满意，用英文回复____________________________________。

3. 客户什么情况下会说：“Why should I pay 25 pounds for the package?

2. 卖家承诺 Free shipping（免邮），但收到货之后买家需支付费用

众所周知，为了吸引买家下单，许多卖家都会承诺“Free shipping”，实际上对大部分买家也做到了免邮。但是卖家可能忽略一些国家的进口政策，如美国大于 500 美元申报价值的货物，就要按照重量收取进口关税；加拿大和澳大利亚则是高于 20 美元的货物要收取关税；英国、德国等欧洲国家货物的申报价值必须是 20~25 美元，一旦超出将会有更多的关税产生。

一旦有关税产生，买家必须支付关税后才能拿到货物。因此会遇到这样的问题：“Why should I pay 25 pounds for the package? You told me the package was eligible for free shipping. How could you lie to me? I am very disappointed.”（为什么我要付 25 英镑的包裹费用，你告诉我包裹是免邮的，你怎么能欺骗我？我非常失望。）

一些比较极端的客户会因为支付额外的费用拒绝签收，这些可能产生差评和纠纷。因此在发商业快递的时候，要注意填写的申报价值，对于货值很高的快递要提前和客户沟通好。

3. 信用卡账户有额外的扣款显示

速卖通平台针对买家的支付不收取费用，但建议买家联系银行，询问是否需要支付手续费。如果买家通过 T/T 转账，买家的银行端一般需要收取一定的手续费。

You told me the package was eligible for free shipping. How could you lie to me? I am very disappointed.”

____
____
____
____
______________________________。

4. 卖家针对免邮后买家仍需支付关税的问题，需要注意什么？

____
____
____
____
______________________________。

工作结束 >>>

数据整理及备份：□ 完成　□ 未完成

关机检查：□ 正常　□ 强行关机　□ 未关机

整理桌面：□ 完成　□ 未完成

地面卫生检查：□ 完成　□ 未完成

整理椅子：□ 完成　□ 未完成

工作评价 >>>

类别	序号	考核项目	考核内容及要求	分值	学生自评	学生互评	教师测评	分数
技术考评（80 分）	1	质量	了解售前用英文与客户沟通的技巧	15				
	2		了解售中用英文与客户沟通的技巧	20				
	3		了解售后用英文与客户沟通的技巧	15				
	4		掌握具体的解决客户退换货的方案	15				
	5		掌握具体的解决客户差评的方案	15				

（续）

类别	序号	考核项目	考核内容及要求	分值	学生自评	学生互评	教师测评	分数
非技术考评（20分）	6	态度	学习态度端正	5				
	7	纪律	遵守纪律	5				
	8	协作	有交流、团队合作	5				
	9	文明	保持安静，清理场所	5				
总分：								

任务三　纠纷处理

工作准备

是否正常培训:（部门经理填）　□ 到席　□ 请假　□ 旷工　原因:
是否遵守纪律:（部门经理填）　□ 严格遵守　□ 迟到　□ 早退　□ 出位　□ 其他
检查计算机的完好性:　□ 完好　□ 故障：报告值班经理并换机

工作过程

任务分析

在交易过程中要尽量避免纠纷的产生，即使产生纠纷，能够顺利地解决，让买家感到满意，这些都会成为留住客户的有利因素，并且产生口碑效应，赢得更多的客户。于是，小刘准备从以下两个方面入手进行纠纷处理相关知识的学习：纠纷处理对策、处理纠纷过程中提交证据的方法。

任务实施

工作内容	工作记录
一、纠纷处理对策 （一）买家未收到货物类纠纷 1. 物流状态显示货物还在途中暂未到达 卖家可以和买家沟通先关闭纠纷，同时延长收货时间。	1. 买家未收到货怎么处理？

因为大部分客户是害怕自己的利益不能得到保障而提起纠纷的，只要客户还未确认收货，且有时间耐心等待收货，卖家需要确保资金的安全即可解决纠纷。

2. 货物缺装的纠纷

提起纠纷的原因通常是订单包含多件商品，卖家通过两个包裹发货，其中一个包裹已妥投，另一个包裹仍在途中。因此买家以未收到货为由提起纠纷，并要求部分退款。遇到这类纠纷时，卖家可以拒绝纠纷，并向买家强调另一个包裹仍在运送途中，提供在途包裹的运单号给买家，并帮助买家延长收货时间等待在途包裹的到达。

此类纠纷当平台介入后会发送邮件给双方告知情况。

1）告知买家：部分包裹在途建议等待，如果包裹妥投请确认收货。

The tracking number shows the goods are in transit, we will ask seller to contact shipping company to confirm the status of package within 3 calendar days.（跟踪号码显示货物正在运输，我们会要求卖家联系邮寄公司确认包裹在 3 日内的状态。）

If you have received the goods in good condition, please cancel this claim and confirm order received.（如果您收到货物状况良好，请取消此索赔并确认收到订单。）

2）告知卖家：货物运输时间已经超过承诺运达时间，建议积极与买家沟通。如果相应期限到期后，包裹仍未妥投，卖家应该同意部分退款，并告知买家。

I have agreed to refund you.Firstly I refuse your dispute because this parcel RB59****564CN is in shipping and I hope it can be shipped, so we extend delivery time for you.I do not ignore you. I am very sorry for my late.（我同意退款给你。首先我拒绝了你的纠纷，因为这个包裹 RB59 * * * * 564CN 在航运，我希望它可以运送到，所以我们为你延长收货时间。我没有忽视你，希望我的回复不是很晚。）

3. 海关扣关

交易订单的货物由于海关要求所涉及的原因而被进口国海关扣留，造成买家未收到货物。海关要求所涉及的原因包括但不限于以下几点：

1）进口国限制订单货物的进口。

2）关税过高，买家不愿清关。

3）订单货物属假货、仿货、违禁品，直接被进口国海关销毁。

2. 货物缺装的纠纷怎么处理？

____

____

____

____________________。

3. 交易订单的货物由于海关要求所涉及的原因而被进口国海关扣留，造成买家未收到货物。应该怎么处理？

____

____

____

____________________。

4）货物申请价值与实际价值不符导致买家需在进口国支付处罚金。

5）卖家无法出具进口国需要的卖家应提供的相关文件。

6）买家无法出具进口国需要的买家应提供的相关文件。

货物被进口国海关扣留时，常见的物流状态为：

· handed over to customs（EMS）

· clearance delay（DHL）

· Dougne（法国，会显示妥投，但是签收人是 Dougne）

速卖通在接到此类纠纷裁决之日起 2 个工作日内会提醒买家或卖家 7 天内提供海关扣关原因信息和证据，根据信息和证据确定责任进行裁决。建议卖家在货物发出之后应及时关注物流情况，出现异常时与买家和物流公司保持沟通，及时了解扣关原因并尽可能提供相关信息及证据。

4. 包裹原件被退回

交易订单的货物因为买家收货地址有误或不完整无法妥投，或者因买家原因无法清关，导致包裹被直接退回给卖家。

自速卖通通知卖家举证开始 3 天内，卖家需提供因买家原因导致包裹不能正常妥投的证明，证明的形式可以是物流公司的查单、物流公司内部发出的邮件证明、与买家的聊天记录等。

5. 包裹寄往或妥投在非买家地址

由于卖家填错了买家的收货地址，或者邮局误将包裹寄往了非买家地址，导致买家无法正常签收包裹。

自速卖通通知卖家举证开始 3 天内，提供发货底单及买家要求修改收货地址的沟通记录。若底单上的地址与买家收货地址不一致，且卖家无法提供证据证明买家要求修改收货地址，即可判定卖家发错地址。若最终判定为卖家发错地址，建议卖家先尝试联系物流，更改买家收货地址，若更改后买家收到货物，则全额放款；若无法更改或更改后买家还未收到货物，建议卖家联系物流取回包裹。

6. 物流信息显示货物已经妥投

物流信息显示货物已经妥投，但是买家以未收到货提起了退款申请，并且未与卖家达成一致意见，提交到速卖通进行裁决。

自速卖通通知卖家举证开始 3 天内，卖家需提供货物妥投的证明（物流公司的物流信息截图、妥投证明等）。

7. 买家拒签

买家拒签包括有理由拒签和无理由拒签。有理由拒签，

4. 包裹原件被退回，应该怎么处理？

____

____

___________________。

5. 包裹寄往或妥投在非买家地址，应该怎么处理？

____

____

___________________。

6. 物流信息显示已经妥投，但是买家以未收到货提起了退款申请，并且未与卖家达成一致意见，提交到速卖通进行

即当货物递送至买家（包括买家代表）时，买家发现货物存在肉眼可见的损坏或与订单不符的情况，如货物破损、短装、严重货不对板等情况，买家可以当场拒绝签收；无理由拒签，即货物递送到买家（包括买家代表）时，买家无任何理由拒绝签收。卖家可提供相应的聊天记录和发货物流底单。

8. 因货物途中丢失

出现货物途中丢失时，卖家要及时向买家解释纠纷，此外，在肯定货物丢失的情况下重新发货，及时将新的运单给客户。

（二）买家收到货物与约定不符类纠纷

1. 质量问题

及时查找真正的原因，如果是质量问题，可以让客户选择退款或是部分退款。由于没有纠纷率的顾虑，只要买家接受方案，就可以解决纠纷。

2. 与描述不符

买家收到的货物与卖家在网站相应的产品详情页面的描述，存在颜色、尺寸、产品包装、品牌、款式 / 型号等方面的差距。

产品描述以卖家在速卖通平台上展示的产品详情页面的描述为准。卖家需要保证产品的描述信息（包括产品标题、产品详细描述等）前后一致，如出现信息矛盾或误导倾向，平台保留最终的纠纷裁决权。如果在买家下订单之前卖家已经明确提示买家产品可能存在颜色的偏差，或产品可能存在一定的误差，并明确误差大小，自速卖通发出通知起 3 天内卖家需提供有关提示的沟通记录作为证明。

3. 恶意的纠纷

最让卖家头痛的就是各种各样的恶意纠纷，不知道该如何处理，是忍让妥协还是力争到底？一般恶意的差评无非是买家想要部分退款，在可以接受的范围内，卖家可以小事化无。但是，如果是非常明显且过分的恶意纠纷，卖家可以放心地交给平台处理。

二、处理纠纷过程中提交证据的方法

MediaFire 是美国开发的网络存储性网站，注册会员可以使用该网站上传和下载文档、视频以及可读性文件，MediaFire 首页如图 8-1 所示。上传及下载文档都必须先在 MediaFire 网站上进行注册，用 E-mail 地址即可进行注册。目前，在纠纷阶段遇到容量较大的图片及视频证据时，买卖双

裁决。怎么处理？

____

____

____

____。

7. 买家拒签怎么处理？

____

____

____。

8. 买家收到货物与约定不符类纠纷有哪几种情况？

____

____

____

____

____

____。

1. 在纠纷阶段遇到容量较大的图片及视频证据时，怎么处理？

____

方可以将证据上传至 MediaFire，以方便下载查看。MediaFire 网址为 http://www.mediafire.com。

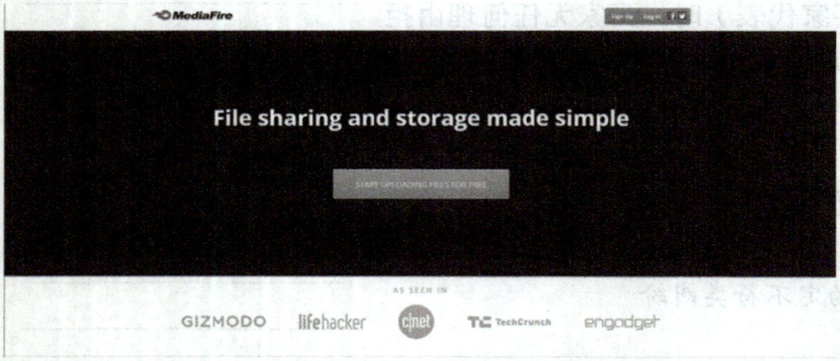

图 8–1　MediaFire 首页

单击“Sign Up”按钮进行注册，可以注册的会员类型有三种，其中两种为付费性质，一种为免费性质，免费会员可以使用的最大存储空间为 10GB，如图 8–2 所示。

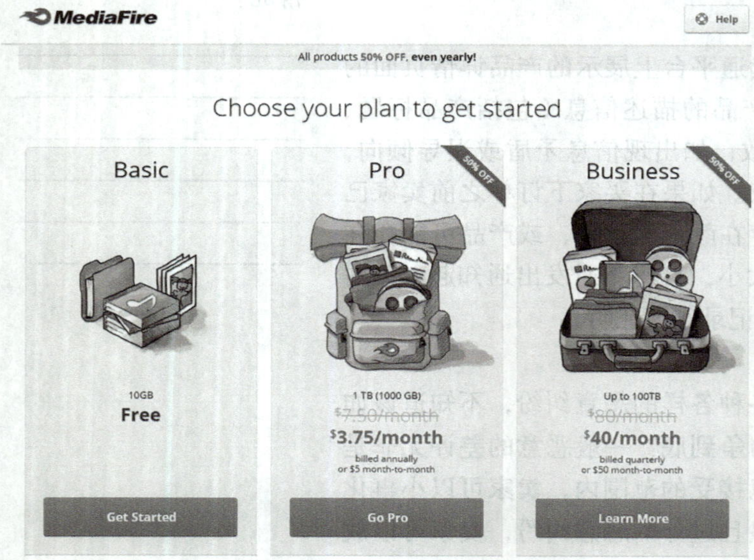

图 8–2　MediaFire 会员类型

选择自己需要的会员类型，单击“Get Started”按钮，在信息填写页面填写相应信息后单击“Create Account & Continue”按钮，即可完成注册。注册完成后，MediaFire 欢迎页面如图 8–3 所示。

____。

2. 按照 MediaFire 网站注册流程注册一个账号，登录账号为____。

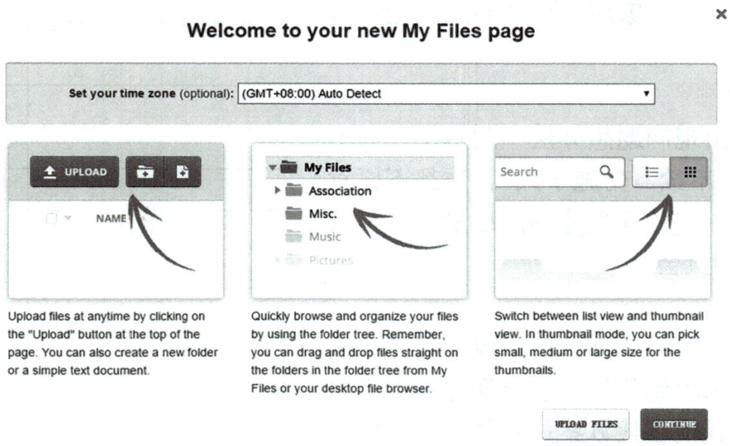

图 8–3　MediaFire 欢迎页面

上传所有需要保存的文件。选择文件后，单击“UPLOAD”按钮后，网站进行上传文件操作，显示如图 8–4 所示。

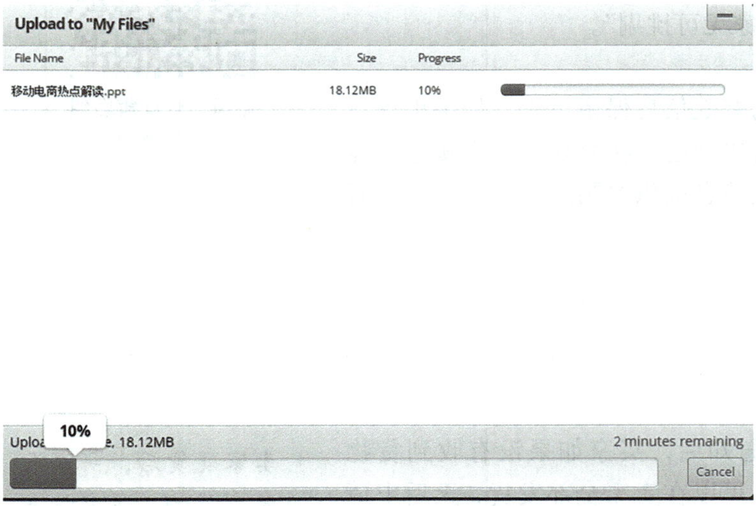

图 8–4　上传文件

上传完成后复制自己的证据链接，放到阿里平台上，如图 8–5 所示。

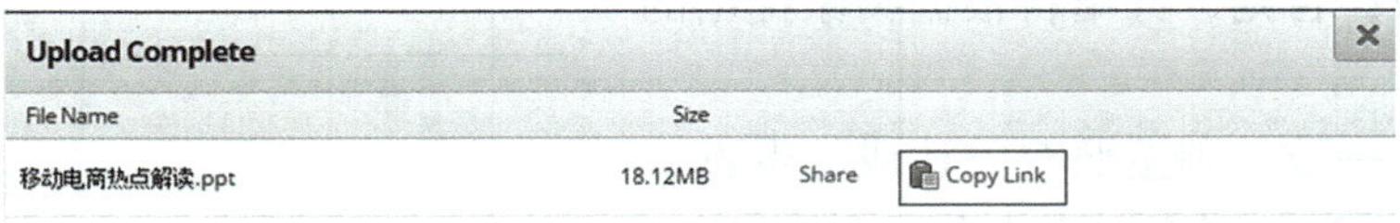

图 8–5　复制链接

总而言之，纠纷并不可怕，卖家应该调整心态，记住以下三点。

1. 将心比心

站在买家的角度考虑，出现问题想办法一起解决，而不是只考虑自己的利益。“己所不欲，勿施于人”，谁都不愿意无故承受损失。卖家可以在一定的承受范围内尽量让买家减少损失，也为自己赢得更多的机会。

2. 有效沟通

及时回应：买家有不满意时，立刻做出回应，与买家进行友好协商。若是买家迟迟未收到货物，在承受范围内可以给买家重新发送货物或采用其他替代方案；若是买家对货物质量不满意，与买家进行友好协商，提前考虑好解决方案。

沟通技巧：和买家沟通时注意买家心理的变化，当出现买家不满意时，尽量引导买家朝着能保留订单的方向走，同时也满足买家一些其他的需求；当出现退款时，尽量引导买家部分退款，避免全额退款退货，努力做到“尽管货物不能让买家满意，态度也要让买家无可挑剔”。

3. 保留证据

卖家应将交易过程中的有效信息保留下来，如果出现纠纷，能够作为证据来帮助解决问题。在交易过程中卖家要能够及时充分地举证，将相关信息提供给买家进行协商，或者提供给速卖通帮助裁决。

3. 处理纠纷的关键点是

____。

微课：处理售后纠纷的技巧

知识链接

速卖通纠纷规则

卖家发货并填写发货通知后，买家如果没有收到货物或者对收到的货物不满意，可以在卖家全部发货5天后申请退款（若卖家设置的限时达时间小于5天，则买家可以在卖家全部发货后立即申请退款），买家提交退款申请时纠纷即生成。

当买家提交或修改纠纷后，卖家必须在5天内“接受”或“拒绝”买家的退款申请；否则，订单将根据买家提出的退款金额执行。

如果买卖双方协商达成一致，则按照双方达成的退款协议进行操作；如果无法达成一致，则提交至速卖通进行裁决。

1）买家可以在卖家拒绝退款申请后提交至速卖通进行裁决。

1. 卖家发货后，买家没有收到货物，买家该怎么操作？

____。

2）若买家第一次提起退款申请后 15 天内未能与卖家协商一致达成退款协议，买家也未取消纠纷，第 16 天系统会自动提交速卖通进行纠纷裁决。

3）若买家提起的退款申请原因是"货物在途"，则系统会根据限时达时间自动提交速卖通进行裁决。

4）对于纠纷，为改善买家体验和增强其对速卖通平台及卖家平台的信心，速卖通鼓励卖家积极与买家协商，尽早达成协议，减少速卖通平台的介入。如果纠纷提交至速卖通，速卖通会根据双方提供的证据进行一次性裁决，卖家必须同意接受速卖通的裁决。并且，如果速卖通发现卖家有违规行为，会同时对卖家进行处罚。

5）纠纷提交给速卖通进行纠纷裁决后的 2 个工作日内，速卖通会介入处理。

6）如买卖双方达成退款协议且买家同意退货的，买家应在达成退款协议后 10 天内完成退货发货并填写发货通知，速卖通将按以下情形处理：

①买家未在 10 天内填写发货通知的，则结束退款流程并交易完成。

②买家在 10 天内填写发货通知且卖家 30 天内确认收货的，速卖通根据退款协议执行。

③买家在 10 天内填写发货通知，30 天内卖家未确认收货且卖家未提出纠纷的，速卖通根据退款协议执行。

④在买家退货并填写退货信息后的 30 天内，若卖家未收到退货或收到的货物货不对板，卖家也可以提交到速卖通进行纠纷裁决。

2. 买家在什么情况下需要申请速卖通进行裁决？

____

____

____

____________________。

3. 什么情况下，速卖通系统会自动提交速卖通进行纠纷裁决？

____

____

____________________。

工作结束 ＞＞＞

数据整理及备份：□ 完成　□ 未完成

关机检查：□ 正常　□ 强行关机　□ 未关机

整理桌面：□ 完成　□ 未完成

地面卫生检查：□ 完成　□ 未完成

整理椅子：□ 完成　□ 未完成

工作评价

<table>
<tr><th>类别</th><th>序号</th><th>考核项目</th><th>考核内容及要求</th><th>分值</th><th>学生自评</th><th>学生互评</th><th>教师测评</th><th>分数</th></tr>
<tr><td rowspan="4">技术考评（80分）</td><td>1</td><td rowspan="4">质量</td><td>了解纠纷处理的对策</td><td>20</td><td></td><td></td><td></td><td></td></tr>
<tr><td>2</td><td>掌握处理纠纷过程中提交证据的方法</td><td>25</td><td></td><td></td><td></td><td></td></tr>
<tr><td>3</td><td>了解处理纠纷的关键点</td><td>15</td><td></td><td></td><td></td><td></td></tr>
<tr><td>4</td><td>了解速卖通纠纷规则</td><td>20</td><td></td><td></td><td></td><td></td></tr>
<tr><td rowspan="4">非技术考评（20分）</td><td>5</td><td>态度</td><td>学习态度端正</td><td>5</td><td></td><td></td><td></td><td></td></tr>
<tr><td>6</td><td>纪律</td><td>遵守纪律</td><td>5</td><td></td><td></td><td></td><td></td></tr>
<tr><td>7</td><td>协作</td><td>有交流、团队合作</td><td>5</td><td></td><td></td><td></td><td></td></tr>
<tr><td>8</td><td>文明</td><td>保持安静，清理场所</td><td>5</td><td></td><td></td><td></td><td></td></tr>
<tr><td colspan="9">总分：</td></tr>
</table>